MICHAEL COLLINS PIPER

L'IMPERO ROTHSCHILD
LA NUOVA BABILONIA di
COLORO CHE REGNANO SUPREMI

I farisei moderni e le origini storiche, religiose ed
economiche del Nuovo Ordine Mondiale

OMNIA VERITAS.

MICHAEL COLLINS PIPER

Michael Collins Piper è stato uno scrittore politico e conduttore radiofonico americano. È nato nel 1960 in Pennsylvania, USA. È stato un collaboratore regolare di The Spotlight e del suo successore, American Free Press, giornali sostenuti da Willis Carto. È morto nel 2015 a Coeur d'Alene, Idaho, USA.

L'IMPERO ROTHSCHILD
La nuova Babilonia di coloro che regnano sovrani
I Farisei moderni e le origini storiche religiose ed economiche
del Nuovo Ordine Mondiale

The New Babylon – Those who reign supreme
The Rothschild Empire: The Modern-Day Pharisees and the Historical,
Religious and Economic Origins of The New World Order

Prima stampa negli Stati Uniti: giugno 2009 American Free Press

Tradotto e pubblicato da
Omnia Veritas Limited

OMNIAVERITAS®
www.omnia-veritas.com

© Omnia Veritas Ltd - 2025

INDICE DEI CONTENUTI

PREFAZIONE **27**

L'AMERICA, LA "NUOVA BABILONIA 27

PREMESSA..**37**

QUELLI CHE REGNANO SOVRANI: 37

INTRODUZIONE **47**

REALTÀ INTRECCIATE: EBREI, ISRAELE, DENARO E POTERE: ARGOMENTI TABÙ NEL NOSTRO MONDO MODERNO 47

CAPITOLO UNO **71**

IL TALMUD E LE ORIGINI DEL NUOVO ORDINE MONDIALE 71

CAPITOLO DUE **93**

UTOPIA EBRAICA: IL NUOVO ORDINE MONDIALE 93

CAPITOLO TRE **105**

IL SIONISMO È EBRAISMO: LA FONDAZIONE DI UN IMPERO EBRAICO GLOBALE .105

CAPITOLO QUARTO **128**

L'ASCESA DEL POTERE MONETARIO EBRAICO INTERNAZIONALE 128

CAPITOLO QUINTO **141**

IL REGNO DELLA CASA ROTHSCHILD: IL QUADRO DI UN IMPERO EBRAICO GLOBALE..141

CAPITOLO 6 ....**171**

LA CITY DI LONDRA: IL GIOIELLO DELLA CORONA IMPERIALE DI ROTHSCHILD171

CAPITOLO SETTE **185**

I ROTHSCHILD E L'AMERICA: PRIMA COLONIA, POI MOTORE DEL POTERE IMPERIALE..185

CAPITOLO 8 ....**208**

SÌ, GLI EBREI CONTROLLANO I MEDIA: IL MECCANISMO DI DOMINIO POLITICO DEI ROTHSCHILD 208

CAPITOLO 9 ....**215**

IL "NUOVO ESTABLISHMENT EBRAICO 215

CAPITOLO 10 ....**228**

LA BANDA BRONFMAN: LA FAMIGLIA REALE DEGLI EBREI AMERICANI - I "PADRINI" DI AL CAPONE E JOHN MCCAIN 228

CAPITOLO 11 ....**241**

I "DUCHI E LE DUCHESSE" DELLA CORTE AMERICANA DEI ROTHSCHILD: LE TRENTA FAMIGLIE EBRAICHE PIÙ POTENTI 241

CAPITOLO DUE...**262**

I "SIGNORI E LE SIGNORE" DELL'ARISTOCRAZIA EBRAICA AMERICANA: IL TERZO LIVELLO DELLE FAMIGLIE DI CORTE ROTHSCHILD 262

CAPITOLO TREDICI **289**

TATTICI EBREI: UNA PANORAMICA DEI PRINCIPALI OPERATORI POLITICI DI ALTO LIVELLO DELL'IMPERO ROTHSCHILD 289

CAPITOLO QUATTORDICI **294**

IL POTERE EBRAICO IN AMERICA: I "PIÙ GRANDI" TRIONFI............................... 294

CONCLUSIONE..**305**

LA CASA DI DAVIDE REGNERÀ SOVRANA?.. 305

ALTRI TITOLI **319**

I parassiti nomadi si sposteranno da Londra a Manhattan. E questo sarà presentato sotto il camuffamento di slogan nazionali. Sarà presentata come una vittoria americana. Non sarà una vittoria americana.

Finché non sappiamo chi ha prestato cosa a chi, non sappiamo nulla di politica, non sappiamo nulla di storia, non sappiamo nulla delle dispute internazionali.

- Ezra Pound

La copertina: Questa classica opera del 1926 dell'artista tedesco George Grosz (1893-1959), intitolata "Eclissi di sole", raffigura la corruzione della Repubblica di Weimar, descritta dallo scrittore Ian Baruma come in preda a "magnati autocratici dei media, generali scontenti, élite dalla mentalità ristretta, reazionari fondamentalisti e complottisti ultranazionalisti".

Questo quadro - e la valutazione di Baruma su Weimar - riflette abbastanza fedelmente la corruzione dilagante dell'élite del Nuovo Ordine Mondiale, i Nuovi Farisei, che operano oggi nella sfera dell'Impero Rothschild. Tuttavia, non condividiamo l'espressione "complottisti ultranazionalisti" perché, ovviamente, l'aristocrazia ebraica globale non ha nulla di nazionalista; al contrario, è fortemente internazionalista e lavora per realizzare il vecchio sogno talmudico dell'utopia ebraica. Questi guerrafondai, questi re della finanza, tutti i predatori plutocratici, dovrebbero e devono essere fermati sul posto e trattati come i parassiti che sono. Questo libro, *La nuova Babilonia*, traccia la loro sordida storia.

FRANCOIS GENOUD

(1915-1996)

DEDICA

Al Grande Stratega della Resistenza Globale e della lotta contro il Nuovo Ordine Mondiale

FRANCOIS GENOUD-"SCEICCO FRANCOIS"

Pochi conoscono il nome "François Genoud". Eppure, per circa sessant'anni, questo banchiere, editore e geopolitico svizzero - una volta definito "l'uomo più misterioso d'Europa" - è stato lo stratega per eccellenza - anche se nell'ombra - che si è adoperato per la cooperazione globale tra i nazionalisti del mondo che cercano di smantellare l'implacabile spinta dell'impero Rothschild a stabilire un nuovo ordine mondiale imperiale, quel vecchio sogno alimentato dagli insegnamenti infernali del Talmud babilonese.

Negli ultimi giorni della Seconda Guerra Mondiale e in seguito, Genoud fu determinante per la fuga dei rifugiati europei anticomunisti, il cui unico crimine era quello di difendere le loro nazioni dalle forze comuniste e giudaiche assetate di vendetta che invadevano il continente.

Potrebbero esserci migliaia di persone che vivono oggi sul pianeta e che devono la loro esistenza al fatto che Genoud ha salvato i loro antenati dalle torture e dalle esecuzioni della giustizia dei vincitori.

Già nel 1936, il giovane Genoud strinse quella che divenne un'amicizia e un rapporto di lavoro che durò tutta la vita con il Gran Muftì di Gerusalemme, la guida spirituale dei musulmani di Palestina che, insieme ai loro fratelli cristiani, subirono la grande catastrofe del 1948, nota come Nakba, il furto della loro patria, cacciati dalle loro case ancestrali sotto la minaccia delle armi e costretti all'esilio, molti di loro in squallide fogne a cielo aperto - chiamate "campi profughi" - in cui ancora oggi languono molti dei loro discendenti.

Nel 1958, Genoud fondò la Banque Commerciale Arabe a Ginevra, da cui gestì le finanze delle forze nazionaliste del mondo arabo che cercavano di liberarsi dalle imprese imperiali dominate dall'impero Rothschild. Genoud ha svolto un ruolo importante nel facilitare l'avvento della Repubblica araba indipendente d'Algeria.

Negli anni successivi, Genoud, fervente sostenitore della causa palestinese, lavorò con i fondatori cristiani del famoso Fronte Popolare per la Liberazione della Palestina, George Habash e il dottor Waddi Haddad, che soprannominò affettuosamente il suo collega svizzero "sceicco François". Va da sé che Genoud fu uno dei principali patrocinatori dell'Organizzazione per la Liberazione della Palestina.

Insieme ad altri amici - come il nazionalista americano Willis Carto e l'ex generale tedesco Otto Remer - Genoud cercò anche di portare avanti la causa della verità storica - in particolare quella relativa agli eventi della Seconda Guerra Mondiale - per far corrispondere i fatti.

Insieme a un altro collaboratore di lunga data, l'avvocato francese Jacques Verges, il dinamico Genoud rimase una forza nella lotta contro l'imperialismo sionista globale fino alla fine della sua straordinaria carriera.

Che uomo - Cheik François

- MICHAEL COLLINS PIPER

In alto, i cinque fratelli Rothschild sparsi dal padre, Meyer Amschel (in primo piano), nelle capitali finanziarie d'Europa: Londra, Francoforte, Parigi, Napoli e Vienna. Seguendo l'ispirazione del padre, la cui mentalità, secondo un ammirato biografo, era quella di essere un uomo d'affari, i fratelli Rothschild intrapresero le loro avventure. Guidati dai principi del Talmud, i cinque fratelli crearono una straordinaria rete finanziaria che diede vita all'impero globale dei Rothschild.

Forse è possibile separare gli interessi ebraici da quelli israeliani, ma il trucco non è ancora completo. Ciò che riguarda Israele si ripercuote sull'ebraismo mondiale e viceversa. Puristi e teorici possono discutere sulla separazione tra Chiesa e Stato, tra ebrei e israeliani, tra ebraismo e sionismo, ma nel mondo reale il legame è forte, veloce e apparentemente indivisibile.

- Gerald Krefetz, ebreo americano, autore di
Gli ebrei e il denaro: i miti e la realtà

Bisogna riconoscere, come raramente accade nella storia ebraica, che [i] risentimenti espressi e le accuse mosse agli ebrei non erano calunnie del tutto fittizie o stereotipi maliziosamente rianimati e attivati, semplicemente diffusi da paranoici fomentatori di odio a partire dal bagaglio del passato antisemita pre-moderno. C'era abbastanza verità empirica in queste immagini negative, esagerate e sovragenerate per conferire loro una forza persuasiva.

- Dr. Norman Cantor *La catena sacra: la storia degli ebrei*

Quando si parla di religione ebraica, si pensa solo alla Bibbia, alla religione di Mosè. È un'illusione: gli ebrei del Medioevo erano talmudisti e non tutti hanno smesso di esserlo. Anche oggi il Talmud ha più autorità della Bibbia. Gli *Archivi israeliti* riconoscono l'autorità assoluta del Talmud rispetto alla Bibbia e l'*Universo israelita* afferma: "Per 2000 anni, il Talmud è stato ed è tuttora oggetto di venerazione per gli israeliti, per i quali è il codice religioso".

-Viscount Léon de Poncins, *Le potenze segrete
dietro la rivoluzione*

Meyer Rothschild era uno zelante credente del Talmud e lo scelse come unico principio guida per tutte le sue azioni.

-S. J. Cohen

La vita esemplare dell'immortale banchiere M. Meyer Amschel Rothschild

Questo strano dipinto del 1849 (a sinistra), che raffigura una cerimonia religiosa ebraica nel palazzo londinese della dinastia Rothschild, è stato in realtà commissionato dalla famiglia stessa, a dimostrazione della sua incrollabile fedeltà ai principi della sua fede. Non sorprende quindi che questa dinastia, la più ricca del mondo, sia diventata "la" famiglia reale della comunità ebraica internazionale.

Il fondamento della loro immensa ricchezza continuò a essere la base degli affari ebraici globali.

Qui sotto, un rabbino insegna a uno studente la filosofia del Talmud, l'innegabile fondamento della religione ebraica. È nel Talmud che troviamo l'origine di quello che oggi viene spesso definito "Nuovo Ordine Mondiale".

LO SCOPO DI QUESTO LIBRO ...

Sebbene oggi si parli molto di un concetto noto come "Nuovo Ordine Mondiale", resta il fatto patetico che la maggior parte di coloro che parlano del Nuovo Ordine Mondiale si rifiuta - e si rifiuta categoricamente - di affrontarne le vere origini, la vera natura.

Nel corso degli anni sono stati pubblicati numerosi documenti che spiegano cos'è il Nuovo Ordine Mondiale, e l'obiettivo di questo volume è quello di assimilare e riunire i documenti che descrivono correttamente il Nuovo Ordine Mondiale e la filosofia su cui si basa.

Oggi circola una straordinaria quantità di disinformazione e di deliberata disinformazione sul Nuovo Ordine Mondiale, in gran parte su Internet, sempre più influente.

Purtroppo, gran parte di questo materiale totalmente fuorviante è promulgato da sedicenti "patrioti" che ignorano o sopprimono la scomoda, fredda e dura verità che le origini del Nuovo Ordine Mondiale si trovano nella serie di commentari religiosi ebraici noti come Talmud, un'opera occulta spesso ignobile che è la base del pensiero religioso ebraico oggi, proprio come lo era quando apparve per la prima volta durante la "cattività" ebraica in Babilonia.

La conquista del mondo è l'obiettivo finale. La nostra America, il sangue dei suoi giovani e il nostro tesoro nazionale vengono usati per portare avanti questa agenda attraverso guerre imperiali che hanno inaugurato un'era in cui l'umanità potrebbe affrontare l'olocausto nucleare.

Il nostro obiettivo è quello di definire i fondamenti filosofici del Nuovo Ordine Mondiale così come è stato istituito e come coloro che lo vogliono vorrebbero.

Le origini del Nuovo Ordine Mondiale sono inequivocabilmente chiare e le forze che lo sostengono sono facilmente intuibili. I suoi sostenitori hanno volti e nomi molto reali. Questi moderni farisei non si nascondono dietro entità oscure e non identificabili come gli "Illuminati" o un "culto tedesco della morte", come alcuni vorrebbero farci credere.

Le forze del Nuovo Ordine Mondiale si sono coalizzate attorno all'impero internazionale della dinastia Rothschild, i cui tentacoli si estendono ora ai livelli più alti del sistema americano. Il Nuovo Ordine Mondiale è reale e si tratta di questo. Sono personalmente in debito con tutti coloro che mi hanno preceduto nell'esplorare questo tema preoccupante in termini chiari. Spero di aver reso giustizia al loro lavoro.

[Gli Ebrei videro quel popolo che viveva in sicurezza, tranquillo e insospettabile, a cui non mancava nulla in tutta la terra e che possedeva ricchezze.

Alzatevi [dicono i Giudei] e andiamogli incontro, perché abbiamo visto il paese ed è un paese fertile.

Non tardate a prendere possesso della terra, perché è un popolo ignaro. La terra è vasta, sì, e Dio l'ha data nelle nostre mani; non manca nulla sulla terra.

-Giudici 18:7-18:10

Sebbene gli ebrei abbiano imparato a guardare, parlare e vestire come gli altri americani, non sono completamente assimilati, né nella loro mente né agli occhi dei loro vicini...

A peggiorare le cose, gli ebrei spesso si considerano, segretamente o meno, moralmente e intellettualmente superiori ai loro vicini... In effetti, gli ebrei sono degli outsider di grande successo che a volte hanno l'audacia di prendersi gioco di loro.

- Il professor Benjamin Ginsberg, ebreo americano, scrive in
L'abbraccio fatale: gli ebrei e lo Stato

Quest'opera d'arte del XV secolo illustra l'incenerimento pubblico del Talmud ebraico ad Albi, in Francia, nel 1207. A guidarla fu Domenico, fondatore dell'Ordine dei Predicatori (poi chiamato Ordine dei Domenicani). In seguito Domenico fu elevato al rango di santo dalla Chiesa cattolica romana. La rivelazione dei deliri e degli insegnamenti odiosi e anticristiani del Talmud suscitò un profondo disgusto tra i cristiani in Europa e diede origine a quello che viene spesso definito "antisemitismo".

È importante notare che il Talmud non è stato cambiato di una virgola da coloro che ne seguono gli insegnamenti dal tempo in cui fu bruciato dai cristiani indignati.

QUESTA È LA NOSTRA TESI...

Per capire cosa sta accadendo oggi nel nostro mondo, dobbiamo innanzitutto riconoscere che esiste un problema. Molti non lo riconoscono. Tuttavia, identificare la fonte del problema diventa un problema in sé, poiché i media e le università (da cui cerchiamo la conoscenza) sono controllati dalle forze che costituiscono il problema. Inoltre, ci troviamo di fronte al triste fatto che anche molte delle brave persone che cercano di attirare l'attenzione sul problema non comprendono il quadro generale.

Mentre molte persone sono consapevoli del cosiddetto "nuovo ordine mondiale" e capiscono che le forze finanziarie predatorie stanno lavorando per realizzarlo, molte meno comprendono gli insegnamenti bizzarri e mistici che sono alla base della filosofia del nuovo ordine mondiale.

Sebbene alcuni riconoscano che la famiglia bancaria Rothschild svolge un ruolo chiave nella creazione di un nuovo ordine mondiale, c'è ancora molta disinformazione e disinformazione deliberata su questa dinastia. Molti insistono sul fatto che i Rothschild sono "solo una parte" del problema, che "i Rothschild non rappresentano tutti gli ebrei" e che "i Rothschild non sono nemmeno veri ebrei". Ma di questo parleremo più avanti.

La verità è che si potrebbe compilare un'intera enciclopedia sulla dinastia Rothschild e sul suo impatto sul corso della storia, sulla sua manipolazione di quasi tutte le nazioni del pianeta, sul suo sfruttamento parassitario della finanza e dell'industria, sulla sua influenza perniciosa sui media, sulle università e su altri mezzi per plasmare l'opinione pubblica per oltre 200 anni.

L'obiettivo di questo libro non è quello di presentare l'ennesima storia dei Rothschild. Molti libri sono stati scritti su questo argomento, descrivendo gli intrighi di questa dinastia, le sue relazioni con i reali e l'aristocrazia europea, i sorprendenti resoconti dell'immensa ricchezza della famiglia, i suoi eleganti palazzi e le notevoli collezioni d'arte e di letteratura, e la sua straordinaria influenza globale.

La famiglia Rothschild è il "re dei re", se non altro per la sua immensa ricchezza. E sono, senza dubbio, la famiglia reale dell'ebraismo. Non è quindi un caso che, il 2 gennaio 2009, Moses L. Pava, un professore ebreo di etica aziendale, abbia candidamente ammesso sul quotidiano ebraico *Forward* che

"Le nostre comunità ebraiche, che un tempo onoravano rabbini e studiosi, ora onorano quasi esclusivamente coloro che hanno i maggiori conti in banca. E quelli con i conti bancari più grandi sono i Rothschild"

Anche se nelle pagine di *The New Babylon* ci concentriamo sulla dinastia Rothschild, dobbiamo dire subito che se non ci fosse un solo Rothschild in vita oggi, il nome "Rothschild" continuerebbe a simboleggiare una forza particolare, un fenomeno che si estende ben oltre una singola famiglia.

Ma per comprendere il concetto di quello che viene comunemente chiamato "nuovo ordine mondiale" - l'idea di un governo "unico" o "globale" - dobbiamo riconoscere questi fattori essenziali:

- CHE le origini di questo grande progetto, il Nuovo Ordine Mondiale, si trovano (senza ombra di dubbio) negli antichi insegnamenti del Talmud ebraico

- In definitiva, il Nuovo Ordine Mondiale è la realizzazione del sogno talmudico di quella che è stata definita "Utopia ebraica", ossia un Imperium ebraico globale, il dominio del pianeta da parte dell'élite ebraica

- L'ascesa del movimento sionista dedicato alla creazione di uno Stato ebraico - lo Stato di Israele - come entità geografica e politica era parte integrante del progetto del Nuovo Ordine Mondiale, il fondamento filosofico dell'Imperium ebraico

- CHE l'ascesa della finanza ebraica internazionale e il conseguente emergere della dinastia Rothschild come principale influenza in questo campo sono al centro del programma di avanzamento del Nuovo Ordine Mondiale

- CHE il consolidamento del potere dei Rothschild sull'Impero britannico ha gettato le basi del Nuovo Ordine Mondiale

- CHE gli Stati Uniti sono oggi - a causa dell'influenza dei Rothschild al loro interno - il motore virtuale del potere Rothschild, che sono "la nuova Babilonia" nella visione ebraica del mondo, la forza da utilizzare per realizzare il nuovo ordine mondiale.

Ne *La Nuova Babilonia* esploriamo tutto questo e molto altro. Analizziamo in dettaglio gli attori principali - i nuovi farisei di - che agiscono come satelliti della dinastia Rothschild, in particolare in America, per portare avanti l'utopia ebraica.

Desideriamo sottolineare che non stiamo suggerendo che "i Rothschild", "gli ebrei" o "i sionisti" controllino *interamente* il meccanismo del potere nel mondo di oggi. Tuttavia, il loro livello di influenza è così grande che, in un certo senso, possono essere visti come il fulcro su cui poggia il moderno equilibrio di potere: ogni giorno, lavorano instancabilmente per garantire che, alla fine, otterranno il potere assoluto.

Ci sono ancora forze, anche ad alti livelli, che resistono all'utopia ebraica.

Tuttavia, molte potenze non ebraiche hanno accettato l'influenza ebraica come una realtà con cui confrontarsi. Questi elementi hanno quindi capitolato e stanno permettendo al loro desiderio di potere di dettare la loro cooperazione con il Nuovo Ordine Mondiale, nella speranza, supponiamo, di ricevere qualche briciola quando l'utopia ebraica sarà realizzata.

Ma si ingannano, perché non comprendono le intenzioni filosofiche del Nuovo Ordine Mondiale, così chiaramente delineate negli insegnamenti ebraici. In verità, l'antico sogno ebraico di un Nuovo Ordine Mondiale - enunciato nel Talmud e prima ancora nell'Antico Testamento - è stato, in senso definitivo, la forza motrice dell'ascesa dell'Impero Rothschild.

In questo senso, e non a caso, potremmo ricordare l'annosa questione: "Cosa è venuto prima? La gallina o l'uovo?".

Andiamo avanti ora e affrontiamo il Nuovo Ordine Mondiale e ciò che è. E sconfiggiamolo con la conoscenza che abbiamo davanti a noi...

Si tratta di una riproduzione del dipinto di Robert Fleaux del 1851, "Assalto al quartiere ebraico di Venezia", che commemora una rivolta dei cittadini veneziani nel XV secolo contro i mercanti e gli usurai ebrei che erano arrivati a dominare gli affari commerciali e pubblici di quella città-stato italiana. Eventi simili si verificarono in tutta Europa, quando i cittadini scoprirono che le rispettive economie erano cadute nelle mani di un'élite ebraica sempre più potente e interconnessa. Alla fine, verso la fine del XVIII secolo e nei primi anni del XIX, l'impero Rothschild emerse e si affermò come la forza principale all'interno del potere monetario ebraico internazionale e divenne la forza trainante della rete finanziaria e politica che oggi conosciamo come l'imminente Nuovo Ordine Mondiale.

Gli anni verranno

Gli anni passano

I regni sorgono e cadono

È arrivato il momento di prendere il controllo

Il mondo ci appartiene

- Estratto da una recente canzone popolare
intitolata "Il mondo ci appartiene

Sebbene la distruzione del Tempio di Gerusalemme nell'anno 70 da parte dei Romani sotto il grande generale Tito sia stato un evento decisivo nella storia ebraica (vedi sopra), il popolo ebraico si riprese rapidamente e, nei secoli successivi, estese la propria influenza in tutto il mondo. Resta il fatto che, diverse centinaia di anni prima, gli ebrei, anche sotto la cosiddetta "cattività", avevano raggiunto un grande potere a Babilonia. È a Babilonia che la filosofia ebraica della conquista del mondo è stata elaborata nella serie collettiva di insegnamenti e dibattiti nota come Talmud, che ancora oggi rimane la forza trainante del Nuovo Ordine Mondiale.

PREFAZIONE

L'America, la "nuova Babilonia"

La serie di libri popolari "Left Behind" dell'evangelista televisivo Tim LaHaye, ampiamente promossa e venduta, descrive la "nuova Babilonia" come una metropoli scintillante costruita sull'antica città di Babilonia in Iraq, conosciuta nell'antichità come Mesopotamia.

Nella visione degli eventi futuri di LaHaye, Nuova Babilonia diventa la sede del potere mondiale - media, commercio, governo, base di un'unica religione mondiale - guidata dall'Anticristo: la capitale del Nuovo Ordine Mondiale. Alla fine, Dio distrugge Nuova Babilonia e il Regno di Cristo regna sulla Terra.

Sebbene, secondo l'opinione dei teologi cristiani mainstream, le basi teologiche di LaHaye siano al massimo dubbie, la sua valutazione contestuale di Nuova Babilonia come centro di un Nuovo Ordine Mondiale è azzeccata. Ma questo è il massimo dell'accuratezza o dell'affidabilità di LaHaye.

Mentre LaHaye e i suoi simili vorrebbero farci credere che i governanti della Nuova Babilonia sono i nemici del popolo ebraico, la verità è ben diversa. E mentre l'Antica Babilonia della storia era situata in quello che oggi è il mondo arabo, scopriremo nelle pagine di questo volume che la *Nuova* Babilonia si trova in un luogo molto diverso ed è già in atto.

A governare questa nuova e concreta Babilonia sono le forze della finanza ebraica internazionale, un'élite affiatata che opera nella sfera d'influenza della dinastia Rothschild. Questi sono gli elementi che lavorano per realizzare il Nuovo Ordine Mondiale - il dominio mondiale ebraico.

Non è una coincidenza che la contorta visione del mondo di LaHaye riceva così tanta pubblicità da parte della stampa e dei media dominati dagli ebrei, perché LaHaye - come una serie di altri cosiddetti leader "cristiani" di (tra cui John Hagee e Pat Robertson) - si prostra davanti all'altare dello Stato di Israele e di fatto considera il popolo ebraico come il Messia. Questi cosiddetti

I "leader" sono capre di Giuda che conducono il loro gregge al macello.

Questo punto deve essere sempre tenuto presente: Babilonia occupa un posto centrale non solo nella storia ebraica, ma anche negli insegnamenti teologici ebraici.

Per capire tutto questo, dobbiamo tornare al lontano passato.

Il Dipartimento di Religione e Filosofia dell'Università britannica di Cumbria ci offre una panoramica della storia del soggiorno ebraico a Babilonia:

La storia degli ebrei a Babilonia inizia con l'Esilio babilonese, iniziato negli ultimi decenni del VI secolo [a.C.]. Nel 588-597 [a.C.], Nabucodonosor, re di Babilonia, assediò le mura di Gerusalemme, devastò la città e ordinò la deportazione di gran parte della popolazione ebraica a Babilonia. Sul Babilonia, i deportati ebrei se la cavarono piuttosto bene. Mantennero la libertà e poterono esercitare e sviluppare le loro professioni. Poiché avevano portato con sé le loro scritture sacre, poterono mantenere la loro identità religiosa distinta piuttosto che assimilarsi alla popolazione circostante.

Dopo la caduta dell'Impero babilonese per mano del re persiano Ciro nel 538 [a.C.], agli ebrei fu concesso di tornare in Palestina.

Mentre le migliaia di ebrei che tornarono in Palestina trovarono una regione completamente devastata dalla guerra, quelli che rimasero a Babilonia continuarono a stare bene sotto i loro nuovi governanti persiani.

Gli ebrei parteciparono pienamente alla vita economica dell'Impero persiano, raggiungendo talvolta alte cariche politiche e, sebbene probabilmente non avessero un tempio come punto focale della vita religiosa, evitarono la tentazione di abbandonare le credenze ebraiche tradizionali.

Le difficoltà sorsero nel secondo decennio del secondo secolo dell'era comune, quando gli ebrei insorsero a Babilonia per ribellarsi all'Impero romano.

Dopo questa ribellione, una più grave, guidata da Simeone Ben Kochba, scoppiò nel 132 [d.C.] in seguito alla decisione dell'imperatore Adriano [117-138 d.C.] di costruire un tempio a Giove Capitolino sul sito delle rovine del secondo tempio.

Quando la ribellione ispirata da Ben Kochba fu stroncata dai Romani nel 135 [d.C.], molti ebrei fuggirono a Babilonia, rivitalizzando la comunità ebraica.

In realtà, come dimostrano gli archivi, è a Babilonia che sono state gettate le basi del giudaismo come lo conosciamo oggi. L'Università di Cumbria offre una sintesi del giudaismo babilonese:

L'ebraismo babilonese aderisce ai principi fondamentali della fede ebraica: la fede in un unico Dio Creatore; la convinzione che Israele sia il popolo eletto da Dio, dal quale verrà il Messia, o unto di Dio, per riunire il popolo ebraico nella terra di Israele; l'autorità della Torah. Dalla comunità babilonese nacque il Talmud babilonese, un commento alla Mishna (una raccolta di leggi rabbiniche compilata intorno al 200 [d.C.] da Rabbi Judah).

Il Talmud babilonese fu pubblicato alla fine del V secolo. Il materiale talmudico si compone di due elementi: la Halakhah, che tratta questioni legali e rituali, e la Aggadah, che tratta questioni teologiche ed etiche.

Gli ebrei tradizionali sono obbligati a osservare la Halakha del Talmud babilonese.

Il fatto che il Talmud babilonese sia il cuore della religione ebraica e abbia continuato a guidarne la filosofia per molti secoli è un punto essenziale che non può essere negato. Nato in Finlandia, Dimont giunse negli Stati Uniti nel 1930 e in seguito prestò servizio nell'intelligence americana in Europa. Nel 1962, il suo libro *Jews, God & History (Ebrei, Dio e Storia)* è stato pubblicato con grande successo di pubblico ed è stato descritto dal *Los Angeles Times* come "indiscutibilmente la migliore storia popolare degli ebrei scritta in lingua inglese".

Il sorprendente libro di Dimont offre uno studio provocatorio e franco del popolo ebraico, della sua storia, della sua fede e del suo atteggiamento nei confronti dell'"altro", cioè di coloro che gli ebrei chiamano Gentili o "Goyim", un termine che, nel contesto in cui gli ebrei lo intendono, significa semplicemente "bestiame". In altre parole, i non ebrei - tutti gli ebrei non di ogni razza, credo e colore - non sono altro che bestie, animali, esseri inferiori.

Ebrei, Dio e Storia di Dimont rimane una testimonianza standard e molto amata del trionfo ebraico attraverso i secoli e su quelle che sono considerate le civiltà morte dei Goyim del passato, per così dire, e le civiltà in decadenza dei Goyim del presente. Riflette sulla definitiva dominazione ebraica della terra e dei suoi popoli. Parlando dell'esilio ebraico a Babilonia, Dimont osserva

> "Molti libri di storia ebraica dipingono un'immagine dell'esilio babilonese: molti libri di storia ebraica descrivono la cattività ebraica a Babilonia in termini di tristezza e desolazione. Fortunatamente, questa immagine è imprecisa. Nel VI secolo a.C., la Babilonia era governata da una serie di re illuminati che trattavano i loro prigionieri con tolleranza".

Gli ebrei che "piangevano presso i fiumi di Babilonia" erano solo un manipolo di fanatici; il resto degli ebrei si innamorò del Paese, prosperò e si coltivò.

Le rotte commerciali babilonesi portarono gli ebrei in ogni angolo del mondo conosciuto, rendendoli uomini di commercio e di scambio internazionale. Nelle biblioteche di Babilonia, gli ebrei trovarono un tesoro mondiale di manoscritti. Acquisirono l'amore per i libri e il gusto per l'apprendimento.

Hanno acquisito buone maniere, grazia e raffinatezza.

Il poeta sconosciuto che, nel Salmo 137, cantava: "Se ti dimentico, Gerusalemme, che la mia mano destra dimentichi la sua astuzia, se non mi ricordo di te, che la mia lingua si attacchi al tetto della mia bocca", forse esprimeva un sentimento comune all'inizio dell'esilio. Si je ne me souviens pas de Toi, que ma langue s'attache au palais", forse esprimeva un sentimento comune all'inizio dell'esilio, ma certamente non prevalente 50 anni dopo. Nel frattempo, le parole e l'aria erano cambiate.

Quando la slitta della storia ebraica si voltò per tornare a Gerusalemme, pochi ebrei babilonesi erano a bordo.

Poi, naturalmente, quando Ciro offrì agli ebrei il diritto di tornare a Gerusalemme, nota Dimont, "questo suscitò emozioni e lealtà contrastanti". Secondo Dimont, gli ebrei si chiesero: "Perché tornare a Gerusalemme? Perché tornare a Gerusalemme dove solo la desolazione, la povertà e la fatica incessante ci guardano in faccia.

Questa situazione, secondo Dimont, può essere paragonata a quella degli ebrei americani di fronte alla creazione del moderno Stato di Israele nel 1948. "Come l'ebreo americano di oggi, l'ebreo babilonese diceva: "Sono un buon babilonese [americano], perché dovrei andarmene."

In effetti, come ha sottolineato il signor Dimont :

Nell'esilio babilonese gli ebrei non solo avevano prosperato e si erano raffinati, ma si erano anche moltiplicati. Mentre all'inizio dell'esilio c'erano appena 125.000 ebrei in tutto il mondo, nella stessa Babilonia ce n'erano 150.000. Circa un quarto di loro decise di approfittare dell'editto [del sovrano persiano] e di tornare a Gerusalemme.

Dopo la liberazione, la permanenza degli ebrei a Babilonia, osserva Dimont, fu del tutto "volontaria". Gli intellettuali ebrei rimasti crearono a Babilonia la prima capitale culturale della diaspora ebraica e, da lì, iniziarono a influenzare la vita ebraica nella lontana Gerusalemme.

Nel suo ultimo libro, *Les Juifs indestructibles*, Max Dimont descrive la fiorente esistenza degli ebrei a Babilonia:

> Le rotte commerciali babilonesi guidarono gli avventurosi ebrei attraverso il mondo allora conosciuto, trasformandoli da "uomini parrocchiali" in cittadini cosmopoliti. Le loro stazioni commerciali divennero i centri di fiorenti comunità ebraiche. Nelle biblioteche di Babilonia, gli intellettuali ebrei trovarono un nuovo mondo di idee fresche. Nell'arco di cinque decenni, gli ebrei esiliati salirono ai vertici della società babilonese, nelle imprese commerciali, nel mondo accademico, nei circoli di corte.

Sono diventati imprenditori, letterati, consiglieri dei re, ma sono rimasti ebrei.

In realtà, come vedremo, la condizione degli ebrei a Babilonia riflette esattamente il ruolo degli ebrei in America (e in gran parte dell'Occidente) oggi.

Nel 1937, il giornalista Ferdinand Lundberg (che tra l'altro non era ebreo, nonostante il suo nome) fece scalpore con il suo libro *America's Sixty Families*, il primo studio completo della crescente accumulazione di vaste ricchezze e influenza da parte di un piccolo gruppo di americani - molte famiglie sposate o legate tra loro da rapporti d'affari - che erano arrivate a dominare la repubblica americana. Lundberg scrisse:

> Oggi gli Stati Uniti sono posseduti e dominati da una gerarchia di sessanta famiglie più ricche, sostenute da non più di novanta famiglie meno ricche. Al di fuori di questa cerchia plutocratica, ci sono forse altre trecentocinquanta famiglie, meno definite in termini di sviluppo e ricchezza, ma che rappresentano la maggior parte dei redditi di 100.000 dollari o più che non spettano ai membri della cerchia interna. Queste famiglie sono il centro vivo della moderna oligarchia industriale che domina gli Stati Uniti, operando

tranquillamente sotto una forma di governo democratica de *jure*, dietro la quale, a partire dalla Guerra Civile, si è progressivamente formato un governo de facto, di stampo assolutista e plutocratico.

Questo governo de *facto* è in realtà il governo degli Stati Uniti - informale, invisibile, oscuro. È il governo del denaro in una democrazia del dollaro. Sotto le loro avide dita e in loro possesso, le sessanta famiglie detengono la nazione più ricca mai creata nell'officina della storia...

I grandi proprietari terrieri americani di oggi superano storicamente la fiera aristocrazia che circondava Luigi XIV, lo zar Nicola, l'imperatore Guglielmo e l'imperatore Francesco Giuseppe, ed esercitano un potere di gran lunga superiore.

All'epoca in cui Lundberg scriveva, tra le "sessanta famiglie" elencate c'era un solido nucleo di sostanziale ricchezza ebraica. I tempi sono cambiati, tuttavia, e la ricchezza e l'influenza ebraica sono aumentate in modo esponenziale, ma l'argomento è rimasto in gran parte tabù, allora come oggi.

A circa 30 anni dalla pubblicazione di *America's Sixty Families*, Lundberg è tornato con un seguito. Questo nuovo volume, intitolato *I ricchi e i super-ricchi*, è una panoramica della situazione attuale del mondo in gran parte segreto dei super-ricchi sulle coste americane.

In *The Rich and the Super-Rich*, Lundberg fornisce una valutazione piuttosto interessante della situazione in America a metà degli anni Sessanta: la maggior parte degli americani - cittadini del paese più ricco, potente e ideale del mondo - non possiede, in larga misura, nient'altro che i propri beni domestici, qualche gadget scintillante come automobili e televisori (di solito acquistati a rate, spesso di seconda mano) e i vestiti che indossa. Un'orda, se non la maggioranza, di americani vive in baracche, bidonville, case vittoriane di seconda mano, bidonville e condomini sgangherati... Allo stesso tempo, una manciata di americani è dotata di mezzi stravaganti, come i principi dei racconti delle Mille e una notte.

Oggi, nel XXI secolo, l'élite di oggi: sono principi, ma non sono arabi. I media americani parlano della ricchezza degli sceicchi arabi, ma la ricchezza accumulata dalla comunità ebraica americana - e l'influenza politica che ne deriva - è superiore a quella di questi principi arabi.

Sebbene si ammetta in una certa misura l'esistenza di una potente "lobby israeliana" a Washington - talvolta definita "lobby ebraica" dai meno cauti - l'immagine pubblica di questa lobby è quella di una lobby dedita esclusivamente agli interessi dello Stato di Israele. I giornali ebraici discutono liberamente la questione dell'influenza della comunità ebraica e del suo impatto sulla politica estera degli Stati Uniti, ma anche i cosiddetti giornali e riviste "mainstream" talvolta si interessano all'argomento.

Ciò che pochi americani sanno, tuttavia, e che la comunità ebraica preferisce tenere nascosto, è il crescente peso finanziario, culturale e sociale della comunità ebraica americana. Se ci sono ebrei poveri, la verità è che gli ebrei americani stanno diventando i contendenti del titolo di "élite americana", senza eccezioni.

Gli ebrei americani sono davvero l'equivalente moderno dei principi delle Mille e una notte. Sebbene non costituiscano *di per sé* la maggioranza dei super-ricchi della famosa classifica "Forbes 400", la loro ricchezza combinata rivaleggia (o molto probabilmente supera) quella dell'élite non ebraica.

Questa élite ebraica opera nella sfera diretta della dinastia Rothschild, il colosso finanziario con sede a Francoforte, che ha poi esteso la sua influenza alla Gran Bretagna e a tutta l'Europa, e poi al mondo intero.

Mentre l'Impero britannico è stato inizialmente il meccanismo della portata imperiale dei Rothschild, gli Stati Uniti - nel corso della storia - sono ora emersi come il motore centrale del potere dei Rothschild. E il potere dei Rothschild è stato il culmine della generica ascesa della finanza ebraica internazionale. La dinastia Rothschild è emersa da questa rete finanziaria ebraica per regnare in modo supremo.

Non è un errore, né una frivola scelta di parole, che in *Ebrei, Dio e la Storia*, Max Dimont si riferisca direttamente agli Stati Uniti, in un intero capitolo che porta questo titolo, come "la nuova Babilonia". Egli spiega che "il centro della vita intellettuale ebraica si è spostato dal Vecchio Mondo al Nuovo, proprio come il centro della vita intellettuale ebraica nei tempi biblici si era spostato dalla Palestina a Babilonia dopo la caduta di Giuda...". Dimont si è chiesto se si trattasse di una somiglianza superficiale con eventi passati o di una vera e propria ripetizione della storia. Nel VI secolo a.C. i babilonesi distrussero il centro palestinese dell'ebraismo, così come nel XX secolo d.C. Hitler distrusse il centro europeo dell'ebraismo. Ma l'idea di ebraismo non è morta con queste due distruzioni.

Quando la storia presentò agli ebrei di Babilonia un passaporto che consentiva loro di tornare in una Palestina ricostituita, essi declinarono l'invito, così come gli ebrei americani declinarono un invito simile a tornare in un Israele ricostituito . Con il loro rifiuto, gli ebrei di Babilonia hanno creato la diaspora. Con il loro rifiuto, gli ebrei americani hanno perpetuato la diaspora. A Babilonia, l'ebraismo della diaspora guadagnò lentamente l'ascendente intellettuale sull'ebraismo palestinese.

Nel XX secolo, la storia ha posto lo scettro dell'ebraismo della diaspora nelle mani volenterose degli ebrei americani.

Dimont si è chiesto se l'ebraismo americano possa "produrre una serie di giganti intellettuali in grado di elaborare le idee necessarie per la sopravvivenza della diaspora". È del tutto possibile, ha sostenuto, che gli Stati Uniti possano svolgere il ruolo di Babilonia per l'ebraismo del XXI secolo. "Forse stiamo già iniziando a vedere l'emergere di un nuovo giudaismo sul suolo americano", ha chiesto Dimont, "proprio come un nuovo giudaismo emerse sul suolo babilonese...".

L'esistenza di una diaspora era quindi l'unica condizione essenziale per la sopravvivenza degli ebrei oltre la normale durata di vita di una civiltà. Se non fossero stati esiliati, se fossero rimasti in Palestina, probabilmente non rappresenterebbero una forza culturale nel mondo di oggi più di quanto lo siano i resti dei karaiti [una setta di ebrei che ha rifiutato il Talmud come fondamento dell'ebraismo].

Oggi, come in passato, abbiamo uno Stato di Israele indipendente e la Diaspora. Ma, come in passato, lo Stato di Israele è oggi una cittadella dell'ebraismo, un rifugio, il centro del nazionalismo ebraico dove vivono solo due milioni dei dodici milioni di ebrei del mondo. La Diaspora, sebbene si sia spostata attraverso le epoche per i capricci delle civiltà, rimane l'anima universale dell'ebraismo.

In altre parole, lo Stato di Israele non è "l'anima universale" del popolo ebraico. Il popolo ebraico non ha confini. Il mondo appartiene agli ebrei.

Come diceva una canzone popolare: "Gli anni verranno. Gli anni passeranno. I regni sorgono e cadono. È arrivato il momento di prendere il controllo. Il mondo ci appartiene". Questa è la filosofia del Nuovo Ordine Mondiale.

Così, mentre in un libro precedente, *La nuova Gerusalemme*, abbiamo sollevato la questione se gli Stati Uniti fossero diventati "la nuova Gerusalemme" - la capitale spirituale del giudaismo rimasta in quella città della Palestina - i fatti storici, religiosi ed economici che esploreremo retrospettivamente in questo nuovo volume suggeriscono che gli Stati Uniti possono essere più accuratamente descritti, sotto tutti gli aspetti critici, come "la nuova Babilonia".

Thomas Jefferson: l'ebraismo è una "religione depravata".

Sebbene l'amato autore della Dichiarazione d'Indipendenza, Thomas Jefferson, fosse un fervente sostenitore della libertà religiosa in America per gli ebrei e per tutti i popoli, ciò che è stato accuratamente censurato nei libri di storia è il fatto assoluto che Jefferson considerava chiaramente la religione ebraica come assolutamente abominevole. In una lettera a John Adams del 13 ottobre 1813, questo intellettuale molto letto commentava il Talmud e altri insegnamenti ebraici: "Quale miserabile depravazione dei sentimenti e della morale deve aver prevalso perché tali massime corrotte abbiano guadagnato credito! È impossibile ricavare da questi scritti una serie coerente di dottrine morali".

Descrivendosi come "un vero cristiano, cioè un discepolo delle dottrine di Gesù", Jefferson scrisse a William Short (31 ottobre 1819) che considerava Gesù come "il più grande di tutti i riformatori della depravata religione del suo paese", aggiungendo in una successiva lettera a Short (4 agosto 1820) che mentre Cristo predicava "filantropia, carità e benevolenza universali", gli ebrei seguivano insegnamenti che infondevano loro "lo spirito più antisociale nei confronti delle altre nazioni". Jefferson scrisse che Gesù, in quanto "riformatore delle superstizioni di una nazione", si trovò in una posizione "sempre pericolosa" nell'opporsi ai "sacerdoti della superstizione" - i farisei - che descrisse come "una razza assetata di sangue... crudele e senza rimorsi come l'Essere che essi rappresentavano come il Dio della famiglia di Abramo, Isacco e Giacobbe, e il Dio locale di Israele". Se fosse vivo oggi, Jefferson starebbe combattendo contro il Nuovo Ordine Mondiale: il sogno di un imperium ebraico globale.

Il pellegrinaggio del senatore John McCain e del suo buon amico ebreo Joe Lieberman (entrambi a sinistra) alla sede londinese di Lord Jacob Rothschild (a destra) simboleggia la penetrazione dell'impero Rothschild sulle coste americane. Questi due politici americani sono oggi tra i principali sostenitori del Nuovo Ordine Mondiale.

PREMESSA

Coloro che regnano sovrani: John McCain, solo un altro discepolo americano dell'impero Rothschild

Alcuni cinici sostengono che la visita del senatore John McCain a Londra nella primavera del 2008 per partecipare a una raccolta di fondi per la sua candidatura presidenziale, organizzata da Lord Jacob Rothschild dell'impero bancario internazionale, potrebbe essere stata semplicemente un caso in cui McCain si è recato direttamente da Rothschild per ricevere i suoi ordini, invece di farli passare da uno dei tanti servitori di Rothschild che si occupano di dire ai politici di tutto il mondo cosa fare, quando farlo e come farlo.

Come a sottolineare le sue fedeltà, prima di visitare Rothschild, McCain si è recato in Israele, lo Stato mediorientale che annovera la famiglia Rothschild tra i suoi principali mecenati, tanto che un precedente Rothschild, Edmond, del ramo parigino della famiglia bancaria internazionale, è oggi onorato sulla moneta israeliana.

Forse non sorprende che McCain sia stato accompagnato al gala Rothschild (e in Israele) dal suo buon amico ebreo e fervente sostenitore di Israele, il senatore Joseph Lieberman (I-Conn.), che ha appoggiato McCain ed è stato spesso indicato come compagno di corsa di McCain alla vicepresidenza o probabile segretario di Stato in un'amministrazione McCain.

Sebbene lo sponsor di McCain, Lord Rothschild (in quanto cittadino britannico), non fosse autorizzato dalla legge statunitense a contribuire direttamente alla campagna di McCain, Rothschild fu autorizzato a organizzare un ricevimento di raccolta fondi su larga scala per McCain, a cui parteciparono gli americani di Londra nella sfera d'influenza di Rothschild, disposti a pagare un minimo di 1.000 dollari a persona per il privilegio di toccare con mano il candidato di , che all'epoca era chiaramente il favorito della famiglia Rothschild per la nomination repubblicana.

Il fatto che l'impero Rothschild sostenga McCain non sorprende chi conosce i precedenti di McCain.

In primo luogo, McCain è un membro di lunga data del Council on Foreign Relations (CFR). Il 30 ottobre 1993, *il Washington Post* ha descritto il CFR come "la cosa più simile a un establishment di governo che gli Stati Uniti hanno", affermando che si tratta delle "persone che per più di mezzo secolo hanno gestito i nostri affari internazionali e il nostro complesso militare-industriale", è che il CFR è in realtà solo una divisione con sede a New York del Royal Institute of International Affairs, che ha funzionato come braccio di politica estera della dinastia Rothschild, a lungo il principale motore dietro le quinte delle imprese imperiali britanniche, la vera forza dietro il cosiddetto Impero "britannico".

Pertanto, coloro che preferiscono parlare del CFR come forza trainante del Nuovo Ordine Mondiale - evitando però di menzionare il legame con i Rothschild - sono, nella migliore delle ipotesi, disonesti.

Le connessioni dietro le quinte di McCain nel suo Stato natale, l'Arizona, sono altrettanto intriganti e sottolineano ulteriormente perché i Rothschild sono interessati a McCain.

Come ha sottolineato l'*American Free Press - che è stato il primo* e unico media a farlo - il defunto suocero di McCain, Jim Hensley, era una figura chiave nella rete del crimine organizzato che circondava un certo Kemper Marley, il quale fungeva da facciata in Arizona per la famiglia Bronfman - attori chiave di un potente sindacato del crimine ebraico che viene spesso (anche se erroneamente) definito "mafia" - che usava Marley per controllare entrambi i principali partiti dello Stato.

La famiglia Bronfman è stata a lungo alleata dei Rothschild come uno dei principali mecenati miliardari di Israele e del movimento sionista globale, tanto che Edgar Bronfman, il capo della dinastia, è stato per molti anni presidente del World Jewish Congress (WJC), che ora è gestito da suo figlio Matthew, che è presidente del consiglio di amministrazione del WJC (nel 2000, quando McCain si candidò per la prima volta alla presidenza, Edgar Bronfman contribuì alla sua campagna. All'epoca, McCain annoverava tra i suoi più stretti consiglieri l'onnipresente portavoce degli interessi ebraici, William Kristol, della rivista neoconservatrice *The Weekly Standard*, decisamente pro-Israele, il cui proprietario, il barone dei media Rupert Murdoch, è salito alla ricchezza e al potere grazie alla sponsorizzazione delle famiglie Rothschild e Bronfman.

Vale la pena notare che Kristol ha partecipato alle riunioni segrete del Bilderberg, sponsorizzate ogni anno dalla famiglia Rothschild in collaborazione con i suoi scagnozzi americani, la famiglia Rockefeller (per una storia completa del Bilderberg da parte dell'unico giornalista che ha viaggiato per il mondo per 30 anni seguendo le loro attività, si veda *Bilderberg Diary* di Jim Tucker). Il legame McCain-Bronfman-Rothschild è quindi intimo a più livelli e spiega la tendenza di McCain a difendere febbrilmente gli interessi israeliani (ed ebraici).

McCain ha detto di essere "guidato" dai "principi wilsoniani", la filosofia internazionalista secondo cui il potere militare americano dovrebbe essere usato per imporre quello che è in definitiva il Nuovo Ordine Mondiale.

Il dossier dimostra che McCain fa da tempo parte di un gruppo d'élite che promuove l'azione militare americana per difendere Israele. Secondo il numero del 2 agosto 1996 del *Jewish Chronicle* di Londra, McCain è stato membro della sedicente Commissione sull'interesse nazionale dell'America, che ha pubblicato un rapporto che classifica Israele come un interesse primario degli Stati Uniti, degno di "tesori e sangue" - una conclusione che molti potrebbero mettere in dubbio. Il rapporto pone la sopravvivenza di Israele "al pari della prevenzione di attacchi nucleari e biologici contro gli Stati Uniti come interesse vitale americano". *Il Chronicle* ha riassunto il rapporto, citando il gruppo, con il titolo: "Gli americani dovrebbero andare in guerra per difendere Israele".

Nel 2006, per i suoi sforzi entusiastici a favore di Israele, l'Istituto ebraico per gli affari di sicurezza nazionale (JINSA) ha conferito a McCain il "Distinguished Service Award", intitolato alla memoria del defunto senatore Henry M. Jackson (D-Wash.), un altro "Goy" che, come McCain, ha lavorato spudoratamente 24 ore su 24 per difendere gli interessi ebraici e israeliani mentre era al Congresso.

Essere acclamati dalla JINSA è tuttavia un onore dubbio, dal momento che diverse persone associate alla JINSA, tra cui il suo fondatore Stephen Bryen, e l'amico intimo di Bryen Richard Perle (un altro partecipante regolare alle riunioni del Gruppo Bilderberg di cui si è parlato in precedenza), nonché Paul Wolfowitz (per breve tempo, e più recentemente, presidente della Banca Mondiale) sono stati tutti indagati dall'FBI negli ultimi anni con il sospetto di spionaggio per Israele.

Nella primavera del 2008, McCain ha ricevuto il sostegno ufficiale e pubblico della famiglia reale del sionismo internazionale, i Rothschild.

In seguito, come a sottolineare il punto, Lynn Forrester de Rothschild, moglie di origine americana di Evelyn de Rothschild - un altro dei

Rothschild con sede a Londra - ha lasciato il suo posto nel Democratic National Policy Committee (dove aveva sostenuto le ambizioni presidenziali di Hillary Rodham Clinton) e ha appoggiato McCain rispetto al candidato democratico alla presidenza Barack Obama.

Ironia della sorte, nello stesso contesto, Edgar Bronfman, sostenitore di lunga data di McCain (e satellite dei Rothschild), si è rifiutato di appoggiare McCain dopo che il candidato repubblicano alla presidenza ha scelto la controversa governatrice dell'Alaska Sarah Palin come compagna di corsa. Sebbene la signora Palin sia una fervente sostenitrice di Israele, Bronfman ha trovato la donna sgradevole e ha scelto di sostenere Barack Obama.

Ma il fatto è che lo stesso Obama - nonostante le voci che suggeriscono che non fosse molto amichevole nei confronti di Israele - ha sempre operato sotto la tutela di potenti interessi ebraici legati a Israele e alla criminalità organizzata ebraica, ovvero le famiglie Crown e Pritzker di Chicago (di cui si parlerà più avanti in queste pagine).

Nelle elezioni presidenziali del 2008, la dinastia Rothschild e i nuovi farisei hanno esercitato un controllo effettivo sui due candidati presidenziali dei principali partiti degli Stati Uniti.

In ogni caso, non c'è dubbio che i Rothschild siano la "famiglia reale dell'ebraismo internazionale". Lo scrittore israeliano Amos Elon, nel suo libro *Founder: A Portrait of the First Rothschild and His Time*, pubblicato nel 1996, racconta la storia di un certo ebreo che, alla domanda sul perché gli ebrei fossero così orgogliosi quando non avevano principi e non partecipavano ad alcun governo, rispose: "Non siamo principi, eppure siamo una famiglia reale: 'Non siamo principi, ma li governiamo'.

Il rabbino Joseph Telushkin, uno dei principali arbitri religiosi ebrei moderni e portavoce delle preoccupazioni degli ebrei, ha scritto: "A tutt'oggi, i Rothschild rimangono gli aristocratici della vita ebraica .... i simboli della ricchezza". (Sorprendentemente, per amor di precisione, Telushkin ha tuttavia affermato che i Rothschild non sono più la famiglia più ricca tra gli ebrei - un'affermazione che la realtà, come descritta nelle pagine di *The New Babylon*, suggerisce al contrario).

Il fatto che l'eredità dei Rothschild sia sempre stata dedicata ai principi della loro fede ebraica è un punto che non va dimenticato. È parte integrante della comprensione dell'intero ruolo che la famiglia Rothschild e i suoi satelliti nel settore bancario internazionale hanno svolto nel plasmare gli affari mondiali: la loro singolare ricerca di un nuovo ordine mondiale.

Nelle nostre prime pagine abbiamo citato uno dei primi biografi del fondatore della famiglia Rothschild, Meyer, un biografo ammirato, che affermava che "Rothschild era uno zelante credente nel Talmud e lo scelse come unico principio guida per tutte le sue azioni". Questo fatto essenziale merita di essere citato ancora una volta.

Il famoso storico ebreo Chaïm Bermant ha notato che Meyer Amschel, il fondatore della dinastia Rothschild, era stato educato in una scuola rabbinica e "aveva a cuore tutte le tradizioni ebraiche". Sua moglie, Gittel, era la classica matriarca ebrea della leggenda, come attestano tutte le testimonianze sulla famiglia Rothschild.

A proposito dei Rothschild, lo storico israeliano Amos Elon, nella sua biografia del padre fondatore dei Rothschild, ha scritto: "A differenza di altri ebrei assimilati, essi enfatizzavano, persino ostentavano, la loro etnia e religione".

I Rothschild erano ebrei molto religiosi - *molto* religiosi.

Amschel a Francoforte (figlio di Meyer) ha mantenuto i suoi "vecchi costumi e abitudini ebraiche" e si dice che sia "l'ebreo più religioso di Francoforte" e che abbia persino una sinagoga nella sua casa. I Rothschild non si fidano dei convertiti dall'ebraismo al cristianesimo. "È una brutta cosa", dice James Rothschild, "quando si ha a che fare con un apostata".

Secondo il recente studio di Niall Ferguson sulla famiglia Rothschild (con l'aiuto della famiglia Rothschild), i Rothschild erano particolarmente tenaci nella loro religiosità: "Qualsiasi indebolimento dell'unità degli ebrei veniva percepito [dai Rothschild] come una sconfitta in un mondo ostile".

I Rothschild sono noti per aver perseguitato un membro della loro stessa famiglia, Hannah, che aveva sposato un pagano e si era convertita al cristianesimo.

Niall Ferguson ha osservato che Hannah aveva "attraversato una delle poche barriere rimaste tra i Rothschild e l'élite sociale europea, e forse l'unica che i Rothschild stessi desideravano preservare". Non c'è dubbio, quindi, che i Rothschild abbiano mantenuto un atteggiamento talmudico e giudaico-centrico, nonostante le loro relazioni comuni con le teste coronate e le famiglie nobili cristiane d'Europa.

Ciò è tanto più notevole se si considera che altre famiglie di banchieri ebrei in Inghilterra si sposarono con molti membri di famiglie aristocratiche inglesi. (Per dirla senza mezzi termini: Gli ebrei ottennero i titoli e il prestigio e gli aristocratici inglesi ottennero il denaro dagli ebrei).

Niall Ferguson osserva che c'è stato un tempo in cui i Rothschild avevano "uno status mitico e talismanico agli occhi degli altri ebrei; non solo gli ebrei dei re, ma i 're degli ebrei' - entrambi esaltati dalla loro ricchezza e consapevoli delle loro umili origini".

Già nel 1835 e nel 1836, persino il piccolo *Niles* (Ohio) *Weekly Register*, nella nuova nazione americana, commentava che "i Rothschild sono le meraviglie della banca moderna...." e aggiungeva, con enfasi: "Vediamo i discendenti di Giuda, dopo una persecuzione di 2.000 anni, guardare dall'alto in basso i re, elevarsi più in alto degli imperatori e tenere un intero continente nelle loro mani: Vediamo i discendenti di Giuda, dopo una persecuzione di 2.000 anni, guardare dall'alto in basso i re, elevarsi più in alto degli imperatori e tenere un intero continente nelle loro mani".

I Rothschild governano un mondo cristiano. Nessun gabinetto si muove senza il loro consiglio. Tendono la mano con la stessa facilità da San Pietroburgo a Vienna, da Vienna a Parigi, da Parigi a Londra, da Londra a Washington.

Il Barone Rothschild ... è il vero Re di Giuda, il principe dei prigionieri, il Messia tanto atteso da questo popolo straordinario. Egli possiede le chiavi della pace o della guerra, della benedizione o della maledizione...

Sono i mediatori e i consiglieri dei re d'Europa e dei leader repubblicani d'America. Cosa possono volere di più

Thomas Duncombe, membro del Parlamento britannico, riassunse molto bene il riconoscimento dell'immenso potere di questa famiglia quando disse alla fine degli anni Settanta del XIX secolo: "C'è [...] un'influenza segreta dietro il trono, la cui forma non è mai vista, il cui nome non è mai pronunciato, che ha accesso a tutti i segreti dello Stato [...]. A questa persona invisibile e incorporea è strettamente legata una forma molto solida e sostanziale, un potere nuovo e formidabile, finora sconosciuto in Europa; padrone di ricchezze sconfinate, si vanta di essere l'arbitro della pace e della guerra, e che il credito delle nazioni dipende dal suo cenno; i suoi corrispondenti sono innumerevoli; i suoi corrieri superano quelli dei principi sovrani e dei sovrani assoluti; i ministri dello Stato sono al suo soldo.

Occupa un posto di rilievo nei gabinetti dell'Europa continentale e aspira a dominare il nostro... L'esistenza di queste influenze segrete è un fatto di dominio pubblico... Ritengo che il loro scopo sia tanto impuro quanto i mezzi con cui è stato acquisito il loro potere, e denuncio loro e i loro agenti...

Uno dei grandi crociati contro l'impero Rothschild nel XIX secolo fu un eloquente francese, Edouard Drumont. Una delle sue famose opere è intitolata *La France Juive*. Parlando del fenomeno del potere ebraico, scrisse:

> Grazie al loro genio di cospiratori e trafficanti, hanno ricostituito un formidabile potere monetario, non solo per il potere innato che il denaro possiede, ma anche perché gli ebrei hanno diminuito o distrutto gli altri poteri in modo che rimanesse in piedi solo il loro; perché hanno modellato, plasmato, una società in cui il denaro è il vero padrone di tutto.

Questo potere monetario, come tutti i poteri, cura i propri interessi e si muove nella direzione che sembra più redditizia.

Il riconoscimento che i Rothschild erano una famiglia "internazionale" in più di un senso è diventato parte della leggenda che circonda questo immenso impero del denaro. John Reeves scrisse *The Rothschild: The Financial Rulers of Nations*, pubblicato nel 1887, in cui affermava senza mezzi termini:

> "I Rothschild non appartengono a nessuna nazionalità. Sono cosmopoliti... Non appartengono a nessun partito. Erano pronti ad arricchirsi a spese dei loro amici come dei loro nemici".

Il principe Hermann Ludwig Heinrich von Pückler-Muskau, famoso nobile tedesco e autore di numerose opere, paragonò Rothschild al Sultano dell'Impero Ottomano. Il sultano, a suo dire, era il sovrano di tutti i credenti, mentre Rothschild era "il creditore di tutti i sovrani".

L'economista tedesco Freidrich List disse che Rothschild era "l'orgoglio di Israele, il potente prestatore e padrone di tutto l'argento e l'oro coniato e non coniato del mondo antico, davanti al cui salvadanaio si inchinano umilmente re e imperatori". In breve, come ha notato il biografo Niall Ferguson, Rothschild era "il re dei re". Si potrebbe aggiungere, tuttavia, che la maggior parte delle persone (almeno in Occidente) considera Gesù Cristo come il Re dei re.

Nel 1830, il già citato *Niles* (Ohio) *Weekly Register* si riferiva alla famiglia Rothschild come a coloro che avrebbero reclamato la Terra

Santa per il popolo ebraico, prefigurando il fatto che, in effetti, i Rothschild sarebbero diventati i principali patrocinatori del movimento sionista che ha portato alla creazione dello Stato di Israele nel 1948:

> [I Rothschild sono ricchi al di là di ogni desiderio, forse anche al di là di ogni avarizia; e in una situazione del genere è abbastanza ragionevole supporre che possano cercare qualcos'altro per soddisfare la loro ambizione...

Se si assicurassero il possesso [della Palestina], che può essere ottenuto con il denaro, potrebbero immediatamente, per così dire, mettere insieme una grande nazione, che diventerebbe presto capace di difendersi e di avere una meravigliosa influenza sul commercio e sulle condizioni dell'Oriente - facendo di Giuda di nuovo il luogo di deposito di gran parte della ricchezza del "mondo antico".

Per il Sultano [dell'Impero Ottomano], il paese [la Palestina] era di scarso valore, ma nelle mani degli ebrei, guidati da uomini come i Rothschild, cosa non sarebbe diventato, e in breve tempo

Il fatto che i Rothschild fossero percepiti in modo quasi mistico è molto chiaro, nella misura in cui alcuni predissero (molto accuratamente) che non solo la Palestina, ma l'intera Europa, sarebbe caduta nelle mani dell'impero Rothschild.

Nell'ottobre del 1840, il giornale francese *Univers* affermava

> "Sul trono di Davide, una volta restaurato, siederà questa dinastia finanziaria che tutta l'Europa riconosce e alla quale tutta l'Europa si sottomette".

Il socialista francese Charles Fourier disse:

> "La restaurazione degli Ebrei [in Palestina] sarebbe un magnifico coronamento per i signori della Casa Rothschild. Come Esra e Serubabele, essi possono riportare gli ebrei a Gerusalemme e riedificare il trono di Davide e Salomone per dare vita a una dinastia Rothschild".

È interessante notare che, nei primi anni del suo sviluppo, la "cuginanza" britannico-ebraica - così definita da Chaïm Bermant - era, secondo Bermant, antisionista "quasi fino al midollo", opponendosi alla creazione di uno Stato ebraico. I Rothschild in particolare - e questo è un punto particolarmente importante - erano particolarmente ferventi nella loro opposizione al sionismo, forse più di altri membri di queste famiglie interconnesse.

Lionel Rothschild fu una delle poche eccezioni tra i Rothschild ad opporsi al sionismo e nel 1915, alla morte del padre, divenne il capofamiglia - era quindi "Il" Rothschild - e assumendo la sua posizione nella Camera dei Lord, il suo sostegno al sionismo diede un enorme impulso alla causa sionista. È a Lionel che fu indirizzata la famosa Dichiarazione Balfour. Tuttavia, fu il barone Edmond de Rothschild (Francia) a essere soprannominato dagli ebrei di Palestina "il noto Benefattore" per il suo generoso patrocinio del sionismo, e fu grazie alla conversione al sionismo di questa dinastia ebraica che nacque infine lo Stato di Israele.

Così, il potere della finanza ebraica internazionale, dominato dalla dinastia Rothschild, abbracciò il sionismo come parte integrante della ricerca di un'utopia ebraica. Furono gettate le basi per l'avvento del Nuovo Ordine Mondiale. E la storia del mondo intraprese un nuovo e pericoloso cammino.

Sebbene questo vecchio contadino ebreo (a sinistra) e l'ipertrofico plutocrate Nathan Rothschild (a destra) abbiano vissuto vite molto diverse, entrambi sono stati discepoli del Talmud, che ha guidato l'impero Rothschild nella sua conquista del potere, da cui l'intera comunità ebraica mondiale ha tratto grandi benefici. Si dice che gli ebrei di tutto il mondo considerassero Rothschild non solo il "Re degli ebrei", ma anche il "Re dei re". La vignetta antiebraica arrabbiata qui sotto parodiava l'emancipazione ebraica in Europa, suggerendo che gli ebrei si aspettavano che le libertà appena acquisite avrebbero permesso loro di trarre ancora più profitto a spese dei cristiani. In realtà, la ricchezza e il potere degli ebrei crebbero in modo esponenziale.

INTRODUZIONE

Realtà intrecciate: ebrei, Israele, denaro e potere: Argomenti tabù nel nostro mondo moderno

Scrivendo da una prospettiva tedesca nel 1879, in un momento in cui la Germania si stava consolidando come nazione, Wilhelm Marr - che osò sfidare a gran voce il potere finanziario ebraico (e a cui viene spesso attribuito il merito di aver inventato il termine "antisemitismo") - predisse che la finanza ebraica avrebbe regnato sovrana nel suo Paese, ma a un prezzo elevato.

Sì, l'Ebraismo eleverà la Germania al rango di potenza mondiale e ne farà la nuova Palestina d'Europa. Questo non avverrà con una rivoluzione violenta, ma per voce del popolo stesso, non appena la società tedesca avrà raggiunto il massimo livello di bancarotta sociale e di perplessità verso cui stiamo precipitando.

Il nostro elemento germanico si è dimostrato culturalmente e storicamente impotente, incapace di ottenere qualcosa di fronte alla dominazione straniera.

È un fatto, un fatto crudo e spietato.

Marr ha affermato che i media controllati dagli ebrei in Germania avevano un impatto su tutti gli aspetti della società: "Lo Stato, la Chiesa, il cattolicesimo, il protestantesimo, il credo e il dogma devono inchinarsi all'Areopago ebraico, la stampa quotidiana", ha detto.

(È interessante notare che anche allora, come ha sottolineato Marr, l'influenza ebraica sulla "stampa quotidiana" era una preoccupazione crescente). E come Marr aveva previsto, negli anni successivi alla Prima guerra mondiale la Germania entrò effettivamente in uno stato di bancarotta e decadenza e l'ebraismo occupò una posizione preminente in Germania, più che mai.

Tuttavia, nel 1933, in Germania si verificò una rivoluzione popolare, attraverso le urne, che portò all'ascesa di Adolf Hitler e del Partito Nazionalsocialista dei Lavoratori Tedeschi, con conseguente diminuzione dell'influenza ebraica in Germania, dove il potere ebraico aveva regnato sovrano.

La Germania non è più, come ha detto Marr, "la nuova Palestina".

In effetti, oggi possiamo constatare che la situazione in America è simile a quella della Germania prima della rivoluzione tedesca del 1933.

L'economia americana è in rovina, i pirati di Wall Street - molti dei quali, forse la maggior parte, sono ebrei - hanno portato la nazione sull'orlo della bancarotta, mentre un presidente americano - George W. Bush - ha decimato il tesoro della nazione (e il sangue dei suoi giovani) per perseguire le guerre richieste dalla lobby ebraica. Eppure gli interessi di potere ebraici - tutti operanti nella sfera d'influenza dell'impero Rothschild - continuano a influenzare il corso degli affari americani.

Il professor Norman Cantor, stimato studioso ebreo, ha riassunto l'immenso potere degli ebrei in America oggi. Nel suo libro controverso, *La catena sacra*, ampiamente criticato per la sua franchezza, Cantor ha scritto: Nei quattro decenni successivi al 1940, gli ebrei hanno fatto il loro ingresso nella società americana, nel comfort dei sobborghi, nelle università e nei bastioni privilegiati delle professioni colte, negli affari, nella politica e nel governo, e nei media dove esercitano il loro controllo. Gli ebrei erano sovrarappresentati nelle professioni intellettuali di cinque o sei volte.

Nel 1994, gli ebrei rappresentavano solo il 3% della popolazione americana, ma il loro impatto era equivalente a quello di un gruppo etnico che rappresentava il 20% della popolazione.

Nulla nella storia ebraica ha eguagliato questo grado di ascesa ebraica al potere, alla ricchezza e alla preminenza.

Né nella Spagna musulmana, né nella Germania del primo Novecento, né tantomeno in Israele, perché non c'erano livelli di ricchezza e di potere paragonabili su scala globale da raggiungere in questo piccolo Paese.

Cantor concludeva: "I Morgan, i Rockefeller, gli Harriman, i Roosevelt, i Kennedy, i titani delle epoche passate, sono stati soppiantati dall'ebreo come autore di imprese irreprensibili...".

Per questo motivo, è diventato un segreto aperto nel nostro mondo di oggi che c'è un gorilla di 300 libbre nella stanza - il ruolo della comunità ebraica organizzata - di solito, ma non sempre correttamente, conosciuta come "movimento sionista" - che è un potere preminente nella nostra società moderna, non solo negli Stati Uniti, ma in gran parte dell'Occidente e altrove sul pianeta.

Gli interessi di potere ebraici hanno raggiunto una posizione di rilievo negli Stati Uniti di oggi e ora (e non necessariamente come risultato, forse nonostante l'influenza ebraica) gli Stati Uniti sono virtualmente la nazione più potente sulla faccia della terra, forse rivaleggiata solo - in tutta realtà - da Israele stesso. Così la comunità ebraica americana è diventata oggi l'élite indiscussa degli Stati Uniti. Potremmo definirli "la nuova élite". Sono loro che comandano.

Tuttavia, va sempre tenuto presente che la principale influenza all'interno della comunità ebraica è stata, per diverse centinaia di anni, l'impero Rothschild, con sede in Europa. Questa dinastia ha esteso i suoi tentacoli al territorio americano, tanto che oggi ci sono famiglie ebraiche ricche e potenti e interessi finanziari che operano nell'ambito dei Rothschild e che sono di per sé importanti. Tuttavia, le radici di questa rete di potere ebraico in America possono essere fatte risalire alla famiglia Rothschild in Europa, che si è affermata come il primo gruppo bancario a governare gli affari mondiali attraverso la sua influenza in Paesi come Francia, Germania, Italia, Austria e, naturalmente, Inghilterra.

In epoca moderna e in passato, molte persone che a volte vengono definite "antisemite" hanno usato il termine "gli ebrei" per riferirsi a vari aspetti degli affari americani e internazionali, sia a questioni interne che alla condotta delle varie politiche estere degli Stati nazionali. Tuttavia, sarebbe inesatto affermare che l'uso del termine "gli ebrei" si riferisca in realtà a tutte le persone di fede ebraica.

Infatti, molti di coloro che usano il termine "gli ebrei" lo usano spesso in riferimento alla condotta, o forse dovremmo dire al "comportamento scorretto" di , dello Stato di Israele o degli ebrei in America e altrove che sostengono Israele.

Tuttavia, c'è un altro aspetto dell'uso del termine "gli ebrei" che è forse ancora più importante. Ancora una volta, l'uso di questo termine non si riferisce al popolo ebraico nel suo complesso, sia in Israele che altrove.

No, l'uso del termine "gli ebrei" in senso ampio e forse generale, a questo proposito, si riferisce in realtà al potere monetario internazionale.

Questo potere monetario internazionale, che ha un innegabile aspetto ebraico nella sua natura, deriva dagli intrighi e dalle macchinazioni di una dinastia bancaria globale, l'impero Rothschild, i cui tentacoli si estendono in tutto il mondo.

A sua volta, scopriamo che nel corso dei secoli c'è stato un sogno ebraico di lunga data per l'istituzione di un ordine mondiale - un nuovo imperium - un Nuovo Ordine Mondiale, se volete. E al vertice di questa piramide del Nuovo Ordine Mondiale troviamo il nome di Rothschild. La Casa Rothschild e il suo impero sono le fondamenta di questo Nuovo Ordine Mondiale.

Nei molti anni precedenti l'ascesa dell'impero Rothschild, alla fine del XVIII secolo, esistevano molti banchieri e usurai ebrei, ma fu solo con l'ascesa della dinastia Rothschild che questo potere monetario internazionale emerse come la forza che si è evoluta fino a diventare.

Esistevano banchieri e usurai ebrei, attivi in molte parti della civiltà occidentale e in Medio Oriente, Africa, Asia e America Latina, ma fu solo con l'avvento della dinastia Rothschild che questo potere raggiunse un'unità mai conosciuta prima.

In effetti, si potrebbe giustamente affermare che l'ascesa dei Rothschild ha creato una "famiglia reale" dell'ebraismo internazionale, o addirittura una famiglia reale della finanza internazionale.

Nel corso degli anni, dei decenni e dei secoli successivi, la fortuna dei Rothschild, comunemente chiamata in Europa "la Fortuna", divenne una forza centrale nella conduzione internazionale della politica monetaria e, di conseguenza, nella conduzione delle politiche internazionali dei vari Stati nazionali, delle famiglie reali e persino delle "democrazie" che erano in vigore e si sono evolute durante questo periodo in cui l'Impero Rothschild rimase una costante, L'Impero Rothschild rimase una forza costante e onnipresente, agendo non solo dietro le quinte, ma anche apertamente attraverso la sua influenza sui governi e sui popoli, non solo nel mondo "civilizzato", ma in definitiva in tutto il mondo, poiché l'Impero britannico - in particolare - si estendeva su tutto il globo e, per molti versi, il Foreign Office britannico era un braccio virtuale della dinastia Rothschild.

Allo stesso modo, in altri Paesi europei, rivali della Gran Bretagna, iniziarono a estendere la loro influenza ad altri continenti. I vari rami della famiglia Rothschild a Vienna, Parigi, Francoforte e Napoli, con influenze satelliti a Hong Kong, Shanghai e persino in Australia, iniziarono a esercitare il loro potere.

Quindi, a questo proposito, il termine "gli ebrei" è stato spesso applicato al potere monetario internazionale e questo potere monetario internazionale, per una combinazione di ragioni - religiose, filosofiche, economiche, tutte combinate insieme in una forza geopolitica - ha effettivamente posto le basi per quello che oggi è popolarmente conosciuto come "il Nuovo Ordine Mondiale". "

Questo nuovo ordine mondiale - che ruota attorno alle operazioni dell'impero Rothschild, affermatosi come forza predatoria negli affari delle nazioni, in particolare degli Stati Uniti di oggi - si è infatti intrecciato con una filosofia ebraica di lunga data, risalente all'epoca del Talmud babilonese, che oggi è la forza guida del pensiero religioso ebraico. In questo senso, abbiamo davanti a noi una nuova Babilonia.

In definitiva, non è un caso che l'accusa di "antisemitismo" venga rivolta a individui e istituzioni che hanno osato criticare il ruolo della potenza monetaria internazionale negli affari mondiali, anche se non hanno fatto specifico riferimento alle sue influenze e al suo background ebraico. Questo è stato un fenomeno comune nel corso dei secoli.

Più recentemente, coloro che hanno osato, ad esempio, criticare il monopolio monetario privato e controllato noto come Federal Reserve System - che, in realtà, come vedremo, è una creazione delle forze bancarie internazionali legate ai Rothschild che operano sul suolo americano - sono stati, come minimo, "sospettati" di antisemitismo o percepiti come "potenziali" antisemiti, anche solo per aver osato sollevare la questione se l'esistenza di questo sistema sia giustificata. Qualsiasi discussione sul potere monetario internazionale, qualsiasi discussione sul cosiddetto "Nuovo Ordine Mondiale", è considerata "antisemitismo" o "potenziale antisemita", proprio perché qualsiasi discussione o ricerca su questi argomenti, se portata alla sua conclusione finale, indicherebbe la famiglia Rothschild, i principi dell'élite ebraica globale.

Nel 1777, Maria Teresa, imperatrice d'Austria, dichiarò: "Non conosco flagello più imbarazzante per lo Stato di quella nazione che riduce la gente in povertà con la frode, l'usura e i contratti finanziari, e indulge in ogni sorta di pratiche nefaste che un uomo d'onore aborrirebbe".

La natura di questo edificio plutocratico, la sua struttura predatoria, fu rivelata in un rapporto provocatorio e dettagliato pubblicato dal governo tedesco nel 1940, uno studio che si concentrava sulla morsa finanziaria dei Rothschild (e prima ancora, soprattutto degli ebrei) sull'Impero britannico. Intitolato "*Come l'ebraismo ha trasformato l'Inghilterra in uno Stato plutocratico*", lo studio affermava: Plutocrazia significa una forma di governo in cui l'elezione dei suoi membri è basata sul possesso di ricchezza. La parola plutocrazia deriva dalle radici greche=ricco e kratein=governare. Plutocrazia significa quindi: il regno del potere del denaro, o più liberamente espresso: il governo dell'oro ebraico.

L'esempio storico di uno Stato governato dalla ricchezza e dal possesso è Cartagine, dove era presente anche l'elemento ebraico. Era governata dai ricchi mercanti, rappresentati da una sorta di "camera bassa" chiamata "Consiglio dei trecento" e da una "camera alta" chiamata "Consiglio dei trenta". Il popolo non aveva alcuna influenza sul governo.

Per gli ebrei, la plutocrazia è la forma di governo più appropriata.

Grazie alla plutocrazia, l'immenso capitalismo ebraico, qualunque sia il numero di ebrei che rappresenta, ottiene necessariamente una posizione politica, perché in uno Stato plutocratico, come la storia ci insegna, una piccola cricca ebraica può dettare legge a un grande Stato, se è in possesso dei capitali necessari.

Il riconoscimento di questa plutocrazia, per molti versi, è diventato quello che molti critici hanno chiamato "il problema ebraico", che ha portato alla nascita di sentimenti antiebraici che molti scrittori ebrei stessi hanno a loro volta chiamato "il problema ebraico". Ed è un problema che rimane ancora oggi, come alcuni intellettuali ebrei hanno ripetutamente riconosciuto.

Papa Clemente VIII (che regnò dal 1592 al 1605) affermò senza mezzi termini: "Il mondo intero soffre a causa dell'usura degli ebrei, dei loro monopoli e dei loro inganni. Essi hanno gettato nella povertà molti sventurati, soprattutto contadini [e] operai...".

A proposito di questo dominio plutocratico, vale la pena ricordare le parole dell'industriale e politico ebreo tedesco Walter Rathenau (1867-1922). Nel 1909, Rathenau scrisse sulla *Neue Freie Presse di* Vienna:

> "Trecento uomini, che si conoscono tutti, stanno guidando il destino economico del continente e cercano i loro successori tra i loro seguaci".

Anche se gli apologeti hanno sostenuto che, con questa dichiarazione provocatoria, Rathenau non ha insinuato che queste 300 persone fossero ebree o che fossero a capo di governi nazionali, resta il fatto che ha detto quello che ha detto.

Theodore Fritsch, scrittore tedesco noto per le sue critiche al potere ebraico e autore del best seller *Handbook of the Jewish Question*, ha esaminato le osservazioni di Rathenau.

Nel suo saggio del 1922 "L'atto disperato di un popolo disperato" (scritto in realtà dopo l'assassinio di Rathenau), Fritsch notò che le parole di Rathenau erano "un'ammissione notevole" le cui conseguenze non erano state pienamente comprese. Fritsch valutò la questione: dalle conseguenze di queste parole, era chiaro che

[Rathenau non parlava di principi e statisti al potere, ma di un gruppo di potere esterno al governo che ha i mezzi per imporre la propria volontà sul mondo, compresi i governi. Inoltre, poiché ha parlato della nomina dei successori, è chiaro che esiste un'organizzazione solidamente strutturata che opera secondo principi definiti e una divisione dei compiti e che persegue sistematicamente i propri obiettivi.

Secondo Fritsch,

> "questo dimostra niente di più e niente di meno che una società chiusa, un governo ombra o un super-governo, esiste da molto tempo e che dirige gli eventi economici e politici sopra le teste delle nazioni e dei governi".

Qual è la fonte di questo governo ombra, ha chiesto Fritsch? La risposta è stata: "L'alta finanza ebraica e i suoi lacchè pagati, alleati e sparsi in tutto il mondo".

Fritsch ha sottolineato che molte persone non hanno tratto le giuste conclusioni dai fatti presentati da Rathenau. Riflettendo sulla tragedia distruttiva della Prima guerra mondiale, Fritsch ha detto:

Se i 300 uomini del governo segreto mondiale dirigono il destino del mondo, che dire di questa guerra mondiale? I 300 non avrebbero potuto evitarla? Se non l'hanno impedita, allora l'hanno voluta. Se i 300 poteri economici hanno gestito la politica mondiale per decenni, allora hanno gestito anche la guerra mondiale.

Forse [l'hanno fatto] per stabilire finalmente il loro dominio alla luce del sole e cacciare i principi.

È tempo", scrive Fritsch, "che le nazioni riconoscano finalmente questo fatto e chiedano conto ai colpevoli". Egli osserva che il lavoro di Henry Ford, pubblicato in *The International Jew,* fornisce "prove esaurienti" di come gli interessi finanziari ebraici abbiano scatenato la Prima guerra mondiale. A proposito dei plutocrati ebrei, Fritsch scrive che "chi si vanta, anche segretamente, di dirigere il destino del mondo dovrebbe avere il coraggio e la decenza *di assumersi la responsabilità* degli eventi politici del mondo".

Ironia della sorte, Fritsch morì nel 1933, proprio mentre la sua Germania iniziava a lavorare per smantellare il potere dell'impero Rothschild sul territorio europeo, proprio mentre venivano gettate le basi per l'ascesa dello Stato sionista negli anni immediatamente successivi alla Seconda guerra mondiale.

In realtà, l'élite plutocratica - l'aristocrazia ebraica nel vortice della dinastia Rothschild - e i Rothschild in particolare, hanno reso possibile l'ascesa del sionismo politico. Il sionismo è stato una conseguenza dell'imperialismo globale che si è sviluppato come parte dell'espansione della ricchezza e del potere della plutocrazia in tutto il pianeta.

Il filosofo americano di origine palestinese Edward Said ha notato la sincronicità tra sionismo e imperialismo: "Quando parliamo di sionismo e imperialismo, parliamo di una *famiglia di idee*, appartenenti alla stessa dinastia, scaturite dallo stesso seme". Said ha descritto il costrutto sionista-imperialista (nel contesto di l'occupazione sionista della Palestina) come "un intero sistema di confinamento, espropriazione, sfruttamento e oppressione che ancora ci trattiene e ci nega i nostri diritti inalienabili di esseri umani", eppure la verità è che l'occupazione sionista della Palestina non è che un microcosmo, per così dire, che riflette l'occupazione sionista dell'intero globo - l'insediamento dell'élite ebraica al potere come potente arbitro del corso degli affari mondiali, senza eccezioni.

Ma c'è chi cerca di fare distinzioni tra i Rothschild e "l'ebreo medio", tra il movimento sionista e "l'ebreo medio". Un ritornello popolare e benintenzionato, spesso sentito come una cantilena quasi rituale tra un certo segmento di americani che si presentano come "patrioti", è che "l'ebreo americano medio è vittima dell'Impero Rothschild tanto quanto qualsiasi altro americano". I "patrioti" aggiungono che "l'ebreo americano medio non fa parte del problema". Se l'ebreo medio americano fosse messo al corrente degli intrighi dei Rothschild, si indignerebbe come qualsiasi altro americano che comprende la natura del problema".

Allo stesso modo, questi stessi patrioti si sentono spesso affermare che "non tutti gli ebrei sostengono il sionismo". Aggiungono che "il sionismo non è il giudaismo e il giudaismo non è il sionismo". Questi patrioti si affrettano a sottolineare che ci sono gruppi di ebrei, come i Neturei Karta, che si oppongono attivamente al sionismo.

Tuttavia, per quanto riguarda i Neturei Karta, il rabbino Joseph Telushkin - un pubblicista molto letto di quello che è riconosciuto come "il" punto di vista ebraico nei nostri tempi moderni - ha detto questo:

Gli antisionisti citano spesso i Neturei Karta come prova che ci si può opporre al diritto all'esistenza di Israele senza essere antisemiti.

Tuttavia, è inutile invocare i Neturei Karta per dimostrare qualcosa sulla vita ebraica.

Questo piccolo gruppo non è rappresentativo dell'opinione ebraica come le sette della West Virginia che maneggiano serpenti velenosi durante le funzioni religiose lo sono del cristianesimo.

La Neturei Karta non accetta nemmeno l'affermazione antisionista secondo cui gli ebrei sono solo una religione e non un popolo.

Credono inoltre nel diritto degli ebrei alla Terra d'Israele e sono conviti che un giorno Dio invierà il Messia - senza dubbio vestito con l'abito caratteristico dei Neturei Karta - per riportarvi tutti gli ebrei.

D'altra parte, molti ebrei americani che non sono membri della Neturei Karta sono stati critici espliciti di Israele e oppositori attivi del sionismo, tra cui diversi amici di lunga data di questo autore: 1) lo stimato dottor Alfred Lilienthal (morto all'età di 94 anni il 6 ottobre 2008); 2) il defunto Haviv Schieber, uno dei padri fondatori di Israele e membro del movimento Jabotinsky che ha dato origine alla rete neoconservatrice in America oggi; 3) l'ex presidente del Consiglio di Stato. 6 ottobre 2008); 2) il defunto Haviv Schieber, uno dei padri fondatori di Israele e membro del movimento di Jabotinsky che ha dato origine alla rete neoconservatrice americana di oggi; 3) il defunto Jack Bernstein, autore del leggendario *The Life of an American Jew in Racist Marxist Israel (La vita di un ebreo americano nell'Israele razzista e marxista)*; 4) Mark Lane, il primo critico del rapporto della Commissione Warren sull'assassinio di John F. Kennedy e un fermo difensore delle libertà civili per tutti.

Detto questo, è vero che, nel complesso, la maggior parte degli ebrei americani - la stragrande maggioranza - si è lasciata condurre come pecore nel campo del sionismo e sostiene Israele, a torto o a ragione.

Dennis Praeger e il suo collega, il rabbino Joseph Telushkin, sono due scrittori ebrei contemporanei ossessionati dal tema dell'"antisemitismo". Il loro libro, *Perché gli ebrei? The Reason for Anti-Semitism* (ristampato nel 2003), sostengono, tra l'altro, che la pretesa degli ebrei di essere scelti da Dio "per svolgere la missione di portare il mondo a Dio e alla sua legge morale" è una delle cause principali dell'antisemitismo.

Inoltre, hanno affermato che la *ragion d'essere* dell'ebraismo è quella di cambiare il mondo per renderlo migliore e che questo tentativo di cambiare il mondo, "di sfidare gli dei, religiosi o secolari, delle società che li circondano, e di fare richieste morali agli altri (anche quando ciò non viene fatto espressamente in nome dell'ebraismo) è sempre stato una fonte di tensione".

È interessante notare che Praeger e Telushkin riconoscono che molte di queste "richieste morali" imposte agli altri dagli ebrei non sono sempre state fatte "espressamente in nome dell'ebraismo".

(Si potrebbe concludere che entrambi gli autori stiano suggerendo che gli ebrei hanno usato gruppi "di facciata" per perseguire la loro agenda: gruppi e portavoce che non sono ebrei *di per sé*, ma che promuovono un'agenda ebraica. Il suggerimento che gli ebrei abbiano imposto "richieste morali" agli altri ricorda, in qualche modo , il riferimento del politico tedesco Adolf Stoecker in un'occasione alle "pretese di importanza" degli ebrei. Egli ha anche ricordato quello che ha definito il "grado di intolleranza [verso i non ebrei] che presto sarà insopportabile", un fenomeno costante, in particolare negli scritti ebraici). Praeger e Telushkin sostengono inoltre che c'è stata "profonda invidia e ostilità tra molti non ebrei" a causa del fatto che, come proclamano i due autori, "gli ebrei hanno condotto una vita migliore dei loro vicini non ebrei in quasi tutte le società in cui hanno vissuto".

(I due pubblicisti ebrei non sembrano essere consapevoli del fatto che gran parte delle critiche al popolo ebraico sono nate perché gli ebrei sono stati visti da altri come sfruttatori dei non ebrei e che questo sfruttamento ha permesso agli ebrei di vivere "una vita migliore"). Un'altra ragione dell'antisemitismo, sostengono, è che gli altri si opponevano al modo in cui gli ebrei "vivevano secondo le loro leggi" e perché "gli ebrei affermavano anche la loro identità nazionale". Secondo Praeger e Telushkin, questa affermazione di identità minacciava il nazionalismo degli altri. Aggiungono che "il coinvolgimento degli ebrei nell'illegittimità degli dei altrui era anche alla base dell'antisemitismo".

Questo è interessante perché il cristiano medio, soprattutto in America, crede generalmente che il Dio ebraico sia anche il Dio cristiano, anche se implicitamente i due autori ebrei ammettono il contrario - un punto che può confondere molte persone che semplicemente non capiscono che il Dio cristiano NON è assolutamente il Dio ebraico, nonostante i malintesi, la disinformazione - e la disinformazione sponsorizzata dagli ebrei.

Gli ebrei, infatti, vogliono che i cristiani credano di condividere il Dio di Israele con gli ebrei, mentre, secondo la vera visione ebraica, nulla potrebbe essere più lontano dalla verità. E, in effetti, la visione ebraica, almeno sotto questo aspetto, è del tutto corretta perché, come i cristiani informati sanno - e come abbiamo detto - il Dio *cristiano* non è e non è MAI stato il Dio *ebraico*.

È interessante notare che gli autori affermano anche che l'ebreo è sia un membro del popolo ebraico che della religione ebraica "e lo è stato fin dall'inizio della storia ebraica". Negare che la nazione sia una componente dell'ebraismo, scrivono, è "insostenibile come negare che Dio o la Torah siano componenti dell'ebraismo". Praeger e Telushkin affermano che "questo è particolarmente evidente oggi, poiché la nazione ebraica è l'unica componente dell'ebraismo in cui si identificano sia gli ebrei religiosi che quelli laici impegnati".

Gli autori non commentano le frequenti affermazioni di pubblicazioni ebraiche secondo cui gli ebrei sono geneticamente o intellettualmente superiori ai non ebrei. Gli esempi più evidenti sono il tanto pubblicizzato articolo di Charles Murray dell'aprile 2007 "The Jewish Genius" (Il genio ebraico) su *Commentary*, la voce dell'American Jewish Committee, un saggio simile su *Commentary*, intitolato "Chosenness and Its Enemies" (La scelta e i suoi nemici), pubblicato nel dicembre 2008, e lo schietto articolo del 16 ottobre 2005 (pubblicato sulla rivista *New York*) intitolato "Are Jews Smarter?"che conteneva una citazione di Abe Foxman, capo dell'Anti-Defamation League, il quale affermava: "Se si tratta di una condizione genetica, non sta a noi accoglierla o rifiutarla. È quello che è, ed è così che si sbriciola il biscotto genetico".

L'autrice di quest'ultimo articolo ha aggiunto di aver percepito "una nota di orgoglio" nella voce di Foxman quando rifletteva sulla presunta superiorità intellettuale degli ebrei rispetto a tutti gli altri, e questo da parte di qualcuno - Foxman - che proclama che la sua missione è combattere le teorie del suprematismo razziale.

In queste pagine vedremo che molti eminenti scrittori ebrei esprimono apertamente la solidarietà ebraica, l'esclusività ebraica, l'essere scelti dagli ebrei e persino la superiorità e la supremazia ebraica.

George Bernard Shaw disse una volta che non era una coincidenza che i nazisti, nel promuovere quello che è stato descritto (anche se non necessariamente in modo corretto) come un tema di "superiorità razziale", facessero eco alla dottrina ebraica di un popolo "eletto".

Nello stesso senso, nel 1971, *Religion in Life*, una rivista metodista liberale, dichiarò:

> "Non è sorprendente che Hitler si sia vendicato della razza prescelta decretando che non era la razza ebraica, ma quella ariana, a essere prescelta".

L'affermazione dell'ebraismo e dell'identità ebraica, così come descritta da questi scrittori ebrei - che riflettono la moderna visione ebraica del mondo - è in contrasto con il grande tema dei benefattori che speravano di portare il popolo ebraico nella comunità delle nazioni e di assimilarlo in ciascuna delle nazioni in cui viveva come popolo.

Il conte Stanislas de Clermont-Tonnerre espresse questo punto di vista umanitario (che gli ebrei, come gruppo, rifiutano) quando dichiarò nel 1789 all'Assemblea nazionale francese - durante il dibattito sull'opportunità di concedere agli ebrei la parità di diritti - che "gli ebrei devono essere privati di tutto come nazione, ma ricevere tutto come individui.... Non può esistere una nazione all'interno di una nazione...".

Gli autorevoli difensori degli ebrei sopra citati, Praeger e Telushkin, lamentano che questo atteggiamento nei confronti degli ebrei era essenzialmente il seguente: "Per essere uguali ai non ebrei, gli ebrei dovevano abbandonare la loro identità nazionale ebraica; questo era il prezzo dell'emancipazione. È così che gli ebrei rifiutano l'assimilazione e continuano a ribadire di essere "il popolo eletto da Dio", al di sopra di tutti gli altri.

Praeger e Telushkin affrontano la questione di come reagirebbero gli ebrei americani se scoppiasse una guerra tra il moderno Stato di Israele e gli Stati Uniti. Essi fanno la straordinaria affermazione che è un "fatto" che "le democrazie non si fanno la guerra tra loro" e che l'unico modo in cui gli Stati Uniti e Israele potrebbero finire in guerra tra loro sarebbe se uno dei due Paesi "abbandonasse i propri principi democratici e altri principi morali". Si tratta di un'affermazione interessante di per sé, poiché alcuni si chiedono (giustamente) se i due

Paesi seguano effettivamente "principi democratici e altri principi morali".

In ogni caso, Praeger e Telushkin sostengono che se Israele e gli Stati Uniti fossero in guerra, un individuo - sia esso ebreo, cristiano o ateo - "sarebbe obbligato a seguire i dettami dei suoi valori morali, che sono (o dovrebbero essere) più alti di quelli di qualsiasi governo. La lealtà a un Paese non dovrebbe mai significare il sostegno alle politiche di quel Paese quando sono moralmente sbagliate".

In un certo senso, quindi, secondo il loro giudizio (che rappresenta il mainstream del pensiero ebraico odierno) è possibile per gli ebrei americani opporsi agli Stati Uniti se ritengono che le politiche americane verso Israele, in particolari circostanze, possano essere "moralmente sbagliate".

Sebbene i sondaggi all'interno della comunità ebraica americana indichino che alcuni trovano da ridire su molte delle azioni di Israele, sia a livello nazionale che internazionale, molte delle stesse persone ammettono, se messe alle strette, che sarebbe difficile per loro imbracciare le armi contro Israele se questo fosse percepito come una qualsiasi minaccia per gli Stati Uniti.

Naturalmente, la risposta media della comunità ebraica organizzata negli Stati Uniti è quella di affermare che non ci sarebbe "mai" un caso di contrapposizione tra Israele e gli Stati Uniti perché, dopo tutto, nonostante le occasionali differenze tra Stati Uniti e Israele - o almeno così dicono - Israele e gli Stati Uniti sono solidamente amici. "Israele e gli Stati Uniti sono una cosa sola", si sente spesso proclamare - forse con un po' troppo entusiasmo, come se non ci credessero davvero.

Si tratta ovviamente di un'ipotesi generale, come se si volesse suggerire che in nessun caso Stati Uniti e Israele potrebbero avere un serio disaccordo che potrebbe danneggiare la tanto decantata "relazione speciale" tra i due presunti "alleati".

Quindi, tutto sommato, è un problema quando si guarda all'Impero Rothschild e al potere monetario internazionale, che sono così intrecciati, e come sono così intrecciati con lo Stato di Israele e il movimento sionista globale, che di per sé, nella realtà moderna, va ben oltre lo Stato di Israele.

Il sionismo, così come lo abbiamo generalmente inteso nella sua prima incarnazione ufficiale a cavallo del XIX secolo, doveva essere un movimento per la creazione di una patria ebraica, ma è andato ben oltre.

E oggi, a prescindere dalle proteste, resta il fatto che gli interessi dello Stato di Israele sono legati alle preoccupazioni e agli interessi culturali, politici, finanziari, religiosi e filosofici - persino emotivi - della comunità ebraica mondiale. Sono praticamente inseparabili.

Quando la famiglia Rothschild si impegnò a favore del movimento sionista e del nascente Stato di Israele in Palestina, si trattò di un importante sviluppo geopolitico sulla scena mondiale. Prima di allora, molte potenti famiglie ebraiche - tra cui alcuni membri chiave della famiglia Rothschild - erano di fatto poco favorevoli, se non addirittura contrarie, all'idea di creare uno Stato ebraico ovunque.

Ma l'evoluzione dell'impero Rothschild a favore di uno Stato ebraico ha segnato una svolta decisiva, che non ha mostrato alcun segno di indebolimento. Quindi, anche se speriamo (o fingiamo) che il popolo ebraico di , ad esempio negli Stati Uniti, sia disposto ad appoggiare qualsiasi mossa da parte degli Stati Uniti di ritirare il proprio sostegno a Israele o addirittura di ridurre le attività di Israele in Medio Oriente, anche in nome della conservazione di Israele di fronte al pericolo, dobbiamo riconoscere che la comunità ebraica americana nel suo complesso, attraverso i suoi leader, si è vincolata nel modo più rigoroso alla promozione degli interessi di Israele.

Inoltre, dobbiamo tenere conto del fatto che Israele, grazie in gran parte al patrocinio degli Stati Uniti, attraverso l'infusione annuale di miliardi di dollari dagli Stati Uniti, per non parlare di altri miliardi di dollari forniti a Israele dalla Germania come riparazione per l'"Olocausto", è emerso a pieno titolo come una superpotenza sulla scena mondiale.

Solo Israele è una delle potenze nucleari del mondo, il che gli conferisce una posizione indiscussa di forza centrale non solo in Medio Oriente, ma in tutto il mondo. I missili nucleari israeliani non sono puntati solo su Il Cairo, Baghdad, Teheran, Tripoli e Riyad. Israele ha anche missili puntati su Mosca, Roma, Berlino e Parigi.

Così Israele - una creazione originariamente sotto il patrocinio dell'impero Rothschild - agisce come una forza geopolitica e militare preminente nell'arena globale. E nella misura in cui la lobby israeliana è diventata una forza potente negli Stati Uniti, totalmente separata dall'agenda ebraica mainstream sulle questioni interne, resta il fatto che Israele è esso stesso un'estensione, un altro tentacolo, della famiglia Rothschild e del suo potere finanziario internazionale.

Questo è davvero sorprendente se si considera che Israele è una creazione completamente artificiale, uno Stato artificiale completamente inventato che non ha alcuna base storica, nonostante i molti miti che affermano il contrario. (Per un'esplorazione di questo argomento poco compreso, si veda l'efficace esposizione di John Tiffany, "Ancient Israel: Myth vs. Reality", nel numero di maggio/giugno 2007 di *The Barnes Review*). In un contesto moderno, tuttavia, la creazione di Israele nel 1948 - e gli intrighi che la circondano - possono essere ricondotti alla Dichiarazione Balfour e, come vedremo, al tentativo britannico di coinvolgere gli Stati Uniti nella vecchia guerra mondiale, nota come Prima guerra mondiale.

La Dichiarazione Balfour - datata 2 novembre 1917 - redatta dal ministro degli Esteri britannico Arthur James Balfour su per conto di Lord Rothschild, riportava una "dichiarazione di simpatia per le aspirazioni sioniste degli ebrei" e che il governo britannico "considera con favore l'istituzione in Palestina di un focolare nazionale per il popolo ebraico e farà tutto ciò che è in suo potere per facilitare il raggiungimento di questo obiettivo".

In realtà, la Dichiarazione Balfour fu il risultato di un intrigo internazionale progettato appositamente per coinvolgere gli Stati Uniti nella guerra in Europa tra Gran Bretagna e Germania. L'obiettivo era quello di utilizzare i potenti interessi ebraici negli Stati Uniti per fare pressione sul presidente Woodrow Wilson affinché contribuisse con sangue e tesori americani allo sforzo bellico britannico. In cambio dell'aiuto a favore della Gran Bretagna, ai guerrafondai ebrei fu promessa l'assistenza della Gran Bretagna nella creazione di uno Stato ebraico in Palestina.

Affinché nessuno creda che si tratti di una straordinaria teoria del complotto, va notato che nel 1936, in un memorandum allora confidenziale (da tempo reso pubblico) alla Commissione britannica sulla Palestina, James Malcolm, una figura centrale nelle circostanze che circondano la pubblicazione della Dichiarazione Balfour, affermò categoricamente che il primo oggetto della serie di eventi che orchestrarono la Dichiarazione

> "Si trattava di ottenere la considerevole e necessaria influenza degli ebrei, e in particolare degli ebrei sionisti o nazionalisti, per aiutarci a portare l'America in guerra nel periodo più critico delle ostilità".

Scrivendo in *Great Britain, the Jews and Palestine,* Samuel Landman - *che, all'epoca dei negoziati che portarono alla Dichiarazione Balfour, era segretario del leader sionista Chaim Weizmann (e in seguito segretario dell'Organizzazione Sionista Mondiale) - confermò la valutazione di Malcolm delle circostanze quando disse:*

L'unico modo (che si rivelò essere quello giusto) per indurre il Presidente americano a entrare in guerra fu quello di assicurarsi la collaborazione degli ebrei sionisti promettendo loro la Palestina, e quindi di arruolare e mobilitare le forze fino ad allora insospettabili degli ebrei sionisti in America e altrove a favore degli Alleati sulla base di un contratto *"do ut des"*.

Cosa significa tutto questo? Gli eventi successivi che hanno portato alla Seconda Guerra Mondiale - certamente - e al successivo coinvolgimento dell'America in Medio Oriente possono essere riassunti allo stesso modo. In poche parole, il potere ebraico ha portato alla perdita di 53.000 vite americane nella Prima Guerra Mondiale e di altre 292.131 nella Seconda - guerre combattute in gran parte, se non esclusivamente, per interessi ebraici.

Detto questo, non siamo qui per sostenere la tesi che *tutti gli* ebrei siano in sintonia con le richieste del potere monetario internazionale, né che tutti gli ebrei siano inclini a sostenere le richieste della lobby ebraica negli Stati Uniti (in termini di agenda, interna o internazionale), e nemmeno che tutti gli ebrei in Israele siano parte del problema.

Ma, inutile dirlo, resta il fatto che esiste un numero sostanziale di potenti organizzazioni ebraiche che hanno un grande impatto sulla formazione della mentalità degli "ebrei" e qui, riferendoci agli ebrei, ci riferiamo agli ebrei come popolo, non solo al potere monetario internazionale che è sotto l'influenza dell'impero Rothschild, la famiglia reale dell'ebraismo internazionale. Queste organizzazioni hanno sezioni influenti che operano in tutta l'America e in Occidente. Non solo l'ADL, l'American Jewish Congress e l'American Jewish Committee - per non parlare del famigerato American Israel Public Affairs Committee (AIPAC) - ma anche molte altre. Il loro impatto sul pensiero del maggior numero di ebrei è enorme per portata e profondità.

Ciò non significa che tutte queste organizzazioni siano necessariamente in perfetto accordo tra loro. Non è così. Ci sono differenze di opinione su tutta una serie di questioni. Nel complesso, però, si occupano dei bisogni e dei desideri della comunità ebraica nel suo complesso.

Ma allo stesso tempo, non avrebbero il loro potere e la loro influenza se non fossero, in ultima analisi, parte integrante della rete di potere internazionale della dinastia Rothschild, nella misura in cui esiste come principale forza finanziaria che governa e dirige non solo la comunità ebraica globale, ma anche, attraverso la sua influenza nei vari Stati nazionali, la politica stessa di quei Paesi. E oggi, in particolare, e questo è triste da dire da una prospettiva americana, gli Stati Uniti d'America.

Gli Stati Uniti d'America sono, infatti, il principale baluardo militare e finanziario del Nuovo Ordine Mondiale, il sogno ebraico di un Imperium globale. Questa è la triste ma semplice verità.

Per molti anni, tanti patrioti americani sono stati ossessionati dall'idea che le Nazioni Unite sarebbero state - e potrebbero ancora essere (secondo loro) - il meccanismo attraverso il quale sarebbe stato istituito un Nuovo Ordine Mondiale, ma come abbiamo notato, le Nazioni Unite sono state messe da parte. I libri dell'autore, *I sommi sacerdoti della guerra*, *Il Golem* e *Le capre di Giuda*, hanno affrontato la questione in modo dettagliato.

Resta il fatto che gli Stati Uniti sono il principale meccanismo di creazione di un nuovo ordine mondiale, una realtà scomoda che non può essere negata e che mette i patrioti americani in una situazione spiacevole. E, a questo proposito, è anche un fatto ben noto alle persone di tutto il mondo che capiscono (più della maggior parte degli americani) che il governo degli Stati Uniti è tenuto prigioniero dai mezzi di comunicazione di massa e da coloro che controllano tali mezzi: il potere monetario internazionale.

Le nazioni di tutto il mondo e i loro leader che si sono opposti al potere internazionale del denaro sono stati presi di mira per essere distrutti. Saddam Hussein, in Iraq, è stato uno dei più notevoli negli ultimi anni.

Ma non si può negare - anche se alcuni si sentiranno a disagio con questa affermazione - che lo stesso Adolf Hitler è stato, di fatto, la prima grande figura dei tempi moderni che è stata presa di mira per la distruzione proprio a causa delle politiche che ha cercato di mettere in atto - politiche economiche e sociali progettate per diminuire il ruolo della finanza ebraica internazionale nel controllare e plasmare il futuro della Germania e dell'Europa.

Molto si potrebbe dire sulla situazione in Germania prima dell'ascesa di Hitler, ma basti dire, ancora una volta, che il motivo per cui Hitler fu preso di mira per la distruzione fu che affermò la sovranità nazionale tedesca di fronte alla plutocrazia ebraica e a quello che oggi viene chiamato il Nuovo Ordine Mondiale.

A questo proposito, nei principali media radiotelevisivi e della carta stampata si fa spesso riferimento a persone e istituzioni che sono state messe nel ruolo di demoni e cattivi, che si tratti di figure nazionaliste americane come Willis Carto e David Duke (quest'ultimo, che i media ci ricordano costantemente essere un "ex leader del Ku Klux Klan"), di persone come il leader musulmano nero Louis Farrakhan della Nation of Islam, o di una miriade di altri - una manciata di politici, accademici, commentatori e altri - che vengono apertamente e regolarmente diffamati come "antisemiti" per aver osato criticare Israele o sfidare l'agenda ebraica in qualsiasi modo, per quanto giustificato, che vengono apertamente e regolarmente diffamati come "antisemiti" per aver osato criticare Israele o sfidare l'agenda ebraica in qualsiasi modo, per quanto giustificato.

Tuttavia, c'è un interessante risvolto in tutto ciò, poiché molte personalità negli Stati Uniti e altrove non sono necessariamente considerate "antisemite" *di per sé*, ma vengono attaccate dai media mainstream - che, di fatto, sono in gran parte nelle mani di famiglie e interessi finanziari ebraici - come "antiamericane", o addirittura definite "comuniste" o denunciate per essere sotto il controllo del leader cubano Fidel Castro.

Ci riferiamo in particolare all'uomo forte del Venezuela, Hugo Chavez, un nazionalista incallito. È stato uno dei bersagli preferiti dei media statunitensi.

Un altro obiettivo è il leader russo Vladimir Putin. I media americani hanno sollevato dubbi su Putin, suggerendo che sia un ritorno allo zarismo o allo stalinismo o a qualche orribile combinazione moderna dei due. Raramente, tuttavia, nei media mainstream - almeno all'inizio - si è sentito dire apertamente che Chavez o Putin potrebbero essere antiebraici o - come il termine è più comunemente reso - "antisemiti". Ma sono stati diffamati come grandi cattivi.

Tuttavia, vale *la pena notare che* in piccole ma influenti riviste che circolano nei circoli ebraici, così come in riviste politicamente orientate (apparentemente "laiche") come il *Weekly Standard* di Rupert Murdoch, filo-israeliano, abbiamo effettivamente trovato accuse di antisemitismo contro Chavez e Putin.

Solo di recente *il Washington Post* ha pubblicato un importante commento di Abraham Foxman, direttore nazionale della Lega Antidiffamazione (ADL) di B'nai B'rith, in cui Foxman affronta specificamente quello che definisce "antisemitismo" di Chavez.

Tuttavia, tali voci su Chavez e Putin (e molti altri) nella stampa ebraica erano regolari e di lunga data.

Il fatto è che il modo in cui i media hanno trattato la questione - o non l'hanno trattata - è interessante.

Per il consumo *popolare*, persone come i leader nazionalisti del calibro di Chavez e Putin (e l'iraniano Mahmoud Ahmadinejad) sono stati ritratti dai media come cattivi "antiamericani", ma non ci è stato detto il vero motivo *per cui* sono stati ritratti in questo modo: Il motivo è che tutti questi leader e i loro Paesi si oppongono al potere e all'influenza ebraica, all'utopia ebraica, cioè al Nuovo Ordine Mondiale.

Saremmo negligenti se non menzionassimo l'ex Primo Ministro della Malesia, Mahathir Mohamad, che è stato uno dei principali critici dei tentativi dei predatori internazionali di dettare le politiche della sua Repubblica. Mahathir è stato anche criticato come "antisemita" per aver osato opporsi all'imperialismo sionista.

In realtà, il dottor Mahathir rappresenta il pensiero di molte persone, sia grandi nomi che individui meno noti.

(E sono orgoglioso di dire che ho avuto il piacere di passare del tempo con il dottor Mahathir che, come ho detto molte volte, è un uomo gentile e un gentiluomo. Il mio libro, *Il Golem*, che descrive nei dettagli la spinta di Israele verso la supremazia nucleare, è in parte dedicato a questo vero leader nella causa della pace mondiale). Mi viene in mente anche il caso di un altro potente statista del Sud-Est asiatico, Ferdinand Marcos delle Filippine.

E qui posso fornire informazioni di prima mano che sconvolgeranno coloro che preferiscono venerare il mito che gli ebrei non sono più influenti politicamente e finanziariamente di altri gruppi sul nostro pianeta oggi.

Alla fine degli anni '80, il settimanale populista di cui ero corrispondente, *The Spotlight*, pubblicò una serie di articoli inquietanti che spiegavano come gli interessi plutocratici internazionali - attraverso l'amministrazione Reagan e la CIA (e il Mossad israeliano) - stessero cercando di rimuovere Marcos dalla guida delle Filippine. Il motivo era che Marcos si rifiutava di piegarsi all'élite plutocratica e di permettere che la sua politica nazionale fosse dettata dai poteri dominanti . Inoltre, Marcos controllava un enorme tesoro d'oro di cui questi interessi volevano appropriarsi.

In realtà, come riporta *The Spotlight*, l'immensa ricchezza personale di Marcos è il risultato dell'acquisizione di una parte consistente di un tesoro d'oro accumulato dai giapponesi durante la Seconda guerra mondiale, quando stavano saccheggiando le nazioni asiatiche che avevano conquistato. In breve, la ricchezza di Marcos non è derivata, contrariamente a quanto sostenuto dai media "mainstream", dall'appropriazione indebita di denaro dal tesoro del suo Paese o dagli aiuti esteri statunitensi alle Filippine.

Ferdinando Marcos ha letto il reportage veritiero di *The Spotlight* e del suo corrispondente principale, Andrew St. George, e ha invitato St. George a fargli visita nella casa della famiglia Marcos in esilio alle Hawaii.

George ha avuto il piacere di trascorrere del tempo con la famiglia Marcos nella loro villa di Honolulu, ma anche il nostro editore, Willis Carto, e io in altre occasioni.

In effetti, ho trascorso una giornata memorabile con i coniugi Marcos, soprattutto in compagnia di Imelda, molto affascinante e giustamente definita "la donna più bella dell'Asia". E nonostante il Presidente fosse molto impegnato, ha trovato il tempo di fermarsi per qualche minuto e mi ha detto, in modo molto esplicito: "Grazie per tutto il buon lavoro che *The Spotlight* sta facendo. Lo abbiamo apprezzato molto".

Ed è per questo che Imelda mi disse - in tutta franchezza, ma in modo molto rilassato e riflessivo - che "finché eravamo in buoni rapporti con gli ebrei di New York, per noi andava tutto bene".

Ma quando si sono rivoltati contro di noi, tutto è crollato".

È esattamente quello che mi disse quel giorno di aprile del 1987, mentre ci sedevamo nella sua veranda con vista sul Pacifico e condividevamo una scatola di cioccolatini.

E posso dirvi che, anche se ero consapevole dell'immenso potere della comunità ebraica internazionale, il suo commento mi ha fatto venire i brividi.

Non sto scherzando.

Una delle persone più ricche e potenti del mondo mi disse senza mezzi termini che erano stati gli ebrei a far cadere il regime di Marcos.

Quando Imelda parlava del "popolo ebraico di New York", non pensava ai rabbini del distretto dei diamanti, ai pellicciai della Quinta Strada, ai macellai ortodossi di Brooklyn o ai banchi di pegno di Harlem. No, stava parlando delle banche internazionali dell'impero Rothschild.

E vale la pena sottolineare, alla luce dello scandalo finanziario in corso che sta sconvolgendo il sistema americano, che *The Spotlight* ha citato espressamente Maurice "Hank" Greenberg, l'ormai famigerata figura dietro il gigante assicurativo AIG, come uno dei principali attori dietro le quinte della cospirazione per distruggere la famiglia Marcos.

Allo stesso modo, non è un caso che il sionista Paul Wolfowitz, che in seguito si è fatto un nome come uno dei "neo-conservatori" dell'amministrazione di George W. Bush, spingendo per la guerra contro l'Iraq, sia stato anche uno di coloro che hanno agito di concerto contro Ferdinando e Imelda Marcos.

Un'ultima osservazione sulla signora Marcos e la sua famosa "collezione di scarpe".

Contrariamente alle bugie dei media controllati dai sionisti, la maggior parte delle migliaia di scarpe conservate nei suoi famosi armadi nel Palazzo Malacanang di Manila le sono state donate dall'industria calzaturiera filippina. Me lo ha detto lei stessa. Sembra che praticamente ogni volta che un'azienda calzaturiera usciva con una nuova linea, inviava alla First Lady campioni di tutti i colori. Molte di queste scarpe non le andavano nemmeno bene

Ma sarebbe stato sconveniente, ovviamente, per la first lady della Repubblica essere scoperta a gettare le scarpe nella spazzatura del palazzo, così furono messe da parte - per poi essere scoperte quando il palazzo fu invaso dopo il *colpo di Stato* guidato dalla CIA e dal Mossad che costrinse la famiglia Marcos all'esilio e ne fece un *caso* clamoroso per i media di tutto il mondo, che hanno usato queste stesse scarpe come "prova" che i Marcos avevano sottratto milioni, se non miliardi, al tesoro pubblico, quando nulla, come abbiamo visto, potrebbe essere più lontano dalla verità.

E come aneddoto, il giorno in cui sono andata a trovare Imelda, mi ha fatto notare ridendo che indossava un paio di sandali da 10 dollari che aveva comprato in una catena di discount.

Così, sebbene l'ormai leggendaria collezione di scarpe di Imelda fosse nota a ogni uomo, donna e bambino che avesse aperto un giornale o una rivista nel mondo, fosse oggetto di innumerevoli monologhi comici in televisione e venisse caricaturizzata nei cartoni animati per settimane e settimane, centinaia di milioni di persone in tutto il mondo non sapevano assolutamente nulla dell'oro che era la vera fonte della loro ricchezza.

Quindi, utilizzando menzogne e disinformazione, i media americani hanno reso cattiva la famiglia Marcos, così come hanno reso cattivi tanti altri che si sono opposti all'élite ebraica in una forma o nell'altra nel corso dell'ultimo secolo. Questo è un fatto della vita politica che non può essere negato, così come non si può negare il ruolo preminente dell'influenza ebraica nei mass media di oggi.

La manipolazione da parte della stampa della percezione pubblica dei leader stranieri negli Stati Uniti è quindi abilmente calcolata e rappresenta un'agenda molto reale che è, di fatto, l'agenda del sionismo internazionale in quanto intrecciata con il potere monetario internazionale: l'impero Rothschild e i suoi tentacoli globali, quel blocco di potere a cui possiamo, di fatto, riferirci correttamente - come abbiamo fatto nel corso dei secoli - come "gli ebrei".

Il grande poeta americano Ezra Pound, critico incrollabile dei plutocrati ebrei, anzi di tutti i plutocrati, ha preannunciato l'ascesa di leader nazionalisti come Ferdinando Marcos, Vladimir Putin, Hugo Chavez, Mahmoud Ahmadinejad e il dottor Mahathir Mohamad quando ha scritto: "Alcune parti del mondo preferiscono il controllo locale, del proprio potere monetario e del credito. Può essere deplorevole (agli occhi di Wall Street e Washington) che tali aspirazioni alla libertà personale e nazionale persistano, ma è così.

Alcuni popoli, alcune nazioni, preferiscono la propria amministrazione a quella di Baruch e dei sassoni, e il problema è questo: quanti milioni di britannici, russi e americani del nord e del sud del continente americano, più gli zulu, i basuti, gli ottentotti, ecc. e le razze inferiori, cosiddette inferiori, i governi fantasma di , i maccabei e i loro seguaci, dovrebbero morire nel tentativo di schiacciare l'indipendenza dell'Europa e del Giappone

Perché ogni uomo sotto i 40 anni dovrebbe morire o essere mutilato per sostenere una palese ingiustizia, un monopolio e uno sporco tentativo di strangolare e affamare 30 nazioni

Pound aveva ragione. Il concetto di plutocrazia globale e il ruolo preminente del potere monetario ebraico internazionale sono elementi che influenzano il corso degli affari mondiali.

Si tratta di argomenti di discussione scomodi, soprattutto per l'americano medio, che è stato condizionato dai media a diffidare delle questioni relative al popolo ebraico in modo tutt'altro che positivo. L'immagine dei "terrori di Adolf Hitler" è stata oggetto di incubi per molti americani che sono stati ripetutamente informati delle sofferenze del popolo ebraico, ma questi americani non conoscono i molti eventi che hanno portato all'ascesa di Hitler e le circostanze che hanno portato allo sradicamento del popolo ebraico durante la Seconda guerra mondiale.

E vale la pena di notare che milioni e milioni di persone in tutta Europa - persone di molte nazioni e culture - si schierarono a favore delle politiche di Hitler sul potere monetario degli ebrei. Persino lo storico ebreo Saul Friedlander, nella sua opera in due volumi sull'Olocausto, ha rilevato il fatto poco noto che molti leader e membri dei movimenti di resistenza antinazisti in varie nazioni appoggiarono di fatto le politiche di Hitler nei confronti del potere monetario ebraico, nonostante si opponessero ancora all'occupazione dei loro Paesi da parte delle truppe tedesche - un fatto davvero sorprendente.

Ma tutto questo non è che un commento preliminare (anche se necessariamente lungo) su un argomento esplosivo che deve essere compreso appieno. Tutto questo per riconoscere la natura "controversa" di questo argomento su cui è stato scritto tanto e che rimane così esoterico e misterioso, in parte a causa dei temi spesso insensati e stravaganti del Nuovo Ordine Mondiale che emanano da "grandi nomi" e "grandi bocche" nei media alternativi, nelle radio su Internet e in una moltitudine di video sciocchi e altre opere che non riescono ad affrontare il quadro generale.

Iniziamo quindi il nostro studio dei fatti - non dei miti - sull'Impero Rothschild e su cosa *sia realmente* il Nuovo Ordine Mondiale , nonostante le diffuse falsità e disinformazioni ...

A sinistra, un moderno francobollo israeliano in onore del rabbino di origine spagnola Moses ben Maimon, oggi noto sia come "Maimonide" che come "Rambam". Nel corso del XII secolo (Medioevo), Maimonide ha essenzialmente "popolarizzato" il Talmud e reso i suoi insegnamenti filosofici accessibili a tutta la civiltà ebraica. È uno dei filosofi che ha contribuito a istituzionalizzare il Talmud come forza trainante del pensiero ebraico globale. Nessuno studente serio del Nuovo Ordine Mondiale può contestare il fatto che ciò che il Talmud e altri scritti ebraici essenziali propongono è esattamente il concetto che viene messo in atto oggi come conseguenza del potere globale ebraico nelle mani dell'Impero Rothschild.

Se inizialmente l'impero Rothschild si oppose alla creazione di uno Stato ebraico, divenne il più grande mecenate del sionismo quando riconobbe i vantaggi di uno Stato ebraico strategicamente posizionato in Palestina come base per le macchinazioni globali. Per questo motivo, Edmond Rothschild è considerato il "Padre di Israele" ed è oggi onorato sulla moneta israeliana.

CAPITOLO I

Il Talmud e le origini del Nuovo Ordine Mondiale

Sebbene gli insegnamenti sacri ebraici noti come Talmud - di cui impareremo molto nelle pagine che seguono - siano la fonte primaria di quello che oggi chiamiamo Nuovo Ordine Mondiale, la verità è che gli insegnamenti dell'Antico Testamento dimostrano, fin dall'inizio, un tema ebraico coerente: il mondo appartiene agli ebrei e tutti gli altri abitanti del pianeta sono alla mercé e al capriccio degli interessi ebraici.

Due citazioni dal Deuteronomio lo illustrano perfettamente

> Quando il Signore tuo Dio ti avrà fatto entrare nel paese che devi occupare e avrà scacciato davanti a te grandi nazioni... quando il Signore tuo Dio te le avrà consegnate e tu le avrai sconfitte, tu le condannerai.
>
> Non fate alleanze con loro e non abbiate pietà di loro...
>
> Questo è ciò che dovete fare loro: distruggere i loro altari, spaccare le loro colonne sacre, abbattere i loro pali sacri e distruggere i loro idoli con il fuoco.
>
> Perché tu sei un popolo santo per il Signore tuo Dio; egli ti ha scelto tra tutte le nazioni della faccia della terra per essere il suo popolo...
>
> Divorerai tutte le nazioni che il Signore tuo Dio ti consegnerà...
>
> Sradicateli fino a quando non saranno annientati.
>
> Egli consegnerà i loro re nelle tue mani e tu distruggerai il loro nome da sotto il cielo.
>
> Nessuno potrà opporsi a voi finché non metterete fine alle loro azioni.
>
> Deuteronomio

> Quando andate in guerra contro il vostro nemico... offritegli prima delle condizioni di pace.

Se accetterà le vostre condizioni di pace e vi aprirà le porte, tutti i suoi abitanti vi serviranno come lavoratori forzati.

Se rifiuta di fare pace con voi e vi offre battaglia, assediatela e, quando il Signore vostro Dio l'avrà consegnata nelle vostre mani, passate a fil di spada tutti i suoi uomini

Ma prenderete come bottino donne, bambini, bestiame e tutto ciò che vale la pena di saccheggiare, e userete il bottino dei vostri nemici che il Signore vostro Dio vi ha dato. E così farete con tutte le città che si trovano a grande distanza da voi e che non appartengono ai popoli di questo paese.

Ma nelle città delle nazioni che il Signore vostro Dio vi dà in eredità, non lascerete un solo uomo vivo.

Dovete condannarli tutti...

Deuteronomio

Sono parole agghiaccianti per qualsiasi non ebreo. Eppure questo è ciò che gli ebrei dell'antichità e di oggi considerano la parola del loro Dio. Lo stesso Martin Lutero ha giustamente riconosciuto la natura venale di molti atteggiamenti ebraici nei confronti dell'"altro". Scrisse: "Il sole non ha mai brillato su tali atteggiamenti: il sole non ha mai brillato su un popolo così assetato di sangue e di vendetta. Nessun popolo sotto il sole è più avido di loro, di quanto lo sia stato e di quanto lo sarà mai, come si può vedere dalla loro maledetta usura. Si consolano dicendo che quando verrà il loro Messia, raccoglierà tutto l'oro e l'argento del mondo e lo dividerà tra loro...

Come gli ebrei amano il Libro di Ester, che si adatta così bene ai loro appetiti e alle loro speranze sanguinarie, vendicative e omicide... Il mio consiglio è di bruciare le loro sinagoghe. Ciò che non sarà bruciato sarà ricoperto di terra, in modo che non si possa vedere nulla...

Tutti i libri di preghiera e le copie del Talmud, in cui imparano tante empietà, bugie, maledizioni e bestemmie, devono essere distrutti.

Ai giovani ebrei, uomini e donne, dovrebbero essere dati un vanghetto, una zappa, un'ascia, una vanga, una conocchia e un fuso, in modo che possano guadagnarsi il pane con il sudore della fronte.

Il libro provocatorio *dello* scrittore ebreo Samuel Roth, pubblicato nel 1934, analizza con franchezza le nozioni ebraiche di "eletto" e "superiorità" che sono state costantemente inculcate nel pensiero del popolo ebraico nel corso della storia.

A partire dallo stesso Signore Dio d'Israele, sono stati i successivi capi d'Israele che, uno dopo l'altro, hanno raccolto e guidato la tragica carriera degli ebrei, tragica per gli ebrei e non meno tragica per le nazioni vicine che li hanno subiti.

Ma all'inizio dovevamo essere un popolo piuttosto orribile. Il nostro grande vizio, allora come oggi, è il parassitismo.

Siamo un popolo di avvoltoi, che vive del lavoro e della buona volontà del resto del mondo. Ma con tutti i nostri difetti, non avremmo mai fatto tanti danni al mondo se non avessimo avuto il genio di comandare male.

Riconosco il nostro parassitismo. Ma il parassitismo è una virtù oltre che un male. Alcuni parassiti germinali sono essenziali per la regolare circolazione del sangue nelle arterie di un corpo organico. Alcuni parassiti sociali, per lo stesso motivo, sono importanti per il funzionamento del sangue del corpo politico.

La vergogna di Israele non deriva dal fatto che siamo i banchieri e gli anziani del mondo. Piuttosto, deriva dalla stupefacente ipocrisia e crudeltà impostaci dai nostri malvagi leader e dal resto del mondo.

Roth ha descritto la natura degli insegnamenti religiosi ebraici che gli sono stati trasmessi nei primi anni di vita:

Quello che avevano i Goyim [i non ebrei] era solo un possesso temporaneo che la stupida legge dei Gentili ha cercato di rendere permanente. Gli ebrei non erano forse gli eletti di Dio

Dio non ha forse voluto, fin dall'inizio, che tutte le cose buone del mondo appartenessero ai suoi prediletti

L'ebreo doveva ricordarlo in ogni momento.

Soprattutto nei rapporti con i Goyim. Era praticamente un obbligo morale per ogni ebreo coscienzioso imbrogliare e truffare i goyim ogni volta che era possibile.

L'impressione che mi lasciò all'epoca fu che il mondo era stato creato da Dio per l'abitazione e la prosperità di Israele.

Il resto della creazione - le mucche, i cavalli, le ortiche, le querce, lo sterco e i Goyim - è stato messo lì per la comodità di noi ebrei, o per infastidirci, a seconda del buon umore di Dio in quel momento.

Fu allora che mi resi conto che l'atteggiamento di Dio nei confronti dei suoi eletti era - ed era stato per molti secoli - di severa disapprovazione.

Ecco perché i Goyim avevano tutto e noi praticamente nulla.

Se andassimo regolarmente in sinagoga il sabato, e in particolare lo Yom Kippur - il sabato dei sabati - Dio alla fine cederebbe e toglierebbe dalle ginocchia rozze dei Goyim tutti i favori divini che in realtà sono destinati a noi.

Disprezzavamo il Goy e odiavamo la sua religione. Il Goy, secondo le storie cantate alle orecchie dei bambini, era e venerava solo una creatura sgraziata chiamata *yoisel* - e una dozzina di altri nomi troppo rozzi da ripetere. *Lo yoisel* un tempo era stato un essere umano e un ebreo. Ma un giorno aveva perso la testa e, in quel pietoso stato di confusione, aveva annunciato di essere il Signore Dio in persona.

Per dimostrarlo, propone di volare sulla popolazione come un angelo.

Con una pagina blasfema delle Sacre Scritture infilata sotto il braccio sudato, lo *yoisel* sorvolava le moltitudini di ebrei nelle strade affollate di Gerusalemme. Lo spettacolo che presentò fu così impressionante che anche gli ebrei più pii si rivolsero a lui.

Ma Rabbi Shammai, furioso per l'impudenza di questa creatura demente e temendo una possibile crisi religiosa sulla terra, strappò due foglie dalle pagine della Sacra Scrittura e, mettendone una sotto ogni braccio, volò ancora più in alto dello *yoisel*, con una sola pagina della Sacra Scrittura come forza motrice. Egli stesso volò sopra lo *yoisel* e vi urinò sopra.

Immediatamente, il potere del brano di Scrittura nello *yoisel* fu annullato e lo *yoisel* cadde a terra tra gli scherni e le derisioni dei veri credenti nelle strade di Gerusalemme.

Roth descrive questo racconto come "una straordinaria caricatura del fondatore della religione opposta". E, naturalmente, lo *Yoisel* di questo racconto era Gesù Cristo.

L'odiosa filosofia del Talmud ebraico - che, come vedremo, è il principale fondamento dell'ebraismo odierno e certamente una guida virtuale all'obiettivo ebraico dell'imperium mondiale - è qualcosa che pochi "goyim" conoscono. Ma dovrebbero.

Auguste Rohling, professore all'Università di Praga alla fine del XIX secolo, studiò l'ebraico e scrisse una traduzione del Talmud. Ecco cosa Rohling descrive come base del Talmud

1) L'anima dell'ebreo fa parte di Dio stesso; le anime degli altri popoli provengono dal diavolo e assomigliano a quelle dei bruti

2) Il dominio sugli altri popoli è un diritto dei soli ebrei

3) In attesa della venuta del Messia, gli ebrei vivono in uno stato di guerra continua con gli altri popoli

4) Quando la vittoria degli ebrei sarà raggiunta, gli altri popoli accetteranno la religione ebraica, ma i cristiani non avranno questo privilegio e saranno sterminati perché appartengono al diavolo.

5) L'ebreo è la sostanza di Dio; il gentile che lo colpisce merita la morte

6) I non ebrei sono stati creati per servire gli ebrei

7) È vietato a un ebreo mostrare misericordia ai suoi nemici

8) Un ebreo può essere ipocrita nei confronti di un non ebreo

9) È lecito spogliare un non ebreo

10) Se qualcuno restituisce a un cristiano ciò che ha perso, Dio non lo perdonerà

11) Dio ha comandato all'ebreo di prendere l'usura dal non ebreo per danneggiarlo

12) Il meglio dei non ebrei deve essere sterminato; la vita onesta di un gentile deve essere oggetto di odio

13) Se un ebreo può ingannare un gentile fingendosi un non ebreo, è autorizzato a farlo.

Nel 1975, lo scrittore russo Valery Skurlatov, nel suo libro intitolato *"Sionismo e Apartheid"*, mise in evidenza le origini babilonesi del Talmud e la sua tesi - rimasta fino ad oggi al centro del pensiero ebraico - del popolo eletto da Dio: La tesi della scelta degli ebrei da parte di Dio, esposta nel Pentateuco biblico (la Torah), fu sviluppata in dettaglio durante il periodo dell'attività ebraica, quando commercianti e intermediari si spostarono dalla Palestina alla Mesopotamia [Babilonia] e all'Europa.

Nella diaspora [la dispersione degli ebrei], la vecchia élite ebraica doveva mantenere una rigida disciplina tra i "propri simili".

Per questo motivo il Talmud, nella prima metà del primo millennio, e lo Shulchan Arukh, nel XIV secolo, i codici ufficiali del periodo della diaspora, enfatizzavano l'"esclusività" degli ebrei, la loro innata superiorità sui goyim, il loro diritto alla supremazia mondiale.

Per molti secoli, la vita della comunità ebraica è stata rigorosamente e intransigentemente governata da queste prescrizioni dell'ebraismo talmudico, che esigeva che ogni ebreo ortodosso si arricchisse semplicemente a spese dei goyim, insegnandogli a mostrare iniziativa personale negli affari e ad essere sempre consapevole del suo "alto status" rispetto ai goyim.

In particolare, Skurlatov ha sottolineato che i sionisti e i giudaizzanti cercano di ingannare l'opinione pubblica non ebraica in tutto il mondo ponendo troppa enfasi sulle differenze apparenti e cercando di presentare il sionismo come una dottrina puramente politica e completamente moderna, diversa dall'ebraismo classico. In realtà, l'ebraismo e il sionismo hanno entrambi la stessa base socio-economica e quindi un obiettivo comune: il dominio del mondo". L'ebraismo, ha sottolineato, "contiene in forma codificata la strategia, universale nelle società di classe, del 'popolo eletto'. Solo i 'loro' sono iniziati a questa strategia segreta". Il sionismo, ha detto, "proclama le tattiche più appropriate per un determinato periodo".

Lo scrittore e apologeta ebreo Bernard Lazare ha descritto il Talmud come "il creatore della nazione ebraica e lo stampo dell'anima ebraica".

È stato notato che per la stragrande maggioranza degli ebrei ortodossi moderni, il Talmud ha quasi completamente soppiantato l'Antico Testamento, che molti cristiani continuano a considerare il "libro sacro" di ebrei e cristiani.

L'analista francese Gabriel Malglaive, il cui libro *Juif ou Français?* - pubblicato nel 1942, riflette sul ruolo della religione ebraica e del Talmudismo e sul suo impatto sulla società. Malglaive scrive

> "La religione ebraica ha fatto di più che trasporre il suo ideale. Ha trasformato una religione mistica in una dottrina di dominio materiale e fisico".

Il famoso scrittore ebreo Herman Wouk ha scritto [in *The Talmud: Heart's Blood of the Jewish Faith*]:

> Il Talmud è ancora la linfa vitale della religione ebraica. Qualunque siano le leggi, le usanze o le cerimonie che osserviamo - che siamo

ortodossi, conservatori, riformisti o semplicemente sentimentalisti spasmodici - seguiamo il Talmud. È la nostra legge comune.

Nel corso della storia, una parte del popolo ebraico si è espressa contro il Talmud. Si trattava dei karaiti. La defunta Elizabeth Dilling, una delle grandi critiche americane del talmudismo, ha descritto la storia dei karaiti nella sua opera classica, *The Jewish Religion: Its Influence Today:* I karaiti sorsero nell'VIII secolo a Babilonia sotto Anan per tormentare l'elemento superiore farisaico disprezzando il Talmud e facendo dell'Antico Testamento l'autorità suprema.

Un fiume di odio fuso si rivolse contro di loro. Con la vera "fratellanza" e "tolleranza" talmudica, Anan fu espulso da Babilonia e fondò la setta karaita a Gerusalemme.

In seguito, quando i pochi karaiti rimasti furono favoriti dallo zar di Russia, nonostante fossero considerati "intoccabili" dai talmudisti, questi ultimi si offrirono di unirsi ai karaiti per ottenere l'immunità dal dispiacere dello zar, ma i karaiti li respinsero come ipocriti.

La Dilling sottolinea che i karaiti condividono con i cristiani "le supreme maledizioni" dei talmudisti. Non è un caso che la "gloria" di Babilonia sia menzionata nel Talmud, osserva la Dilling. Ciò che la Croce ha significato per il cristianesimo, scrive, "Babilonia la Grande" ha significato per quello che lei chiama "il culto del talmudismo", cioè l'ebraismo come lo conosciamo oggi.

La Jewish Publication Society of America, una delle più rinomate istituzioni letterarie ebraiche, ha pubblicato nel 1946 un volume intitolato *The Pharisees: The Sociological Background of Their Faith*, scritto da Louis Finkelstein. In questo volume si afferma chiaramente che

> "Il farisaismo è diventato talmudismo, il talmudismo è diventato rabbinismo medievale e il rabbinismo medievale è diventato il moderno rabbinismo". Ma attraverso questi cambiamenti di nome, l'inevitabile adattamento dei costumi e l'adeguamento della legge, lo spirito dell'antico fariseo sopravvive inalterato".

Secondo lo storico ebreo Max Dimont (citato nella nostra prefazione), che scrive nel suo libro *Les Juifs, Dieu et l'histoire (Gli ebrei, Dio e la storia)*, in seguito alla cosiddetta "diaspora" - la dispersione degli ebrei in tutto il mondo - gli ebrei hanno lottato per evitare l'assimilazione e l'assorbimento nelle culture straniere: "Gli ebrei hanno affrontato questa sfida creando un codice giuridico-religioso - il Talmud - che è servito come forza unificante e punto di raccolta spirituale.

Così è nata a Babilonia, dice, "l'era talmudica ... [durante la quale] il Talmud governò gli ebrei in modo quasi invisibile per quasi 1500 anni". Il Talmud, nato in questa 'capitale' di Babilonia, fu lo strumento della sopravvivenza ebraica ed esercitò un'influenza decisiva sul corso della storia ebraica per 1.500 anni", spiega Dimont in *Juifs, Dieu et Histoire*.

Il Talmudismo ha realizzato tre cose:

Ha cambiato la natura di Geova. Cambiò la natura dell'ebreo e l'idea ebraica di governo. La Bibbia aveva creato l'ebreo nazionalista; il Talmud ha dato vita all'ebreo universalmente adattabile, fornendogli un quadro invisibile per il governo dell'uomo.

Sono parole notevoli: "un quadro invisibile per la governance umana". Non un quadro "visibile", ma un quadro "invisibile", che opera dietro le quinte. E non un quadro per il governo degli ebrei, ma piuttosto un quadro per il governo dell'"uomo" - un quadro invisibile, inoltre, che non ci permette di studiare o comprendere "l'altro", i Goyim, i non ebrei

Dimont ha affermato che il Talmud babilonese ha modificato o reinterpretato la legge mosaica nello stesso modo in cui gli americani modificano o reinterpretano la Costituzione per affrontare nuovi problemi. Invece di adattare le nuove sfide agli schemi del passato, gli ebrei hanno creato nuovi schemi per adattarsi alle nuove circostanze".

I Farisei, osserva Dimont, furono i grandi "difensori" di queste nuove interpretazioni che oggi conosciamo come Talmud.

Il Talmud, ha detto Dimont, "aveva la funzione di cementare gli ebrei in un corpo religioso unificato e in una comunità civica coesa". Ha aggiunto

> "Il Talmud ha attraversato la storia ebraica: nel corso della storia ebraica, il Talmud ha dovuto fornire nuove interpretazioni religiose per adattarsi alle mutevoli condizioni di vita, così come a nuovi quadri di governo in espansione, con il crollo di vecchi imperi e l'emergere di giovani Stati

Man mano che il mondo ebraico si espandeva, il quadro del pensiero e dell'attività talmudica doveva espandersi per essere presente al momento giusto e fornire le soluzioni giuste per garantire la sopravvivenza degli ideali ebraici.

Possiamo notare che questo è simile al modo in cui, a metà del XX secolo, il trotskismo ebraico - l'Internazionale Comunista - manifestazione moderna del talmudismo, si è adattato al punto che oggi, all'inizio del

XXI secolo, abbiamo visto i trotskisti trasformarsi in "conservatori", in questo caso "neoconservatori".

Dimont ha anche notato che, *fin dai primi giorni del loro esilio in Babilonia*, gli ebrei ricoprivano alte cariche di governo in Babilonia:

Nel corso di questi secoli, il concetto talmudico di governo si è evoluto parallelamente al concetto di Geova. I profeti trasformarono Geova da Dio ebraico a Dio universale. I talmudisti hanno trasformato il concetto ebraico di governo esclusivamente per gli ebrei in idee applicabili al governo universale dell'uomo.

I profeti concepirono l'ebraismo come contenente comandamenti specifici per gli ebrei e principi generali per l'intero popolo.

I talmudisti elaborarono leggi che permettevano all'ebreo di continuare a essere non solo un ebreo, ma anche un essere umano universale.

Per i talmudisti, gli ebrei di tutti i Paesi simboleggiavano la divisione dell'umanità in nazionalità. Le leggi dovevano essere formulate per soddisfare le esigenze particolari di ciascuna entità nazionale, e le leggi dovevano essere formulate per consentire a tutte le nazioni di vivere insieme in una nazione umana unita.

I concetti universali di governo del Talmud sono diventati il materiale dei sogni di Isaia sulla fratellanza dell'uomo.

È interessante notare che Dimont ha sottolineato che "finché c'erano imperi forti e unificati, il Talmud poteva funzionare su scala universale". Aggiunge, però, che quando gli imperi del mondo hanno cominciato a crollare, l'influenza universale del Talmud si è ridotta a nulla. In sostanza, il *talmudismo prospera sotto l'impero e l'imperialismo*. E lo fa ancora oggi.

Maimonide - il nome con cui è generalmente conosciuto il rabbino Moses ben Maimon (vissuto tra il 1135 e il 1204) - è il filosofo ebreo che ha fornito quello che Dimont ha ricordato come "il Talmud più completo ma semplificato, modernizzato, abbreviato e indicizzato che ogni letterato può usare come libro di riferimento". Questo volume di Maimonide era noto come *Mishneh Torah, la* "seconda Torah".

Più tardi, però, un ebreo di origine spagnola, Joseph Caro, vissuto dal 1488 al 1575 e poi stabilitosi in Palestina, dove creò un centro per l'educazione religiosa, scrisse quello che chiamò *lo Shulchan Aruch* (che si traduce come "La tavola preparata"). Si trattava, come dice Dimont, di una nuova "edizione del Talmud per tutti... una tavola tascabile che avrebbe avuto l'ultima parola su tutto". Questa codificazione del Talmud è ciò che rimane essenzialmente la versione "popolare" del Talmud oggi - ancora una guida (e una visione) della filosofia ebraica che sta dietro la spinta al dominio del mondo.

L'altra opera principale di Max Dimont, *Gli ebrei indistruttibili*, pubblicata nel 1971 (e citata anche nel capitolo precedente), è una schietta esposizione del concetto di supremazia ebraica. In essa afferma che

> "La storia ebraica è costituita da una serie unica di eventi - accidentali o intenzionali - che hanno avuto l'effetto pratico di preservare gli ebrei come ebrei in "esilio" per realizzare la loro missione dichiarata di inaugurare una fratellanza umana.

> Che questa missione sia stata iniziata da Dio o attribuita retroattivamente a Dio dagli stessi ebrei, non cambia la nostra tesi di un destino ebraico manifesto.

> Noi sosteniamo che questo esilio non fu una punizione per i peccati, ma un fattore chiave per la sopravvivenza degli ebrei. Invece di condannare gli ebrei all'estinzione, li condusse alla libertà

L'affermazione di Dimont secondo cui gli ebrei hanno continuato a sopravvivere nonostante la distruzione delle società in cui vivevano è piuttosto notevole: dopo che il flusso di una civiltà ha raggiunto il suo apice, la vediamo lentamente rifluire e infine sprofondare negli abissi dell'oblio storico. E vediamo gli ebrei di quella civiltà affondare con essa. Ma mentre ogni civiltà affondata rimane sommersa, gli ebrei emergono ripetutamente da una situazione apparentemente fatale, cavalcando la cresta di una nuova civiltà che si insedia dove la vecchia era affondata.

Gli ebrei fecero la loro prima apparizione nella storia nel mondo babilonese intorno al 2000 a.C. Quando lo Stato babilonese scomparve, gli ebrei entrarono nell'Impero persiano. Quando il mondo persiano si disintegrò, annunciarono il loro ingresso nel mondo ellenico . Quando Roma "conquistò" il mondo, si stabilirono in Europa occidentale, aiutando i Romani a portare la bandiera dell'impresa commerciale nella Gallia barbarica. Quando la stella dell'Islam si levò, gli ebrei si elevarono con essa verso un'età d'oro di creatività intellettuale. Quando il feudalesimo prese piede in Europa, gli ebrei ne divennero banchieri e studiosi. E quando l'era moderna ha preso piede, sono entrati a far parte del team di architetti che l'hanno plasmata.

Sebbene il cristiano medio, soprattutto in America, dia per scontato che gli ebrei, in quanto "popolo del libro sacro", credano che il loro destino sia nelle mani di Dio, Max Dimont ha un approccio diverso; o meglio, solleva alcune domande interessanti.

Riferendosi agli eventi così come li ha descritti, Dimont si chiede "chi ha elaborato un tale piano" per il corso della storia ebraica e il suo coinvolgimento nelle varie grandi civiltà - nessuna delle quali, tra l'altro, è stata creata dagli stessi ebrei, ma nelle quali essi hanno spesso svolto un ruolo distruttivo.

In risposta alla sua stessa domanda su "chi" abbia elaborato un tale piano, Dimont risponde con una domanda tutta sua: "Dio? O gli ebrei stessi? Un cinico potrebbe pensare che Dimont anteponga gli ebrei a Dio stesso

Dimont sembra opporsi all'idea che gli ebrei come popolo si siano evoluti nel tempo. Molti oggi rispondono alle critiche rivolte al libro di legge ebraico, il Talmud - che è il cuore dell'ebraismo oggi come lo è stato fin dalla sua prima apparizione durante l'esilio ebraico in Babilonia - sostenendo che il Talmud non rappresenta più il popolo ebraico o il suo pensiero, che il pensiero ebraico si è evoluto, che le cose sgradevoli contenute nel Talmud su Cristo e sui cristiani, ad esempio, non rappresentano realmente lo stato d'animo ebraico.

Tuttavia, Dimont scrive

> "Gli ebrei di oggi appartengono ancora alla stessa "cultura" e allo stesso popolo degli ebrei di ieri. Rappresentano un continuum di idee che risale ininterrottamente a quattromila anni fa, fino ad Abramo".

La tesi di Dimont è che

> "La storia ebraica consiste in un assalto di idee che hanno rovesciato imperi e inaugurato un nuovo modo di pensare".

Ora, si noti che la gente comune, di fronte alla storia della Seconda guerra mondiale e a quella serie di eventi generalmente descritti come "l'Olocausto", direbbe che la Seconda guerra mondiale è stata una grande calamità per gli ebrei, perché gli insegnamenti abituali su quell'epoca - molti dei quali provengono da autori ebrei che si rivolgono a un pubblico popolare (che ovviamente è in gran parte non ebreo) - insistono sul fatto che la Seconda guerra mondiale è stata una straordinaria tragedia per gli ebrei.

Tuttavia, il filosofo ebreo Max Dimont ha una visione interessante di tutto questo. Ha scritto: "La fortuna dell'Europa si è conclusa su e i WASP non dominano più il mondo". Si chiedeva se la Seconda Guerra Mondiale non fosse stata, in realtà, una vittoria di Pirro per l'Occidente, suggerendo, in una prosa apparentemente speranzosa, che i giorni della civiltà occidentale erano al tramonto, che i giorni della civiltà occidentale erano contati.

Per gli ebrei, invece, Dimont saluta la Seconda guerra mondiale come "una svolta decisiva". Come risultato della Seconda guerra mondiale, scriveva, "gli ebrei hanno ora avamposti della diaspora in ogni continente, in posizioni strategiche, per compiere il terzo atto del loro destino manifesto".

La visione giudeocentrica (e persino giudeo-suprematista) di Dimont è più evidente che nel suo capitolo sulla "Rivoluzione sionista" che, secondo Dimont, è parte integrante del piano globale ebraico per l'istituzione di un nuovo ordine mondiale basato sui principi ebraici.

Parlando della nascita di Israele come Stato-nazione nel 1948, Dimont ha scritto: "È l'unico Paese nato all'indomani della Seconda Guerra Mondiale che, senza asservire altre nazioni, sfruttare parte della propria popolazione o legare il proprio destino a una potenza esterna, è riuscito a garantire uno standard di vita, di libertà e di diritto paragonabile a quello della più avanzata nazione occidentale.

Come è stato possibile realizzare tutto questo in un lasso di tempo così breve, in meno di una generazione

Come ha fatto questo piccolo Paese, devastato, spogliato e depredato per duemila anni da Romani, Bizantini, Sassanidi, Arabi, Crociati, Mamelucchi, Turchi e Inglesi, a passare dalla servitù della gleba all'indipendenza, dalla miseria alla ricchezza, dalla povertà culturale all'eminenza intellettuale nel giro di cinque brevi decenni?

Da dove proviene il capitale per pagare gli impianti industriali, un elevato standard di vita e le attività culturali

Dimont si esprime a lungo in questo modo grandioso, senza mai riconoscere il fatto che questo Paese (Israele), nato all'indomani della Seconda guerra mondiale, ha di fatto schiavizzato altre nazioni prima di ottenere la statualità. Ci riferiamo, ovviamente, ai palestinesi cristiani e ai palestinesi musulmani. Ci riferiamo anche al popolo tedesco, il cui futuro come Stato nazionale sembra (almeno in questa fase) essere legato per sempre allo Stato di Israele in virtù del fatto che il popolo tedesco è stato oppresso, schiavizzato, attraverso i miliardi di dollari di "riparazioni" annuali che vengono sottratti al popolo tedesco e versati a Israele.

Dimont afferma che il popolo ebraico di Israele non ha sfruttato parte della propria popolazione.

Non è questo il caso.

La storia dimostra il contrario.

Notiamo che i gruppi terroristici ebraici hanno commesso atti di terrore contro i loro concittadini ebrei come parte degli sforzi per stabilire lo Stato ebraico in Palestina.

Inoltre, non dobbiamo dimenticare che dopo la creazione dello Stato di Israele, i terroristi ebrei inviati dal governo israeliano nei Paesi arabi hanno commesso crimini di terrorismo contro queste popolazioni ebraiche per spaventarle e convincerle (falsamente) di essere attaccate dai loro governatori arabi per costringerle a lasciare questi Paesi e a stabilirsi nella Palestina occupata, allora conosciuta come "Israele".

Quindi, sì, gli ebrei hanno sfruttato segmenti del loro stesso popolo.

E poi, naturalmente, Dimont dice che Israele non ha legato il suo destino a una potenza esterna. Niente di più sbagliato.

Abbiamo già menzionato la dipendenza degli ebrei dai risarcimenti tedeschi. Ma non ci si è fermati lì. All'epoca, lo Stato di Israele dipendeva fortemente dalla Francia e dalla Cina rossa per sviluppare il suo arsenale di armi nucleari di distruzione di massa, che fin dall'inizio sono state la pietra angolare dell'intera strategia geopolitica e di difesa nazionale di Israele, il fondamento del suo grande disegno di espandere la propria influenza - fino ai suoi stessi confini - nella regione e, in generale, in tutto il pianeta.

E ora, naturalmente, c'è la famosa "relazione speciale" tra gli Stati Uniti e Israele, che è diventata centrale nel corso degli affari mondiali e, come sappiamo, questa relazione speciale è la diretta conseguenza dell'ascesa dell'influenza ebraica sionista in America, in concomitanza anche con la spirale ascendente del potere monetario internazionale e la sua presa sui mass media in America.

Israele riceve miliardi di dollari dagli Stati Uniti sotto forma di sovvenzioni e prestiti diretti, i cui dettagli sono sconcertanti.

Alla luce di tutto ciò, dobbiamo francamente deridere la domanda del signor Dimont sull'origine del capitale che ha finanziato il massiccio sviluppo interno dello Stato di Israele, questa "fioritura nel deserto", come viene spesso chiamata. Quanti trilioni di dollari di capitale americano sono stati utilizzati per far crescere questo fiore

Eppure l'audacia di Dimont, la sua ipocrisia - chiamatela "chutzpah", se volete - riflette, di fatto, l'atteggiamento che da sempre gli ebrei hanno assunto nei confronti del resto del mondo: quelli che chiamano "gli altri", "i gentili", "i goyim" - i non-umani, il bestiame, gli strumenti di Satana.

In realtà, Israele ha raggiunto la ricchezza solo attraverso l'accattonaggio, il che lo rende certamente il mendicante più ricco del pianeta.

Se solo i mendicanti senzatetto che vivono per le strade di Washington - la capitale degli Stati Uniti, da cui partono trilioni di dollari provenienti dalle tasse che confluiscono nelle casse di Israele - potessero fare altrettanto. Se solo i 5.000 veterani di guerra americani senza casa che vivono per le strade di Washington potessero fare altrettanto.

La sorprendente verità su Israele - come Stato, come entità, come essere economico - è che, come ha scritto il dottor Norman Cantor nel suo libro del 1994, *The Sacred Chain* (pubblicato da HarperCollins), "*il fatto è che l'economia ebraica in* Israele, dal primo decennio del secolo a oggi, non è mai stata vitale*": il fatto è che l'economia ebraica in Israele, dal primo decennio del secolo a oggi, non è mai stata vitale. Gli ebrei di Sion non sono mai stati in grado di sostenersi. Il bilancio è sempre stato negativo. Sono sopravvissuti solo coprendo i loro deficit con gli aiuti stranieri - la carità ebraica donata abbondantemente dall'estero e, dal 1970 circa, i sostanziosi aiuti del governo statunitense.

[Israele è un Paese in cui ogni centimetro quadrato del suo antico suolo è venerato e le scoperte archeologiche sono accolte con una celebrazione nazionale, ma che tratta la sua fragile ecologia con una noncuranza che stupisce un americano o un canadese. Non controlla le emissioni inquinanti delle sue automobili e scarica liquami grezzi nel Mediterraneo, sporcando le sue stesse spiagge.

La cosa peggiore per Israele negli anni '80 e nei primi anni '90 è stata la totale dipendenza dagli aiuti del governo statunitense, sia per scopi militari che civili...

Se teniamo conto del fatto che gli enti di beneficenza ebraici all'estero forniscono ogni anno una somma simile, Israele deve essere riconosciuto come una nazione gravemente indebitata, un Paese coloniale, incapace di provvedere a se stesso e abituato a vivere avidamente e sconsideratamente con i soldi degli altri.

[Israele si è intossicato, non come molti suoi antenati squattrinati, di religione mistica, ma di glamour militare e immagini trionfalistiche, uno stato mentale pericoloso e autodistruttivo in un mondo sobrio e competitivo alla fine del XX secolo.

Sorprendentemente, Dimont - il filosofo ebreo - ha suggerito che "ideologicamente" la Cina comunista potrebbe essere una "civiltà fertile" per l'agenda globale ebraica, per gli ebrei che vivono nella "diaspora" (cioè fuori dallo Stato di Israele).

Il motivo era che i cinesi erano, secondo Dimont, "ancora più giudaizzati dei puritani dell'America coloniale".

Dimont ha dichiarato che "anche se i cinesi non rivendicano un'eredità ebraica, anche se non distinguono un ebreo da un cristiano, la loro ideologia è più 'di origine ebraica' di quella della civiltà occidentale", aggiungendo: "Secondo i metastorici, le nuove civiltà nascono dalla combinazione di una nuova religione mondiale, un nuovo concetto di natura e una nuova visione dell'uomo. Nella Cina di oggi, le influenze del confucianesimo, del buddismo e del taoismo sono state sostituite da un nuovo modo di pensare religioso, scientifico e psicologico. Così come la Bibbia è l'ideologia che motiva il miliardo di cristiani nel mondo, *Das* Kapital è l'ideologia che motiva il miliardo di cinesi nel mondo. La "religione" della Cina è la dottrina economica di un ebreo, Karl Marx. La sua scienza è la fisica teorica di un ebreo, Albert Einstein. La sua psicologia è quella di un ebreo, Sigmund Freud.

Il ritratto che Dimont fa dello Stato comunista totalitario cinese degli anni '60 come, a tutti gli effetti, un riflesso della cultura ebraica al suo meglio, al suo apogeo, è eloquente e rivelatore.

Dimont ha affermato che "secondo i precedenti [...] i centri di diaspora sembrano nascere nelle civiltà che si trovano nella loro fase primaverile, estiva o autunnale, non in quella invernale". Ha aggiunto che

> "L'ebraismo potrebbe svolgere un ruolo nello sviluppo di una religione universale e di una diaspora universale per un cittadino del nuovo mondo".

"Se l'era spaziale dovesse rendere obsoleto lo Stato nazionale", afferma Dimont, "possiamo prevedere la formazione di nuovi aggregati più significativi per i quali la diaspora ha già stabilito un modello".

Dimont ha poi affermato che "è sempre di moda denigrare l'ebraismo perché è il credo di soli 12 milioni di anime", ma ha replicato che la storia non giudica "dalla quantità ma dalla qualità".

Le grandi idee, ha detto, sono generalmente disprezzate all'inizio, il che significa implicitamente che l'ebraismo è una di queste "grandi idee".

D'altra parte, Dimont ha affermato:

> "Tutte le grandi religioni che hanno conquistato il mondo stanno oggi crollando. La spada di Costantino e la scimitarra di Mohamad sono passate a Marx. Oggi, i 200 milioni di slavi della Russia professano questa nuova fede; la Cina rossa si è convertita al ciclo come Carlo Magno alla croce; milioni di neri africani stanno per acquisirla. Centinaia di milioni di musulmani, indù e buddisti sono indecisi tra la loro vecchia fede e questo credo attuale

Chiaramente, vedeva l'ebraismo come LA grande idea - un tempo disprezzata - che alla fine avrebbe conquistato il mondo sulla scia delle altre grandi religioni che stavano crollando, mentre lui si vantava dell'imminenza dell'apogeo ebraico. "Il pendolo", ha detto Dimont, "oscillava dal vuoto scientismo all'umanesimo profetico, perché il marxismo è un credo economico, non un vangelo spirituale.

Il resto del pianeta si stava adattando, adottando (sperava) gli ideali ebraici. Tutti i popoli stavano lottando con le proprie debolezze e sarebbero inevitabilmente diventati pronti a essere guidati dall'Imperium ebraico mondiale, che Dimont assicurava ai suoi lettori essere *un fatto compiuto*: guardate i pagani dell'Africa, catapultati dall'età della pietra all'era atomica del XX secolo, sconcertati dalla perdita della loro tribù e della loro fede. Guardate il mezzo miliardo di anime dell'India alla ricerca di una religione che non le affoghi nella mitologia o le soffochi nel materialismo. Guardate i cinesi, un popolo spiritualmente sensibile, improvvisamente privato della religione. Guardate i russi, ai quali è stato insegnato l'ateismo per mezzo secolo, ma che sono ancora alla ricerca di una religione che soddisfi i loro bisogni spirituali. E guardate lo stesso mondo cristiano, che proclama che "Dio è morto", ma è alla ricerca di nuovi valori.

I popoli del mondo di oggi sono pronti ad abbracciare l'ebraismo come i pagani dell'Impero Romano erano pronti ad accettare il cristianesimo?

Può l'Ebraismo fare un passo avanti nella breccia cruciale in un'epoca di opulenza materialista e di disintegrazione spirituale? Può questo minuscolo e amorfo gruppo etnico conosciuto come Ebrei realizzare ciò che tutti i grandi "ismi" non sono riusciti a fare

Il razionalismo, il comunismo, il nazismo o il razzismo sono più promettenti dell'etica del giudaismo? L'Antico Testamento non si è dimostrato superiore alle filosofie di Platone, Hagel o Kant

Ci sentiamo più sicuri con il dito dello scienziato o con quello di Dio sul grilletto della bomba all'idrogeno

Il destino degli ebrei nel terzo atto sarà quello di fare proselitismo sull'aspetto universale della loro fede a un mondo diasporico malato della sua anima scientifica, pronto forse, finalmente, ad accogliere il loro messaggio profetico? È possibile che il cristianesimo, il maomettanesimo e il comunismo siano stati solo dei trampolini di lancio per consentire all'uomo diasporico di avvicinarsi più facilmente a un ebraismo universale

Come il cristianesimo è un trampolino di lancio religioso ebraico per la fratellanza spirituale, così il marxismo può essere un trampolino di lancio laico ebraico per la fratellanza sociale.

Alla fine del primo atto", ha detto Dimont, "Gesù ha proclamato una fratellanza religiosa dell'uomo in cielo. Alla fine del secondo atto, Marx ha proclamato una fratellanza economica per gli uomini sulla Terra. Cosa verrà proclamato alla fine del terzo atto?", ha chiesto Dimont.

Riapparirà il Gesù cristiano, come promettono i Vangeli, o un messia ebraico, come promettono i profeti? E se entrambe le previsioni si avverassero? Saranno due messia diversi o uno solo? Si dice che l'uomo scelga un eroe per salvarsi ma che Dio scelga un popolo per salvare l'umanità. I cristiani hanno scelto Gesù come eroe per salvarli. Dio ha scelto gli ebrei per salvare l'umanità

Nel terzo atto, l'uomo stesso si troverà di fronte a una scelta esistenziale: scegliere il paradiso cristiano in cielo, con il ritorno di Gesù vendicatore che porrà fine all'umanità attraverso un giudizio finale, o scegliere il paradiso ebraico sulla terra, portato da un concetto messianico di fratellanza

È a dir poco sorprendente.

Qual è la funzione dello Stato di Israele stesso, secondo Dimont? "In definitiva, la forza motivante del sionismo era l'esistenza del messianismo, la mistica dei profeti.

Dimont ha citato il padre fondatore di Israele, David Ben-Gurion, che ha detto: "La mia concezione dell'idea messianica non è metafisica ma socio-culturale... Credo nella nostra superiorità morale e intellettuale, nella nostra capacità di servire da modello per la redenzione del genere umano... La gloria della Presenza Divina è dentro di noi, nei nostri cuori, non fuori di noi".

Secondo Dimont, i cristiani sono incapaci di portare a termine il compito assegnato all'uomo da Dio e lo scaricano su Dio attraverso Gesù. Nel giudaismo, l'uomo è disposto a lavorare per realizzare la missione di Dio, anche se il lavoro sembra talvolta disperato e assurdo.

Ancora una volta, è straordinario.

Ma è anche molto rivelatore.

"Senza Israele [che esiste come Stato]", ha detto Dimont, "la diaspora [la dispersione del popolo ebraico nel mondo] non ha senso e il mondo potrebbe non avere speranza". Forse Isaia ha ragione, dopo tutto. È possibile che "da Sion esca la legge e da Gerusalemme la parola del Signore"

In altre parole, Israele sarà il luogo della legge, il centro del dominio ebraico sull'intero pianeta.

Dimont ha dichiarato che il popolo ebraico sopravviverà "finché gli ebrei si atterranno all'etica della Torah e all'ideologia dei profeti". In questo modo, gli ebrei "rimarranno indistruttibili".

Secondo Dimont, quando tutti gli uomini adotteranno questa ideologia ebraica, diventeranno simbolicamente "ebrei":

Allora ci sarà solo l'uomo. La missione interiore è finita. È ora di tornare al teatro del mondo, dove sta per compiersi l'atto finale del nostro destino manifesto.

Le porte, tuttavia, conducono a un palcoscenico vuoto che comincia a riempirsi di persone. Non c'è più il sipario. Non siamo più spettatori. Siamo attori di un teatro vivente.

Dimont si chiede: "Esiste un destino chiaro nella storia ebraica? Gli ebrei sono le vittime o i vincitori della storia? La loro tragica sofferenza è stata la punizione per i loro peccati o il mezzo segreto per la loro sopravvivenza mentre altre culture e religioni erano sepolte nelle sabbie del tempo

Per capire cosa Dimont ci dice della visione del mondo ebraica, dobbiamo guardare al rapporto di Adolf Hitler con il popolo tedesco e, in questo caso, con milioni di persone in Europa, , Asia, Africa e persino in America, che credevano, per dirla senza mezzi termini, che "Hitler avesse ragione".

Ascoltate cosa ha scritto Dimont. Ha posto la domanda: "Da dove viene la presa di Hitler sul popolo tedesco?". Secondo Dimont

> Tutte le idee [di Hitler], le sue tirate antisemite, la sua teoria della comunità di sangue, il suo mito della superiorità razziale ariana, la sua concezione della storia come orgia sessuale - erano tutte elaborazioni secondarie della pornografia razzista scarabocchiata sui muri dei *pisciatoi* europei per decenni prima del suo arrivo.

> Il genio di Hitler non risiedeva nell'originalità delle sue idee, ma nella sua sorprendente capacità di trasformare le fantasie proibite di sadismo e di omicidio in forme accettabili di statismo.

> ... Si circondò di una cerchia di tossicodipendenti come Goering, di pederasti come Roehm, di sadici, feticisti e assassini come Heydrich, Frank e Himmler che, sotto la copertura della legalità, sostituirono un codice di degenerazione al Decalogo e al Vangelo.

Sebbene la valutazione isterica di Dimont sia alquanto straordinaria, piena di bugie e calunnie della più vile specie, ferocemente confutata e ripudiata da quella che lo storico britannico David Irving ha giustamente definito "la vera storia" - da quella che lo storico americano Harry Elmer Barnes ha descritto come "getting the story right" - il punto di vista nettamente ebraico di Dimont dimostra che la filosofia ebraica sostiene che coloro che sostengono l'agenda ebraica sono "buoni" e di Dio e coloro che vi si oppongono sono "cattivi" e del diavolo. Ha aggiunto

> "La Germania, come Faust, ha forse percepito lo zoccolo duro del diavolo quando questi ha posato la sua mano su di lei? Ha seguito volontariamente questo mendicante di morte in una guerra contro il mondo? La storia ha già emesso il suo verdetto. Lo ha fatto

Ma Gesù Cristo aveva una visione diversa. Ai leader ebrei del suo tempo, Cristo disse

> "Voi siete di vostro padre, il diavolo: "Voi siete di vostro padre, il diavolo, e farete i desideri di vostro padre. Egli è un omicida fin dal

principio, e non rimane nella verità, perché non c'è verità in lui. Quando dice una menzogna, parla di se stesso, perché è bugiardo e padre della menzogna. O generazione di vipere, come potete, essendo malvagi, dire cose buone, perché è dall'abbondanza del cuore che la bocca parla".

Voltaire, il grande libero pensatore francese del Secolo dei Lumi, pur essendo considerato un "ateo", condivideva in larga misura le preoccupazioni di Cristo e, nei suoi frequenti scritti sul problema ebraico - noto anche come "questione ebraica" - rifletteva una visione che, a suo modo, riconosceva lo stato d'animo ebraico enunciato da Max Dimont molti secoli dopo. Voltaire scrisse:

> Gli ebrei non sono altro che un popolo ignorante e barbaro che da tempo combina la più detestabile avarizia con la più abominevole superstizione e un odio inestinguibile verso tutti i popoli che li tollerano e li arricchiscono.

> Gli ebrei sono un orrore per tutti i popoli che li hanno accolti... da sempre, gli ebrei hanno sfigurato la verità con favole assurde.

> Gli ebrei sono le più grandi canaglie che abbiano mai macchiato questa terra. La piccola nazione ebraica osa mostrare un odio inconciliabile per la proprietà altrui.

E mentre Max Dimont si vantava della natura "indistruttibile" degli ebrei e di come fossero sopravvissuti alla decadenza, al crollo e alla distruzione di altre religioni e civiltà, Charles Newdigate, un esplicito membro della Camera dei Comuni britannica, dichiarò nel 1858 di aver ricavato la natura del ruolo degli ebrei nella storia proprio dal Talmud, di cui Dimont scrisse poi tante lodi. Newdigate parlò delle "tendenze" del Talmud come "immorali, antisociali e antinazionali". Dichiarava

> "Gli ebrei hanno causato direttamente e indirettamente il crollo dell'Europa: gli ebrei hanno causato direttamente e indirettamente disordini e rivoluzioni. Hanno causato la rovina e la miseria dei loro simili con i mezzi più malvagi e astuti. La causa dell'avversione di cui sono oggetto risiede nel carattere stesso dell'ebraismo, che non offre ai suoi seguaci alcun punto di centralizzazione fondato sulla moralità

E mentre si è scritto molto sulle spregevoli illusioni anticristiane e anticristo del Talmud, si dimentica spesso che il Talmud, così come apparve a Babilonia, era in realtà il fondamento - come ha attestato Max Dimont (tra i tanti) - della visione ebraica del mondo nel lungo termine, che prevede il trionfo finale degli ebrei, l'istituzione di quello che oggi conosciamo come Nuovo Ordine Mondiale.

Nella vasta opera conosciuta come Talmud, è chiaro che i non ebrei devono essere tenuti lontani dalla filosofia di questa straordinaria opera: comunicare qualcosa a un goy sulle nostre relazioni religiose equivarrebbe a uccidere tutti gli ebrei, perché se i goyim sapessero ciò che insegniamo su di loro, ci ucciderebbero apertamente.

Un ebreo dovrebbe e deve prestare un falso giuramento quando i goyim chiedono se i nostri libri contengono qualcosa contro di loro.

Il motivo per cui il Talmud deve essere nascosto ai non ebrei è altrettanto chiaro, perché una direttiva (simile a molte altre nel Talmud) afferma categoricamente che "gli ebrei sono esseri umani, ma le nazioni del mondo non sono esseri umani ma bestie...".

In un altro punto del Talmud si dice che

> "Geova ha creato il non ebreo in forma umana affinché l'ebreo non debba essere servito da bestie. Il non ebreo è quindi un animale in forma umana, condannato a servire l'ebreo giorno e notte".

Coloro che osano sfidare gli ebrei saranno distrutti: "È permesso uccidere un informatore ebreo ovunque. È permesso ucciderlo anche prima che denunci". (Questo forse spiega la dottrina della guerra preventiva formalmente adottata come politica dall'amministrazione di George W. Bush, dominata dagli ebrei, nella sua ricerca di una guerra contro l'Iraq e nella sua spinta alla guerra contro l'Iran - una guerra che non è ancora finita).

E per la cronaca, mentre continuiamo la nostra indagine sul sogno ebraico di un pianeta sotto il dominio ebraico, dobbiamo notare che il Talmud dice al popolo ebraico che "Quando verrà il Messia, ogni ebreo avrà 2800 schiavi" e che "Tutte le proprietà delle altre nazioni appartengono alla nazione ebraica, che ha quindi il diritto di appropriarsene senza alcuno scrupolo".

Il Talmud dichiara che i non ebrei saranno sconfitti quando gli ebrei governeranno la terra:

> Non appena il Messia-Re si dichiarerà, distruggerà Roma e la trasformerà in un deserto. Nel palazzo del Papa cresceranno spine e zizzania. Poi scatenerà una guerra spietata contro i non ebrei e li schiaccerà. Li massacrerà, ucciderà i loro re e devasterà l'intera terra romana. Dirà agli ebrei: "Io sono il Messia-Re che state aspettando. Prendete l'argento e l'oro dei goyim".

Sì, il Talmud è all'origine di quello che chiamiamo Nuovo Ordine Mondiale.

Nelle pagine che seguono, impareremo molto di più su questo progetto diabolico, così come è stato francamente presentato negli scritti ebraici.

Questa vignetta mostra le teste coronate d'Europa - i presunti governanti dell'epoca - che si inchinano a Lionel Rothschild sul suo trono di mutui, prestiti e denaro. In realtà, questa era la realtà dell'epoca, l'effettiva realizzazione del vecchio sogno ebraico di un nuovo ordine mondiale - un'utopia ebraica - in cui tutti gli altri popoli del pianeta si sarebbero inchinati e avrebbero venerato il popolo ebraico, i nuovi padroni della terra. Non per niente Rothschild era soprannominato il "Re dei Re".

CAPITOLO II

Utopia ebraica: il nuovo ordine mondiale

Nel 1932 Michael Higger, dottore in filosofia, compilò *un*'opera straordinaria *intitolata Utopia ebraica,* che dedicò all'Università ebraica di Gerusalemme, da lui definita "simbolo dell'utopia ebraica". Il libro di Higger è un documento straordinario che il defunto Robert H. Williams, scrittore nazionalista americano degli anni Cinquanta e Sessanta, descrisse come un compendio della filosofia alla base di quello che Williams chiamava "l'Ordine Mondiale Definitivo", cioè il Nuovo Ordine Mondiale.

L'aspetto notevole del libro di Higger è che la copia che Robert H. Williams ha scoperto e reso popolare tra i nazionalisti americani si trova nella Abraham I. Schechter Collection of Hebraica and Judaica della Biblioteca dell'Università del Texas, donata dalla Kallah of the Rabbis of Texas. Schechter Collection of Hebraica and Judaica presso la Biblioteca dell'Università del Texas, donata dalla Kallah of Texas Rabbis. La Kallah dei Rabbini del Texas aveva un'opinione così alta del libro che l'ha donato alla Biblioteca dell'Università del Texas.

Il libro del dottor Higger Il libro di Higger è una raccolta dello studio di Higger su ciò che Williams descrive come "la somma totale delle profezie, degli insegnamenti, dei piani e delle interpretazioni dei principali rabbini e capi tribù ebrei in un periodo di circa 2.500 anni", dall'epoca della Legge orale all'inizio del Talmud babilonese, in cui si trova quello che Williams descrive come un "doppio standard per ebrei e non ebrei e la sua interpretazione nazionalistica e militaristica della Torah" (la Torah, ovviamente, è costituita dai primi cinque libri dell'Antico Testamento - i "Cinque Libri di Mosè").

I libri parlano di 'giusti' e 'ingiusti'. Alla fine, secondo l'interpretazione di Higger della tradizione ebraica, i "non giusti" periranno", scrive Higger:

Per comprendere la concezione rabbinica di un mondo ideale, basta immaginare una mano che si sposta di terra in terra, di paese in paese, dall'Oceano Indiano al Polo Nord, segnando "giusto" o "malvagio" sulla fronte di ciascuno dei milleseicento milioni di abitanti del nostro globo. Saremmo allora sulla buona strada per risolvere i grandi problemi che pesano così tanto sulle spalle dell'umanità sofferente.

L'umanità dovrebbe essere divisa in due - e solo due - gruppi distinti e innegabili: i giusti e i malvagi. Ai giusti spetterebbe tutto ciò che il meraviglioso mondo di Dio ha da offrire; ai malvagi, nulla.

In futuro si realizzeranno le parole di Isaia, nel linguaggio dei rabbini: "Ecco, i miei servi mangeranno, ma voi avrete fame; ecco, i miei servi berranno, ma voi avrete sete; ecco, i miei servi gioiranno, ma voi avrete fame. I miei servi berranno, ma voi avrete sete; i miei servi si rallegreranno, ma voi vi vergognerete".

Questa è la forza della profezia di Malachia, che dice

> "Allora tornerete a distinguere tra i giusti e i malvagi, tra coloro che servono Dio e coloro che non lo servono".

Ed è chiaro in tutti gli scritti di Higger (basati sulla sua analisi delle opere dei grandi rabbini e leader spirituali ebrei) che i "giusti" saranno gli ebrei e coloro che scelgono di allinearsi come servitori degli ebrei e che i "malvagi" saranno coloro che sono percepiti dagli ebrei come contrari ai loro interessi

Higger cita il Talmud

> "È un'eredità per noi [gli ebrei], non per loro [cioè per tutti gli altri - ogni altro essere umano sulla faccia dell'intero pianeta]".

Higger continua sottolineando che come parte di questo nuovo ordine mondiale (che egli chiama "l'utopia ebraica"),

> "Tutti i tesori e le risorse naturali del mondo finiranno in possesso dei giusti. Questo", dice, "sarebbe in accordo con la profezia di Isaia: 'Nel suo guadagno e nel suo salario ci sarà santità per il Signore; non ci saranno tesori o accaparramenti, perché il suo guadagno sarà per coloro che dimorano davanti al Signore, per mangiare a sazietà e per vestirsi con eleganza

Ma non è tutto. Gli ebrei e i loro mercenari avranno ancora più ricchezza nell'utopia ebraica. Higger ha osservato che: "Allo stesso modo, i tesori d'oro, d'argento, di pietre preziose, di perle e di vascelli preziosi che sono andati perduti nei mari e negli oceani nel corso dei secoli saranno riportati in superficie e dati ai giusti...". Higger ha aggiunto: nell'epoca attuale, i malvagi o i ricchi comuni hanno molte comodità nella vita, mentre i giusti sono poveri e mancano delle gioie della vita. Ma nell'era ideale, il Signore aprirà tutti i tesori ai giusti e gli ingiusti soffriranno.

Dio, il Creatore del mondo... sarà felice, per così dire, solo nell'era a venire, quando il mondo sarà governato dalle azioni degli uomini retti.

Ecco il sorprendente riassunto di Higger: In generale, i popoli del mondo si divideranno in due gruppi principali: israeliani e non israeliani. I primi saranno giusti; vivranno secondo i desideri di un Dio universale, assetati di conoscenza e pronti al martirio per diffondere le verità etiche nel mondo.

Tutti gli altri popoli, invece, saranno conosciuti per le loro pratiche detestabili: idolatria e altre malvagità.

Saranno distrutti e scompariranno dalla terra prima dell'avvento dell'era ideale.

In breve, si tratta di una discussione sullo sterminio di massa di coloro che si oppongono all'utopia ebraica - il Nuovo Ordine Mondiale. Il testo continua Tutte queste nazioni ingiuste saranno chiamate al giudizio prima di essere punite e condannate. La severa sentenza di condanna sarà pronunciata solo dopo un giusto processo, quando sarà chiaro che la loro esistenza ostacolerà l'avvento dell'era ideale.

Così, alla venuta del Messia, quando tutte le nazioni giuste renderanno omaggio al leader ideale e gli offriranno dei doni, le nazioni malvagie e corrotte, rendendosi conto dell'avvicinarsi della loro fine, porteranno doni simili al Messia.

I loro doni e il loro preteso riconoscimento della nuova era saranno spietatamente respinti, perché le nazioni veramente malvagie, come gli individui veramente malvagi, devono scomparire dalla terra prima che si possa instaurare una società umana ideale di nazioni rette.

Se poi consideriamo che il concetto ebraico di Messia è spesso inteso nel senso che il popolo ebraico stesso è "il Messia", ciò che Higger ha descritto diventa ancora più importante.

E l'Armageddon? Questa è roba da leggenda.

Nella tradizione ebraica, Armageddon è la battaglia finale in cui gli ebrei stabiliranno il loro dominio assoluto sulla terra una volta per tutte. Secondo l'analisi di Higger degli insegnamenti ebraici a questo proposito,

"Israele e le altre nazioni giuste combatteranno le forze combinate delle nazioni malvagie e ingiuste sotto la guida di Gog e Magog.

Riuniti per attaccare le nazioni giuste in Palestina vicino a Gerusalemme, gli ingiusti subiranno una cocente sconfitta e Sion rimarrà d'ora in poi il centro del regno di Dio.

La sconfitta degli ingiusti segnerà l'annientamento del potere dei malvagi che si oppongono al Regno di Dio, l'instaurazione della nuova era ideale

Si noti l'uso dell'espressione "nuova era ideale".

Non è un caso che la terminologia rifletta e richiami il termine "Nuovo Ordine Mondiale", perché è proprio questo che l'utopia ebraica - questa "nuova era ideale" - sta diventando.

Questa lotta non sarà solo la lotta di Israele contro i suoi "nemici nazionali", ma il culmine della lotta tra i "giusti" e gli "ingiusti". Così dicono i saggi ebrei.

Chi sono i "malvagi"? Higger spiega che la "malvagità" è "un ostacolo al Regno di Dio". Sottolinea che "non è possibile formulare una definizione esatta", ma che esistono passi rabbinici che trattano l'argomento e che danno un'idea generale del significato dei termini "malvagio" e "malvagità" nel contesto di un'utopia ebraica. Egli chiarisce che questi termini sono definiti nel contesto di un'utopia *ebraica*. Higger dice: "In primo luogo, non verrà tracciata una linea di demarcazione tra ebrei cattivi e non ebrei cattivi.

Nel Regno di Dio non ci sarà posto per gli ingiusti, siano essi ebrei o non ebrei. Saranno tutti scomparsi prima dell'avvento dell'era ideale su questa terra. Gli ingiusti israeliani saranno puniti come i malvagi delle altre nazioni. D'altra parte, tutti i giusti, ebrei o gentili, avranno una parte uguale nella felicità e nell'abbondanza dell'era ideale.

Contrariamente a ciò che il cristiano americano medio penserebbe di tutto questo, o percepirebbe nel contesto della sua fede cristiana, che si aspetta un regno universale di Dio in Paradiso, *il* paradiso a cui si fa riferimento in tutta *L'Utopia ebraica* che descrive la "nuova era ideale" - il Nuovo Ordine Mondiale - è "un paradiso universale dell'umanità ... stabilito in questo mondo", senza alcun riferimento a un mondo futuro di sorta. stabilito in *questo* mondo", senza alcun riferimento a un mondo futuro.

Chi guiderà questo nuovo ordine mondiale? Secondo la valutazione di Higger della tradizione ebraica: "Sarà un discendente della casa di Davide".

Higger ci informa che la tradizione talmudica dice che "un discendente della casa di Davide apparirà come leader dell'"era ideale" solo dopo che il mondo intero avrà sofferto, per un periodo ininterrotto di nove mesi, di un governo malvagio e corrotto come Edom, tradizionalmente malvagio nella storia".

(Nota: oggi esiste un'organizzazione ebraica internazionale ufficiale, la Dinastia davidica, che cerca apertamente di rintracciare e riunire tutti i discendenti della Casa di Davide. Questa non è una "teoria della cospirazione". È un dato di fatto.

Sapendo cosa insegna il Talmud su chi governerà il mondo, possiamo forse capire la motivazione di questo gruppo). E, proclama Higger, il mondo intero "si renderà gradualmente conto che la pietà è la stessa cosa della rettitudine" e che Dio "è legato a Israele e Israele è la nazione retta ideale".

Secondo questi insegnamenti rabbinici, che costituiscono la base del secolare sogno ebraico di stabilire il Nuovo Ordine Mondiale, i popoli della terra proclameranno ai leader ebraici

> "Noi verremo con voi, perché abbiamo sentito che Dio è con voi".

E così, come proclamano i rabbini

> "Il popolo d'Israele conquisterà spiritualmente i popoli della terra, così che Israele sarà esaltato al di sopra di tutte le nazioni in lode, nome e gloria".

Si noti il concetto di "conquista" - come in una battaglia. Si noti il concetto di Israele elevato al di sopra di tutti gli altri - come supremazia e superiorità. Violenza e razzismo contro i non ebrei: è così semplice.

Non è un caso che molti altri scrittori e filosofi ebrei abbiano detto che un giorno ci sarebbe stata una religione mondiale e, di fatto, abbiamo assistito a sforzi (da parte di elementi ebrei) per infiltrarsi e cambiare tutte le religioni del mondo, per avvicinarle, cosa che secondo Higger faceva parte della profezia

> "Le nazioni si sarebbero prima unite allo scopo di invocare il nome del Signore per servirlo

In altre parole, ci sarebbe un governo mondiale e una religione mondiale e, come Higger e altri hanno notato, questa religione internazionale sarebbe il giudaismo. Sarebbe la "conquista spirituale" del mondo.

E l'oro? E la ricchezza? Secondo Higger, mentre l'oro ha avuto un ruolo nella conquista dei giusti, ai quali è stato dato da Dio, nella nuova era ideale "l'oro avrà un'importanza secondaria nel nuovo ordine sociale ed economico. Ma la città di Gerusalemme possiederà la maggior parte dell'oro e delle pietre preziose del mondo... Il deprezzamento dell'importanza dell'oro e dei suoi simili non implica necessariamente l'introduzione di un sistema di proprietà comune

In altre parole, gli ebrei controlleranno tutto e, poiché gli ebrei - attraverso la città di Gerusalemme - controlleranno l'oro, ciò non avrà alcuna conseguenza nel Nuovo Ordine Mondiale in cui gli ebrei governano.

Higger ha aggiunto:

Due sono le ragioni principali dell'importanza secondaria attribuita all'oro nel nuovo ordine sociale:

1) L'equa distribuzione della proprietà privata e delle altre necessità della vita svaluterà automaticamente l'importanza dell'oro e degli altri beni di lusso

2) Le persone saranno addestrate ed educate a distinguere tra valori reali, spirituali e valori materiali.

Sarà infatti il potere ebraico, seduto a Gerusalemme e guidato da un discendente della casa di Davide - chiamato "il Santo" - a distribuire i beni del mondo.

Chi otterrà questa proprietà? La risposta, come definita dall'autorità rabbinica

"Ai giusti apparterranno tutte le ricchezze, i tesori, i guadagni industriali e le altre risorse del mondo; agli ingiusti, nulla".

Le nazioni ingiuste "non avranno parte nell'era ideale". Il loro dominio sarà distrutto e scomparirà prima dell'avvento del Nuovo Ordine Mondiale.

La "malvagità" di queste nazioni consisterà principalmente nell'accaparrare il denaro appartenente al "popolo" e nell'opprimere e derubare i "poveri".

Anche se Higger non lo dice con enfasi, chi ha familiarità con la tradizione talmudica, la logica e il ragionamento sa che il "popolo" e i "poveri" sono gli ebrei: Il Talmud insegna che solo gli ebrei sono l'umanità e tutti gli altri sono animali. I "poveri" sono naturalmente gli ebrei, che si sono sempre presentati come vittime e oppressi, come "i poveri ebrei perseguitati".

Un altro gruppo di nazioni "malvagie" subirà la stessa sorte del primo

> "La loro iniquità sarà caratterizzata dai loro governi corrotti e dalla loro oppressione di Israele".

In altre parole, qualsiasi governo che si opponga agli ebrei sarà considerato malvagio e ingiusto se osa mettere in discussione l'agenda globale degli ebrei: il Nuovo Ordine Mondiale.

Alla fine, secondo Higger, il motto di questa richiesta globale ebraica di un'utopia della loro visione e del loro sogno sarà questo - e notatelo attentamente: "Giusti unitevi! Meglio la distruzione del mondo che un mondo malvagio". Esatto: la filosofia ebraica è che è meglio che il mondo venga distrutto, a meno che, naturalmente, i "giusti" - cioè gli ebrei e coloro che li adorano - non prevalgano sui "malvagi", cioè i non ebrei che osano sfidare il potere ebraico.

Questo è davvero spaventoso, soprattutto perché l'élite ebraica degli Stati Uniti esercita un potere preminente sul sistema americano: il suo tesoro, il suo esercito, il suo arsenale nucleare. E poi c'è l'orribile realtà che anche il "piccolo Israele" è considerato una delle cinque maggiori potenze nucleari del mondo.

Per quanto riguarda l'arsenale nucleare israeliano, è opportuno tenere presente il fatto essenziale che la strategia geopolitica di Israele, che costituisce la base della sua struttura di difesa nazionale, si è basata fin dall'inizio sul perseguimento, e sul successo finale, di un arsenale nucleare.

Nel libro *The Golem: Israel's Nuclear Hell Bomb and the Road to Global Armageddon (Il Golem: la bomba nucleare infernale di Israele e la strada verso l'Armageddon globale)*, abbiamo sottolineato che l'affidamento di Israele a del suo arsenale nucleare si basa su quella che è stata descritta come "l'opzione Sansone".

In base all'opzione Sansone, gli israeliani sono essenzialmente pronti, se necessario, a "far saltare in aria il mondo" - compresi loro stessi - per distruggere gli odiati vicini arabi. Come Sansone nella Bibbia, che, dopo essere stato catturato dai Filistei, abbatté il tempio di Dagon e si uccise insieme ai suoi nemici, Israele è pronto a fare lo stesso.

E il fatto è che ci sono state almeno due recenti esposizioni pubbliche di questa orribile visione del mondo da parte di due importanti scrittori ebrei.

In un caso, il professore ebreo-americano David Perlmutter, della Louisiana State University, ha scritto quanto segue sul *Los Angeles Times* del 7 aprile 2002:

> Cosa dovrebbe fare Israele? Faccio anche altri sogni, sogni apocalittici. Penso che Israele stia costruendo armi nucleari da trent'anni. Gli ebrei hanno capito cosa ha significato per loro in passato l'accettazione passiva e impotente delle disgrazie e si sono guardati bene dal farlo. Masada non è stato un esempio da seguire - non ha minimamente danneggiato i Romani, ma Sansone a Gaza? Con una bomba H.
>
> Quale modo migliore di ripagare il mondo ebraico per migliaia di anni di massacri se non con un inverno nucleare.
>
> O invitare tutti quegli statisti e attivisti per la pace europei a unirsi a noi nei forni.
>
> Per la prima volta nella storia, un popolo minacciato di sterminio mentre il mondo intero sogghigna o guarda altrove... ha il potere di distruggere il mondo. La giustizia definitiva.

Uno dei principali "pensatori" geopolitici e militari di Israele, il dottor Martin van Crevald dell'Università Ebraica di Gerusalemme, ha fatto eco a questi sentimenti orribili e assassini. Ha scritto:

> Noi [gli israeliani] abbiamo diverse centinaia di testate e razzi atomici e possiamo lanciarli contro obiettivi in tutte le direzioni, forse anche contro Roma. La maggior parte delle capitali europee sono bersagli della nostra aviazione. Le nostre forze armate non sono le trentesime più potenti del mondo, ma piuttosto le seconde o le terze più potenti. E posso assicurarvi che questo accadrà prima che Israele scompaia.

I Goyim - i "malvagi" - sono stati avvertiti.

E non fatevi illusioni, come chiarisce la valutazione di Michael Higger della filosofia talmudica: l'accumulo della ricchezza mondiale è stato parte integrante dell'antico programma ebraico che stiamo vedendo svolgersi come parte della ricerca di un'utopia ebraica - il Nuovo Ordine Mondiale.

Infatti, come dimostra la monumentale opera del 1914 dello storico tedesco Werner Sombart, *Gli ebrei e il capitalismo moderno*, il concetto di denaro e il suo potere sono al centro del Talmud.

Sombart era professore all'Università di Breslau in Germania. Il suo studio è stato ampiamente lodato e condannato da ebrei e non ebrei. È stato oggetto di molte discussioni. Ma pochi potrebbero sostenere che l'analisi di Sombart non sia profonda.

Sombart ha dichiarato che

"Se consultiamo le pagine del Talmud, vediamo che il prestito di denaro non era solo un'attività dilettantesca per gli ebrei. L'hanno trasformata in un'arte; probabilmente hanno inventato (sicuramente hanno usato) un meccanismo di prestito altamente organizzato... Quando ricordiamo il periodo in cui è nato il Talmud, dal 200 a.C. al 500 d.C., e confrontiamo ciò che contiene nel campo dell'economia con tutte le idee e le concezioni economiche che ci sono state tramandate dal mondo antico e medievale, sembra a dir poco meraviglioso".

Egli ha dichiarato, senza mezzi termini, che alcuni dei rabbini citati nel Talmud hanno parlato

"come se avessero imparato a conoscere Ricardo e Marx, o, per lo meno, come se fossero stati agenti di borsa per diversi anni, o come se avessero fatto da consulenti in molte importanti operazioni di prestito di denaro".

Sombart ricorda che gli esuli ebrei in Babilonia, poco dopo il loro arrivo, poterono inviare oro e argento a Gerusalemme e che tra gli ebrei c'erano molti uomini ricchi - alcuni molto ricchi - e tra questi i rabbini talmudici.

I continui spostamenti degli ebrei", scrive Sombart, "significava che dovevano avere ricchezze facilmente trasportabili". Quando gli ebrei venivano gettati per strada, "il denaro era il loro unico compagno". Di conseguenza, "[gli ebrei] impararono ad amare [il denaro], vedendo che con il suo solo aiuto potevano sottomettere i potenti della terra. Il denaro divenne il mezzo con cui essi - e attraverso di loro tutta l'umanità - potevano esercitare il potere senza essere forti".

Sombart parlò del "genio ebraico" che aveva reso possibile la particolare influenza degli ebrei sulla vita economica, influenza che, a suo avviso, era stata "così disastrosa per la vita economica e per la cultura moderna nel suo complesso".

Parlando del Talmud, Sombart scrive: "Il Talmud era il bene più prezioso dell'ebreo, era il respiro delle sue narici, era la sua stessa anima. Il Talmud diventava una storia di famiglia, generazione dopo generazione, con cui tutti avevano familiarità". Il Talmud, dice, "proteggeva gli ebrei da tutte le influenze esterne e manteneva viva la loro forza interiore" e, curiosamente, nota che tra gli ebrei professanti, i più ricchi erano spesso studiosi di Talmud.

"La conoscenza del Talmud era una porta d'accesso a onori, ricchezze e favori? "I talmudisti più eruditi erano anche i più abili finanzieri, medici, gioiellieri e mercanti. (In effetti, Meyer Amschel Rothschild, come abbiamo visto, era egli stesso un devoto studioso del Talmud). L'ebraismo babilonese, osserva Sombart, era il nuovo centro della vita ebraica al tempo del Talmud e il Talmud era "il fondamento legale e costituzionale della vita comunitaria ebraica a Babilonia". Il Talmud, afferma giustamente Sombart - e come hanno affermato tutte le fonti ebraiche tradizionali - era diventato "il principale deposito del pensiero religioso ebraico". Sombart afferma che "la religione ebraica ha le stesse idee guida del capitalismo".

Ha detto di aver visto lo stesso spirito in entrambi: Sia la religione ebraica che il capitalismo si fondano sull'idea di contratto, e il contratto è parte integrante delle idee alla base dell'ebraismo, con il corollario che chi esegue il contratto riceve una ricompensa e chi lo infrange una punizione.

In altre parole, l'assunto giuridico ed etico secondo cui i buoni prosperano e i malvagi subiscono una punizione è stato un concetto della religione ebraica nel corso dei secoli.

Per quanto riguarda il concetto di prosperità sulla terra, Sombart ha detto

> "Se si scorre la letteratura ebraica, e in particolare gli scritti sacri del Talmud, si troveranno, è vero, alcuni passaggi in cui la povertà è lodata come qualcosa di più alto e nobile della ricchezza. Ma d'altra parte, troverete centinaia di passaggi in cui la ricchezza è chiamata benedizione del Signore. E solo il loro uso improprio o il loro pericolo sono messi in guardia".

(Si noti che alcuni fanno notare che il Talmud mette in guardia contro gli abusi finanziari commessi dagli ebrei nei confronti di altri ebrei, ma che gli abusi finanziari commessi nei confronti dei Goyim - i non ebrei - sono del tutto corretti e appropriati). Il fatto è che l'utopia ebraica - il Nuovo Ordine Mondiale - si è sempre basata sul desiderio dell'élite dominante ebraica di accumulare per sé l'immensa ricchezza del pianeta.

Il più virulento critico tedesco del potere ebraico, Wilhelm Marr, dichiarò di essere convinto di aver detto ad alta voce ciò che milioni di ebrei pensavano segretamente: "Il semitismo è il padrone del mondo". Ed esortò gli ebrei:

> "Siate aperti e sinceri nei vostri pensieri. Avete certamente il potere di farlo. Non ci lamenteremo più, ma poniamo fine all'ipocrisia tra [ebrei e non ebrei]...
>
> Forse la sua visione realistica del mondo e della vita è corretta.
>
> Forse è il destino a farci diventare vostri schiavi. Siamo sulla buona strada per raggiungere questo obiettivo. Forse lo spirito che vi ha portato in Occidente, e che ora è venerato da alti e bassi, è l'unico vero spirito...
>
> Per noi è iniziato il "crepuscolo degli dei". Voi siete i padroni, noi gli schiavi. Cosa resta da dire
>
> Una voce si è sentita nel deserto, confermando i fatti, i fatti indiscutibili. Quindi riconciliamoci con l'inevitabile, perché non possiamo cambiare nulla

Preghiamo che Marr si sbagli. Dobbiamo sforzarci di cambiare l'"inevitabile".

Affrontando la *verità* sul Nuovo Ordine Mondiale, possiamo vincere.

A sinistra, un'edizione francese dei controversi Protocolli degli Anziani di Sion. In basso, un'edizione portoghese. Sebbene siano ritenuti "falsi", esistono numerose altre opere filosofiche ebraiche molto reali che dimostrano che la tesi dei Protocolli rappresenta effettivamente il pensiero religioso e geopolitico ebraico di lunga data.

In basso a sinistra, l'icona ebraica Asher Ginsberg (noto come Ahad Ha'am), probabile autore dei Protocolli e certamente sostenitore della filosofia contenuta nelle sue pagine.

CAPITOLO III

Il sionismo è ebraismo: la fondazione di un impero ebraico globale

La parola *aliyah* - *che* in ebraico significa "andare a vivere in Israele" - significa letteralmente "salire". Secondo il rabbino Joseph Telushkin (il famoso pubblicista dell'agenda ebraica di cui sopra), il concetto di *aliyah* implica quindi "la superiorità morale e spirituale della vita in Israele". Tuttavia, *allontanarsi da* Israele, dice Telushkin, "ispira un termine molto più carico in ebraico della parola inglese 'emigrare', cioè la parola *yerida*, che significa esattamente il contrario di *aliyah*. Significa 'scendere'.

In breve, il passaggio a Israele è buono, giusto e corretto. Abbandonare Israele è male - una discesa, forse, all'inferno

Come abbiamo appreso nel capitolo precedente, gli antichi insegnamenti ebraici, riassunti dal dottor Michael Higger come "utopismo ebraico", predicano effettivamente la supremazia del popolo ebraico e il suo trionfo finale nel controllo del mondo e delle sue ricchezze.

Ma il concetto di sionismo politico - emerso come movimento formale, quasi "ufficiale", alla fine del XIX secolo - è in un certo senso distinto dall'ebraismo in generale, in quanto il sionismo era (ed è) incentrato sull'effettiva creazione di uno Stato ebraico. Tuttavia, come vedremo, contrariamente a quanto molti vorrebbero credere, il sionismo è una parte centrale dell'ebraismo.

Nel 1948 fu creato uno Stato ebraico sullo storico territorio arabo della Palestina. Le circostanze di questo evento (ciò che l'ha preceduto e ciò che l'ha seguito) esulano dallo scopo di questo libro, ma per coloro che desiderano esaminare l'intera brutta storia, *The Zionist Connection*, del compianto dottor Alfred Lilienthal, critico ebreo americano del sionismo, è probabilmente lo studio più completo disponibile.

Ciò che intendiamo affrontare in questa sede è la natura poco compresa della strategia del sionismo in relazione all'agenda globale ebraica, così come viene definita nel Talmud. In effetti, il sionismo è inestricabilmente legato a questa agenda e costituisce la base di un imperium ebraico globale.

Prima di tutto, cos'è il sionismo? Il termine "sionismo" è stato coniato da Nathan Birnbaum nel 1886 e adottato al primo Congresso sionista tenutosi a Basilea, in Svizzera, nel 1897. Come ha sottolineato uno scrittore, per i non ebrei il sionismo si presenta come l'ideale del ritorno di tutti gli ebrei nella loro amata patria, la Palestina, e della ricostruzione di uno Stato ebraico in quella terra.

Il fatto che una tale spiegazione sia stata possibile è una prova lampante dell'ignoranza del mondo sugli obiettivi e sull'organizzazione nazionale degli ebrei.

Uno studio approfondito della letteratura ebraica, sia sionista che non, rivela che il sionismo è un movimento volto a realizzare l'ideale messianico ebraico di dominio mondiale. È importante capire che esiste una profonda differenza tra le concezioni cristiane ed ebraiche del Messia.

Da un lato, è quello del Figlio di Dio che si incarna e viene sulla terra per redimere tutta l'umanità e mostrare la via del vero Regno di Dio. Dall'altro, è quello di un individuo che sarà un dominatore del mondo e condurrà il popolo ebraico, in quanto nazione specificamente scelta, al dominio spirituale e materiale.

Senza dubbio stanchi di aspettare il Messia, in tempi più recenti gli ebrei tendono a identificare la messianicità con la nazione ebraica stessa e non con un individuo particolare.

Per ora, tuttavia, dobbiamo fare una digressione critica per esplorare il tanto discusso rapporto tra la Germania nazista e il movimento sionista. Questo argomento è stato oggetto di molte informazioni errate e deliberate, molte delle quali diffuse da persone benintenzionate che non comprendono il quadro generale.

Sebbene alcuni abbiano giustamente sottolineato che, durante i primi anni del regime nazista di Adolf Hitler, il governo tedesco ha effettivamente collaborato con elementi del movimento sionista in Germania e altrove, questo punto è stato ampiamente frainteso e male interpretato.

Alcuni, più ingenui ed eccitati, hanno sostenuto che questa era la prova che "Hitler era un sionista" e che lo scopo della creazione del Terzo Reich era quello di organizzare l'Olocausto in modo che uno Stato sionista potesse emergere dalle ceneri dei morti. È una tesi molto vivida, ma che si basa essenzialmente su molta immaginazione e su un affidamento fantastico e fantasioso su un'ampia varietà di forze ed eventi - non necessariamente correlati - che cadono al loro posto per raggiungere l'obiettivo finale: uno Stato sionista.

Sebbene il regime nazionalsocialista tedesco abbia inizialmente avviato una collaborazione informale con i sionisti in Europa e in Palestina, considerandola un mezzo ideale per convincere e persuadere gli ebrei a lasciare l'Europa, questi legami si sono generalmente disintegrati quando i tedeschi hanno riconosciuto, in tempo di guerra, che la collaborazione con gli arabi antisionisti in Nord Africa e in Medio Oriente era molto più produttiva per gli scopi tedeschi. Quindi, se è vero che i tedeschi collaborarono con i sionisti, la questione è stata notevolmente ingigantita da coloro che non vogliono o semplicemente non sono in grado di guardare al quadro geopolitico più ampio e importante.

Bisogna anche dire che molti di coloro che hanno adottato la posizione che la

L'espressione "Hitler era un sionista" è spesso usata da persone, per quanto ben intenzionate, per "dimostrare" di non essere "antisemite", come a dire: "Beh, anche se sono critico nei confronti di Israele, non sono "come Hitler" poiché, dopo tutto, è stato Hitler a contribuire alla creazione dello Stato di Israele".

Chi difende questa linea non capisce che l'élite ebraica e il movimento sionista si fanno beffe di questa posizione e considerano chiunque flirti con questa teoria alla stregua di chi critica apertamente Israele, il sionismo e l'agenda ebraica.

Gli studi più seri sulla collaborazione tedesco-sionista si trovano nelle opere di Lenni Brenner, marxista americano di origine ebraica ortodossa, il cui libro *Zionism in the Age of the Dictators* e il successivo volume *51 Documents: Zionist Collaboration With the Nazis*, contestualizzano correttamente la questione. Ciò non ha impedito ai sensazionalisti di distorcere la verità.

Esiste anche una leggenda secondo cui "banchieri ebrei" o "banchieri sionisti" (spesso usati in modo intercambiabile) avrebbero finanziato Hitler. Questo non è vero.

James Pool, nel suo autorevole libro *Chi ha finanziato Hitler?* dimostra l'esatto contrario.

In un caso, un finanziere ebreo tedesco ha effettivamente dato del denaro al partito nazista - prima che Adolf Hitler salisse al potere - ma i fondi erano destinati ad aiutare l'opposizione all'interno del partito di Hitler *per fermare* Hitler. Nonostante ciò, alcuni "patrioti" continuano a dire che "gli ebrei hanno sostenuto Hitler".

Molti di coloro che si prostrano davanti all'altare di questa assurdità citano un documento palesemente fraudolento *e di* origini oscure intitolato *I banchieri segreti di Hitler,* presumibilmente scritto da un certo "Sidney Warburg", uno di questi "banchieri ebrei".

Ma questo documento, come abbiamo detto, è una frode.

Wall Street and the Rise of Hitler di Antony Sutton ha promosso questa teoria, basata in parte sulla parodia di Warburg, e ha ulteriormente istituzionalizzato questa mitologia, a scapito della verità.

Le banche e le società americane collaborarono con il regime di Hitler, di solito come continuazione di precedenti accordi finanziari risalenti a decenni fa, ma questo non faceva parte di una grande cospirazione per portare Hitler al potere. L'affermazione che la famiglia Bush abbia contribuito all'ascesa di Hitler è un altro mito.

Kevin Phillips - che non è un fan della dinastia Bush - esamina le circostanze reali *dello* scenario Bush-Hitler nel suo libro *American Dynasty: Aristocracy, Fortune, and the Politics of Deceit in the House of Bush*, e mette i fatti in prospettiva.

Un'altra assurda affermazione, secondo cui Hitler e la maggior parte dei leader nazisti erano in realtà ebrei o in parte ebrei, ha origine in un libro praticamente impenetrabile e del tutto bizzarro intitolato *Adolf Hitler: il fondatore di Israele.*

Purtroppo, nell'era di Internet, questo libro, che la maggior parte di coloro che lo citano non ha mai letto, è stato ampiamente diffuso, anche da una manciata di anime altrimenti responsabili che vogliono credere, a quanto pare, che Hitler facesse parte della "cospirazione ebraica".

Un talentuoso scrittore americano, Martin Kerr, ha scritto uno studio autorevole, "The Myth of Hitler's Jewish Grandfather" (Il mito del nonno ebreo di Hitler), reperibile su Internet, che esamina tutte le teorie e i meandri su questo argomento e mette a tacere la teoria. Ma, ancora una volta, questo non impedisce ai sensazionalisti di dire "deve essere vero: Hitler era un ebreo e un sionista".

Sebbene si tratti di una digressione a sé stante, era necessaria proprio perché c'è tanta deliberata disinformazione sul rapporto tra Adolf Hitler e i nazisti e l'agenda sionista ed ebraica che ha disseminato Internet e le opere pubblicate nell'ultimo mezzo secolo.

Quindi, purtroppo, per allineare la storia ai fatti, è essenziale affrontare le assurdità.

Per la cronaca, torniamo al tema della nostra analisi: la questione del sionismo e dell'ebraismo (di fronte a quello che oggi chiamiamo il Nuovo Ordine Mondiale). E notiamo questo: la verità è che, nel corso degli anni, ci sono state molte persone - certamente antiebraiche - che hanno visto una certa saggezza nel sionismo in generale.

In altre parole, vedevano nella partenza degli ebrei dalle loro terre e nella concentrazione della popolazione ebraica in uno Stato appartenente a tutti gli ebrei (anche se non necessariamente nella Palestina araba) un modo per risolvere definitivamente il secolare conflitto tra gli ebrei e tutti gli altri.

Nel 1922, Theodore Fritsch, un noto scrittore tedesco antiebraico, riconosceva la sua ammirazione per l'ideologia sionista: Noi consideriamo ancora i sionisti come i più onesti tra gli ebrei, perché ammettono che non c'è amalgama con i popoli non ebrei, che le diverse razze si disturbano a vicenda nel loro sviluppo e nella loro cultura. Per questo chiediamo, insieme ai sionisti, "una netta separazione" e l'istituzione di un dominio esclusivamente ebraico...

Allo stesso modo, nel 1921, lo scrittore francese Georges Batault scrisse in *Le problème juif* :

> "Se il popolo ebraico ricostituito desidera elevarsi al rango di nazione tra le nazioni, è dovere e interesse di tutti aiutarlo a farlo. Se, al contrario, intende organizzarsi a livello internazionale per rovinare e dominare le nazioni, è dovere di queste ultime insorgere e impedirlo".

Tuttavia, Batault riconosce che l'insegnamento ebraico insegna in ultima analisi che gli ebrei verranno a governare la terra nella sua interezza

> "Per quanto riguarda il risultato finale della rivoluzione messianica, sarà sempre lo stesso: Dio rovescerà i re e farà trionfare Israele e il suo re; le nazioni si convertiranno al giudaismo e obbediranno alla legge, pena la distruzione, e gli ebrei saranno i padroni del mondo

In Francia, durante la Seconda guerra mondiale, l'opposizione all'influenza ebraica era molto diffusa, non solo nel regime di Vichy nel sud della Francia, un regime indipendente che collaborava con la Germania nazista, ma anche nel nord della Francia occupato dai tedeschi.

(Si noti questo interessante inciso: Molte persone oggi, soprattutto gli americani disinformati, percepiscono la Francia di Vichy come i "cattivi" che erano "antisemiti" e la Francia occupata dai tedeschi come i "buoni" che "odiavano i nazisti e si opponevano alle loro idee antisemite", ma la verità è che l'opposizione al potere e all'influenza ebraica era diffusa in tutta la Francia, nonostante le leggende della Seconda Guerra Mondiale). In ogni caso, uno scrittore che parlò di queste preoccupazioni dei francesi fu Gabriel Malglaive, il cui libro "*Juif ou Français?*", pubblicato nel 1942, trattava delle misure adottate nella Francia di Vichy per ridurre il potere degli ebrei. Secondo lui, quattro obiettivi principali erano alla base di queste misure

1. Separare risolutamente gli ebrei dal governo... Questo era il primo compito e relativamente il più semplice, perché coinvolgeva solo un piccolo numero

2. combattere la loro influenza *intellettuale*, il loro sostegno e l'estensione della loro intrusione nello Stato; separarli, a tal fine, dalle professioni liberali, dall'insegnamento, dalla stampa, ecc

3. Abolire la loro supremazia "economica e finanziaria", la loro preponderanza in tutti i rami dell'industria, del commercio, della borsa e delle banche, in altre parole, digiudicare questo dominio che era stato loro. Agire in modo da non conservare più il potere di denaro, il più temibile di tutti, perché se l'avessero conservato, avrebbero in pratica conservato tutti gli altri

4. eliminare definitivamente il loro potere occulto tenendoli lontani dalle corporazioni, purificando [...] la stampa e le agenzie attraverso le quali hanno stabilito la loro abile propaganda e la [loro] censura *di fatto* [...].

Alla fine, scrisse che quello che lui e tanti altri vedevano come "il problema ebraico" avrebbe dovuto ricevere quella che lui chiamava una "soluzione ebraica".

> Ironia della sorte, ha detto Malglaive, le grandi potenze del mondo, compreso il popolo ebraico, saranno costrette in futuro a riconoscere

"l'esistenza della nazione ebraica" e quindi ad assegnare il territorio da consegnare alla nazione ebraica.

In effetti, questo è ciò che oggi chiamiamo "sionismo". Il risultato, secondo Malglaive, sarebbe che d'ora in poi "tutti gli ebrei del mondo possiederanno legalmente e ufficialmente la nazionalità ebraica che i loro cuori hanno sempre segretamente scelto". La questione, conclude, è "se, volendo risolvere il problema umanamente, vogliamo smettere di essere provocati dagli ebrei, o se, continuando ad applicare mezze misure, ci rassegniamo a una soluzione parziale e quindi mediocre della questione".

A questo proposito, si consideri il fatto che un filosofo ebreo di origine russa, Jacob Klatzkin, considerato uno degli scrittori e pubblicisti sionisti più "radicali" in quanto negava la possibilità di un'esistenza ebraica al di fuori di qualsiasi Stato ebraico, ha tuttavia avanzato la proposta che il popolo ebraico nel suo complesso non escludesse necessariamente coloro che rifiutavano formalmente gli insegnamenti della religione ebraica. Klatzkin scrive:

> L'ebraismo ha una base oggettiva. *Essere ebrei significa avere un credo che non è né religioso né etico.* Non siamo né una denominazione né una scuola di pensiero, ma membri della stessa famiglia, portatori di una storia comune. Negare l'insegnamento spirituale ebraico non significa essere esclusi dalla comunità, e accettarlo non ci rende ebrei. In breve, per far parte della nazione non è necessario credere nella religione o nella spiritualità ebraica.

Così, mentre spesso sentiamo dire che "questi ebrei laici e atei che gestiscono l'Israele di oggi non sono come i buoni ebrei religiosi della Bibbia", il fatto è che anche un sionista della linea dura come Klatzkin considerava questi ebrei "non religiosi" come parte integrante del popolo ebraico e vitali per la causa del sionismo.

Un altro grande pensatore sionista, Abraham Isaac Kook, morto nel 1935, ha scritto:

> Il nazionalismo secolare ebraico è una forma di auto-illusione: lo spirito di Israele è così strettamente legato allo spirito di Dio che un nazionalista ebreo, per quanto secolare sia la sua intenzione, deve, suo malgrado, affermare il divino. Un individuo può rompere il legame che lo unisce all'eterno, ma la Casa d'Israele nel suo insieme non può farlo.

Nel suo articolo intitolato "Sionismo, ebrei e giudaismo", padre Joseph L. Ryan, che ha insegnato all'Università Saint Joseph di Beirut ed è stato preside e vicepresidente dell'Università Al-Hikma di Baghdad, ha concluso come segue

> In primo luogo, la maggior parte degli scrittori sionisti concorda sul fatto che gli ebrei costituiscono un popolo distinto.
>
> In secondo luogo, molti di questi portavoce concordano sul carattere nazionale degli ebrei. Alcuni di loro [dicono] che gli ebrei sono una nazione e dovrebbero essere una nazione. Entrambi i gruppi concordano sul fatto che gli ebrei formeranno una nazione.
>
> In terzo luogo, la maggior parte degli scrittori sionisti concorda sul fatto che la religione ha svolto un ruolo importante nella vita ebraica.

Mentre alcuni insistono sul fatto che questo ruolo deve continuare, almeno per la comunità ebraica se non per tutti gli individui, altri lo negano.

Edward Said, filosofo di origine palestinese e stimato studioso, ha affermato che

> "Non posso limitarmi a fare il filosofo: 'Il sionismo e l'imperialismo si ispirano l'uno all'altro, ciascuno a suo modo, e il sionismo ha effettivamente contribuito all'ascesa dell'imperialismo moderno

E, come vedremo più volte nelle pagine di questo volume, l'imperialismo moderno è il "Nuovo Ordine Mondiale" che, a sua volta, deriva dagli insegnamenti ebraici del Talmud babilonese e il cui imperialismo, allo stesso modo, può essere ricondotto all'ascesa del potere monetario internazionale istituzionalizzato nella Casa Rothschild. Il sionismo è solo un'altra parte dell'equazione. La cronologia storica dimostra tutto questo in modo inequivocabile.

Nella monumentale serie di articoli ricordati collettivamente come "L'ebreo internazionale", pubblicati nel giornale dell'industriale americano Henry Ford, *The Dearborn Independent*, e successivamente ripubblicati in una serie di quattro volumi (da allora più volte ripubblicati qui e nel mondo), il tema dell'"antisemitismo" viene affrontato come segue:

> Non è antisemitismo affermare che il sospetto è presente in tutte le capitali della civiltà e che un certo numero di uomini importanti è certo che esiste un piano attivo per controllare il mondo, non con l'acquisizione di territori, non con l'acquisizione militare, non con la sottomissione governativa, nemmeno con il controllo economico in senso scientifico, ma con il controllo delle macchine del commercio e dello scambio.

Non è antisemitismo affermarlo, né presentare le prove a sostegno, né dimostrarlo. Coloro che potrebbero meglio confutarlo, se non fosse vero, sono gli stessi ebrei internazionali. Ma non l'hanno dimostrato.

Coloro che potrebbero meglio dimostrarlo [come falso] sarebbero gli ebrei, i cui ideali includono tutta l'umanità su un piano di parità e non il bene di una singola razza, ma non l'hanno dimostrato.

Un giorno, forse, un ebreo profetico si alzerà e vedrà che le promesse fatte agli antichi popoli non possono essere realizzate con i metodi dei Rothschild e che la promessa che tutte le nazioni sarebbero state benedette da Israele non può essere realizzata rendendole vassalli economici di Israele; e quando arriverà quel momento, potremo sperare in un reindirizzamento dell'energia ebraica verso canali che prosciugheranno le attuali fonti della questione ebraica.

Nel frattempo, non si tratta di antisemitismo. Potrebbe addirittura rivelarsi un servizio mondiale agli ebrei, per far luce sulle motivazioni di certi ambienti superiori.

Theodore Herzl, il padre del sionismo moderno, scrisse memorabilmente nel suo famoso libro *"Lo Stato ebraico":* "Siamo un popolo, un popolo solo.... Quando affondiamo, diventiamo un proletariato rivoluzionario, gli ufficiali subalterni di un partito rivoluzionario; quando saliamo, sale anche il nostro terribile potere d'acquisto".

La serie di articoli di Henry Ford sulle questioni relative al potere ebraico negli Stati Uniti trattava con franchezza la questione di quella che Ford chiamava "la base storica dell'imperialismo ebraico". Ford metteva in guardia:

Un'altra idea preconcetta da cui guardarsi è che ogni ebreo che si incontra sia a conoscenza di questo programma. Non è così. L'idea generale del trionfo finale di Israele è familiare a tutti gli ebrei che si sono tenuti in contatto con il loro popolo, ma i piani speciali che esistono da secoli in forma formulata per raggiungere tale trionfo non sono più familiari all'ebreo medio che a chiunque altro.

Tuttavia, anche se ci si guarda da questi preconcetti, non si può sfuggire alla conclusione che se un tale programma di imperialismo mondiale ebraico esiste oggi, deve esistere con la consapevolezza e il sostegno attivo di alcuni individui, e che questi gruppi di individui devono avere da qualche parte un leader ufficiale.

Esiste un Sinedrio oggi? Il commento di Ford cita l'*Enciclopedia Ebraica* che dice: "Il Sinedrio, che era interamente aristocratico, probabilmente assumeva la propria autorità, poiché era composto dalle famiglie più influenti della nobiltà e del sacerdozio". Ford commenta

> Il Sinedrio esercitava la sua autorità non solo sugli ebrei della Palestina, ma anche ovunque fossero sparsi nel mondo.

Come senato che esercitava l'autorità politica, cessò di esistere con la caduta dello Stato ebraico nel 70 d.C., ma ci sono indicazioni che sia esistito come organo consultivo fino al IV secolo.

Facendo riferimento alla ben nota solidarietà tra ebrei e rispondendo alla domanda "Gli ebrei sono una nazione?

Se non ci fossero altre prove, quella che molti autori ebrei citano, cioè la cura istantanea degli ebrei gli uni per gli altri in ogni occasione, costituirebbe la prova della solidarietà razziale e nazionale.

Ogni volta che questi articoli [sul giornale di Ford] riguardavano l'International Jewish Financier, centinaia di ebrei dalle origini più modeste protestavano.

Se si tocca un Rothschild, l'ebreo rivoluzionario del ghetto protesta e accetta l'osservazione come un affronto personale. Se si tocca un politico ebreo ordinario e all'antica, che usa un governo esclusivamente a vantaggio dei suoi compagni ebrei, a scapito degli interessi superiori della nazione, l'ebreo socialista e antigovernativo si schiera in sua difesa.

Si può dire che la maggior parte di questi ebrei ha perso il contatto vitale con gli insegnamenti e le cerimonie della propria religione, ma indicano quale sia la loro vera religione con la loro solidarietà nazionale.

Già nel 1879, il grande scrittore tedesco Adolf Stoecker aveva osservato:

> Persone che criticano aspramente la Chiesa, le celebrità e il mondo degli affari si indignano all'estremo quando altri si prendono la libertà di gettare anche solo un'occhiata superficiale all'ebraismo.

> Essi stessi attaccano con odio e disprezzo qualsiasi attività non ebraica. Ma se diciamo gentilmente una parola di verità sulle loro azioni, fanno la parte degli innocenti insultati, delle vittime dell'intolleranza, dei martiri della storia mondiale.

Ford sapeva che, per coloro che non avevano familiarità con gli insegnamenti ebraici, parlare di influenza ebraica era controverso. Di fronte a domande come

"L'ebraismo sa cosa sta facendo? Ha una politica estera nei confronti dei gentili? Ha un dipartimento per portare avanti questa politica estera? Questo Stato ebraico - se esiste - ha un leader? Ha un Consiglio di Stato? E se qualcuna di queste cose è vera, chi lo sa?".

Ford ha detto che per il gentile medio la risposta impulsiva sarebbe "no" perché, ha detto, poiché i gentili non sono mai stati addestrati ai segreti o all'"unità invisibile", queste cose non possono essere, se non altro perché il gentile medio non è mai stato esposto a tali prove dell'esistenza di un mondo nascosto.

Tuttavia, Ford ha dichiarato che

"Se non esiste una combinazione deliberata di ebrei nel mondo, allora il controllo che hanno raggiunto e l'uniformità della politica che seguono devono essere il semplice risultato, non di decisioni deliberate, ma di una natura simile in tutti coloro che funzionano allo stesso modo".

Riflettendo sul potere e l'influenza degli ebrei negli Stati Uniti, Ford ha aggiunto

"Quando vediamo come gli ebrei sono strettamente uniti da varie organizzazioni negli Stati Uniti, e quando vediamo con quale mano esercitata portano avanti queste organizzazioni, come se avessero una fiducia provata nella loro pressione, non è almeno inconcepibile che ciò che può essere fatto con un paese può essere fatto, o è stato fatto, tra tutti i paesi in cui vivono gli ebrei".

Fu Henry Ford che, negli anni Venti, rese popolari negli Stati Uniti gli ormai famosi Protocolli degli Anziani di Sion in lingua inglese, ma quando Ford iniziò a scrivere di quest'opera controversa, essa era già stata oggetto di un frenetico dibattito in Inghilterra e altrove in Europa fin dall'inizio del secolo.

I Protocolli, naturalmente, sono il documento molto discusso (di cui si parla ancora oggi nei media), che descrive essenzialmente un piano ebraico per il dominio del mondo - un Nuovo Ordine Mondiale, proprio della natura che Michael Higger ha poi descritto nel suo studio su "L'utopia ebraica".

Comprendere la natura dei Protocolli è essenziale per la nostra ricerca della verità.

Il rapporto tra i Protocolli e il concetto di sionismo è un argomento poco conosciuto che anche molti di coloro che si ritengono esperti delle sottigliezze del "problema ebraico" non comprendono.

Tuttavia, in queste pagine chiariremo la confusione e analizzeremo con precisione ciò che i Protocolli rappresentano in relazione al sionismo, all'agenda ebraica e al Nuovo Ordine Mondiale.

Il visconte Léon de Poncins, un nazionalista francese, ha riassunto in modo appropriato la natura dei Protocolli degli Anziani di Sion in *Les pouvoirs secrets derrière la révolution*:

> 1) Un'organizzazione politica e internazionale segreta di ebrei esiste ed è esistita per secoli

> 2) Lo spirito di questa organizzazione sembra essere un tradizionale ed eterno odio per il cristianesimo e un'ambizione titanica di dominare il mondo

> 3) L'obiettivo perseguito nel corso dei secoli è stato la distruzione degli Stati nazionali e la loro sostituzione con il dominio internazionale ebraico

> 4) Il metodo, utilizzato prima per indebolire e poi distruggere gli organismi politici esistenti, è quello di inculcare loro idee politiche distruttive. Queste idee sono riassunte nei principi rivoluzionari della [Rivoluzione francese del 1789]. L'ebraismo rimane immune da queste idee corrosive: "Predichiamo il liberalismo ai gentili, ma d'altra parte manteniamo una disciplina assoluta nella nostra nazione.

Quando Henry Ford iniziò a interessarsi alla controversia sui Protocolli, questo documento molto controverso era oggetto di discussione da poco più di due decenni.

Ford ha rilevato un aspetto interessante del dibattito sull'autenticità degli ormai leggendari Protocolli. In particolare, ha sottolineato che molte delle critiche mosse ai Protocolli da fonti ebraiche derivavano dal fatto che i Protocolli erano stati scritti in Russia; in altre parole, i critici ebrei cercavano di liquidare i Protocolli come propaganda antiebraica russa.

Ford rispose: "Non è affatto vero. Sono arrivati *attraverso la* Russia [enfasi aggiunta]". Ford ha sottolineato che i Protocolli "sono stati incorporati in un libro russo pubblicato intorno al 1905 da un professore

[Sergei Nilus] che ha cercato di interpretare i Protocolli alla luce degli eventi dell'epoca".

Di conseguenza, osserva Ford, ciò conferisce ai Protocolli quella che egli definisce "una sfumatura russa" che è stata "utile" ai propagandisti ebrei, in particolare negli Stati Uniti e in Inghilterra, perché questi stessi propagandisti, osserva, sono riusciti a "stabilire nelle menti anglosassoni una certa atmosfera di pensiero intorno all'idea della Russia e dei russi".

Una delle più grandi "bugie" che, a suo avviso, sono state propinate al mondo (in particolare agli americani) dai propagandisti ebrei riguarda quello che Ford definisce un atteggiamento negativo nei confronti del "temperamento e del genio del vero popolo russo". Egli conclude che l'enfasi sulle presunte origini "russe" dei Protocolli è un tentativo di screditare i Protocolli associandoli al popolo russo.

Il signor Ford ha osservato che

> "Le prove interne mostrano chiaramente che i Protocolli non sono stati scritti da un russo, né originariamente in lingua russa, né sotto l'influenza di condizioni russe, ma che hanno trovato la strada per la Russia e sono stati pubblicati lì per la prima volta".

L'aspetto forse più notevole", ha detto Ford, "è che ovunque il potere ebraico sia riuscito a sopprimere i Protocolli, questi sono stati effettivamente soppressi.

Il poeta e saggista americano Ezra Pound valutò i famosi Protocolli in modo piuttosto singolare:

> Quando si parla dei presunti Protocolli degli Anziani di Sion, la risposta è spesso: Oh, ma è un falso. È un falso, e questa è l'unica prova che abbiamo della sua autenticità. Gli ebrei lavorano con documenti falsi da 2400 anni, cioè da quando hanno avuto documenti di qualsiasi tipo.

E nessuno può definirsi uno storico di questo mezzo secolo senza aver esaminato i Protocolli. Presumibilmente tradotti dal russo, da un manoscritto da consultare al British Museum, dove tale documento può esistere o meno ... Il loro interesse risiede nel tipo di mente, o stato mentale, del loro autore. Questo era il loro interesse per lo psicologo il giorno della loro comparsa. E per lo storico, due decenni più tardi, quando il programma che contengono divenne così schiacciante da essere applicato in una certa misura.

Per quanto riguarda la storia dei Protocolli, vale la pena ricordare che il defunto Ralph Grandinetti, un nazionalista americano (amico di questo autore) ha trascorso diversi anni a cercare negli archivi della Biblioteca del Congresso la documentazione relativa alla storia e al dibattito sui Protocolli nei primi anni del XX secolo.

Grandinetti scoprì degli articoli in inglese pubblicati in una rivista ebraica londinese all'inizio degli anni Venti, in cui si affermava categoricamente che quelli che oggi conosciamo come Protocolli erano in realtà documenti che riflettevano un particolare punto di vista presentato da una fazione ebraica in uno dei congressi sionisti mondiali tenutisi prima della fine del XX secolo.

La verità è quindi che - almeno secondo una fonte ebraica autorevole e rispettata - sebbene i Protocolli non fossero il grande documento che rappresentava "tutti" gli "ebrei", essi riflettevano di fatto la filosofia di una componente degli "ebrei". E come vedremo, questo elemento della leadership ebraica divenne predominante man mano che la comunità ebraica internazionale si muoveva verso un'agenda globale per il popolo ebraico nel suo complesso.

Anche oggi ci sono dibattiti e conflitti all'interno della comunità ebraica e persino all'interno del potere monetario internazionale , come dimostrano i dibattiti negli Stati Uniti tra varie fazioni ebraiche.

Pertanto, l'idea che i Protocolli fossero semplicemente un "falso" - architettato da elementi russi (su indicazione o con l'incoraggiamento dello zar russo) - è una copertura molto intelligente. Si potrebbe addirittura dire che si tratta di una frode e di una falsificazione tale che i Protocolli stessi sono stati descritti, anche se ovviamente (almeno nel caso dei Protocolli) in modo impreciso.

È quindi impossibile separare sionismo, ebraismo e utopia ebraica - il Nuovo Ordine Mondiale. Allo stesso modo, i documenti dimostrano che la Massoneria - da tempo legata agli intrighi dei famigerati Illuminati che presero il controllo della Massoneria - fu una forza nella spinta verso l'utopia ebraica.

Nel 1929, il reverendo E. Cahill, professore di storia della Chiesa e di scienze sociali a Milltown Park, Dublino, scrisse *Freemasonry and the Anti-Christian Movement (La Massoneria e il Movimento Anticristiano)*, in cui concludeva che molti degli aspetti esteriori della Massoneria, come il suo rituale, la terminologia e le leggende, erano di origine ebraica; che la filosofia (o religione) della Massoneria esoterica, cioè dei circoli interni e del potere di controllo, era identica alla Cabala ebraica, una filosofia occulta e mistica di una certa parte degli ebrei, che si supponeva fosse la parte della Legge mosaica tramandata dalla tradizione e registrata per iscritto dai profeti ebrei e da altri.

Cahill ha anche concluso, sulla base del suo ampio studio, che un certo gruppo di ebrei, di immenso potere e ricchezza, gestiva i massoni e che un gruppo un po' più grande di ebrei influenti perseguiva gli stessi obiettivi dei massoni, usava mezzi simili ed era almeno in stretta alleanza con i massoni.

Anche l'*Enciclopedia Ebraica,* nella sua sezione sulla Massoneria, nota che "il linguaggio tecnico, i riti e il simbolismo della Massoneria sono pieni di idee e termini ebraici...". Nel Rito scozzese, le date di tutti i documenti ufficiali sono indicate secondo il mese ebraico dell'era ebraica e vengono utilizzate le antiche forme dell'alfabeto ebraico".

Lo scrittore ebreo Bernard Lazare ha notato che gli ebrei cabalisti si trovavano intorno a quella che ha definito "la culla della Massoneria", come testimoniato da alcuni riti esistenti che sono stati definitivamente dimostrati.

Lo scrittore francese Gougenot de Mousseaux, notando lo stretto intreccio della Massoneria con alcuni elementi del Giudaismo, osservò che :

> I veri leader di questa immensa associazione che è la Massoneria, i pochi che si trovano nei circoli più intimi dell'iniziazione e che non devono essere confusi con i leader nominali o le figure di riferimento, sono per la maggior parte ebrei e vivono in stretta e intima alleanza con i membri militanti dell'ebraismo, quelli, in particolare, che sono i leader della sezione cabalistica.

Questa élite dell'associazione massonica, questi veri leader, che sono noti a pochissimi iniziati, e che anche questi ultimi conoscono solo sotto falso nome, svolgono le loro attività in dipendenza segreta (che trovano molto redditizia per loro stessi) dagli ebrei cabalisti.

Un altro scrittore francese, il signor Doinel, ex membro del consiglio della famigerata Loggia massonica del Grand Orient de Paris, ha affermato che

> "Quante volte ho sentito i massoni lamentarsi del dominio degli ebrei? Quante volte ho sentito massoni lamentarsi del dominio degli ebrei? Dalla Rivoluzione [francese], gli ebrei si sono impadroniti delle logge massoniche in modo sempre più completo, e oggi il loro dominio è incontrastato.

> La Cabala regna sovrana nelle logge interne e lo spirito ebraico domina i ranghi inferiori... Nella mente di Satana, la sinagoga ha un ruolo molto importante... Il grande nemico conta sugli ebrei per governare la massoneria, così come conta sulla massoneria per distruggere la Chiesa di Gesù Cristo

In breve, la Massoneria - praticamente fin dall'inizio - è stata parte integrante del piano ebraico per un nuovo ordine mondiale.

In realtà, la storia dimostra che il vero padre di quello che chiamiamo Nuovo Ordine Mondiale fu un ebreo di origine russa, Asher Ginsberg - meglio conosciuto come "Ahad Ha'am" (che significa "Uno del Popolo") - che credeva che gli ebrei dovessero unirsi per creare insediamenti agricoli in Palestina che, come descritto dal dottor Norman Cantor, "sarebbero serviti come fondamenta in Terra Santa per un centro culturale in lingua ebraica per la comunità ebraica mondiale - un centro culturale d'élite per la comunità ebraica mondiale".

Ebreo ortodosso che aveva studiato rabbineria, Ginsberg - vissuto dal 1856 al 1926 - descrisse gli ebrei come una "super nazione" il cui "genio etnico deve garantire il loro diritto al dominio del mondo". Nelle sue parole,

> "La terra d'Israele deve comprendere tutti i Paesi della terra per migliorare il mondo attraverso il Regno di Dio".

Nel 1977, nel suo libro *Invasione senza armi*, un perspicace scrittore russo, Vladimir Begun, paragonò Ginsberg ai fascisti degli anni Trenta e Quaranta. Riferendosi a un articolo di Ginsberg del 1898 intitolato "Nietzscheismo e giudaismo", in cui Ginsberg esprimeva quello che potrebbe essere definito il suo "sciovinismo giudeo-sionista", Begun dichiarò: "Lo sciovinismo giudeo-sionista è una forma di sciovinismo".

Non è difficile per il lettore arrivare alla conclusione logica: se esiste una "super-nazione", allora come [il Superuomo di Neitzsche] deve marciare verso la sua meta sui cadaveri degli altri. Non deve mostrare alcuna considerazione per nessuno e per nulla, al fine di ottenere il dominio degli "eletti" sui "gentili".

Possiamo rintracciare gli anelli della stessa catena: la Torah, la base ideologica dei "teorici" sionisti, l'aggressione in Medio Oriente e la corruzione delle menti in Israele (in modo palese) e in altri Paesi (in modo occulto).

Secondo lo scrittore ebreo Moshe Menuhin, la filosofia sionista di Ginsberg era "un sionismo spirituale - un'aspirazione al compimento dell'ebraismo - non un sionismo politico" - il sionismo politico è definito come la raccolta dell'intero popolo ebraico in un unico Stato, isolato dal resto del mondo, che prospera solo all'interno del proprio popolo.

Ginsberg non era d'accordo con quello che considerava il principale leader sionista, Theodore Herzl, secondo cui il sionismo era di natura *economica* e doveva essere orientato alla creazione di uno Stato politico e geografico.

Ginsberg - dice Menuhin - vedeva gli ebrei come "una sorta di nazione unica, un corpo omogeneo distinto dalle altre nazioni" e che "un centro spirituale ebraico in Palestina" sarebbe diventato "una luce per la diaspora" (gli ebrei sparsi in tutto il mondo) e, in definitiva, avrebbe permesso al popolo ebraico di diventare "una luce per le nazioni".

Il cosiddetto "sionismo spirituale" di Ginsberg era quindi sinonimo di ebraismo classico e profetico, non diverso dagli insegnamenti del Talmud che hanno guidato l'ebraismo attraverso i secoli.

Quindi la teoria comunemente avanzata da molti secondo cui "il sionismo non è il giudaismo e il giudaismo non è il sionismo" è sbagliata, semplicemente sbagliata. In breve, il sionismo è semplicemente un'estensione politica dell'ebraismo.

Il lavoro della defunta Pacquitta DeShishmaraff, americana sposata con l'aristocrazia russa, stabilisce il ruolo centrale di Ginsberg nella formulazione dei Protocolli. Lo studio fondamentale di DeShishmaraff, *Waters Flowing Eastward* (scritto sotto lo pseudonimo di "L. Fry"), sottolinea il punto critico che il sionismo, in realtà, è molto più di un movimento "nazionalista"; il sionismo è internazionalista fino al midollo ed è indiscutibilmente *il quadro per un imperium ebraico globale: il Nuovo Ordine Mondiale.*

DeShishmaraff ci dice che nel 1889 Ginsberg formò un piccolo gruppo, i Figli di Mosè, ed è a questo gruppo che Ginsberg presentò per la prima volta i Protocolli. Sebbene sia possibile che egli abbia effettivamente preso in prestito da opere geopolitiche pubblicate in precedenza - il che dà origine all'affermazione spesso fatta che i Protocolli sono "falsi" presi da altri volumi - ciò che sappiamo è che i Protocolli sono un prodotto proprio di Ginsberg, che riflette la sua agenda *globale* ebraica. Negli anni successivi, le traduzioni in ebraico dei Protocolli furono diffuse all'interno del movimento sionista da Ginsberg e dai suoi seguaci, ora raggruppati come Figli di Sion (o "B'nai Zion").

Nel 1897, quando il Congresso sionista si riunì in Svizzera e il sionismo divenne un movimento ufficiale, i Protocolli furono effettivamente incorporati nell'agenda sionista (cioè ebraica).

Mentre il mondo non ebraico percepiva il sionismo come strettamente dedicato alla creazione di uno Stato ebraico, il "sionismo segreto" di Ginsberg era ampiamente riconosciuto, all'interno dei circoli ebraici d'élite, come il vero programma, un programma internazionale, in realtà mascherato da un programma strettamente nazionalista incentrato su un unico Stato ebraico in Palestina.

Non è quindi un errore che lo scrittore ebreo Bernard Lazare, nel suo famoso libro del 1894 "*L'antisémitisme*", parli con franchezza della "conquista economica" ebraica, sottolineando che la dominazione economica ebraica è accompagnata anche dalla "dominazione spirituale". Egli comprendeva le distinzioni.

Già nel 1924, il nazionalista polacco Roman Dmowski riconobbe queste sfumature, che rimangono ancora un mistero per molti, in particolare per alcuni "patrioti" americani. Il ritornello spesso ascoltato - quasi un mantra rituale - di questi patrioti secondo cui "il sionismo non è l'ebraismo e l'ebraismo non è il sionismo" non riconosce che in realtà le sette ebraiche antisioniste che rifiutano (almeno per ora) lo Stato politico di Israele rimangono impegnate nel Talmud e sostengono che alla fine ci sarà un'utopia ebraica globale, l'istituzione di uno Stato mondiale in cui gli ebrei rimarranno supremi. E questo non è qualcosa che un patriota, in nessun luogo, dovrebbe accogliere.

In una serie di articoli intitolati "Gli ebrei e la guerra", pubblicati nel 1947 nel libro "*Politica e ricostruzione dello Stato polacco*", il già citato nazionalista polacco Roman Dmowski scrisse: "Negli ultimi tempi ha cominciato a dominare una tendenza volta a conciliare tutti gli obiettivi moderni con la tradizione biblica del 'popolo eletto'. Ha riconosciuto l'obiettivo di controllare la Palestina, non per riunirvi tutti gli ebrei e liberare così altri Paesi, ma per costruirvi il centro spirituale degli ebrei e creare la base operativa per l'azione in tutto il mondo.

La Palestina non è mai stata la patria degli ebrei, perché non hanno mai avuto una patria, ma hanno fatto di Gerusalemme il loro centro spirituale; il recupero di questo centro e il controllo della Palestina, con la sua popolazione non ebraica, è un obiettivo necessario di questa nuova corrente.

Ma allo stesso tempo, [questa nuova tendenza] chiedeva loro di non dimenticare che avrebbero dovuto "possedere la terra", che quindi dovevano essere ovunque, e ovunque guadagnare posizioni e organizzare la loro influenza. Inteso in questo modo, tutti gli obiettivi ebraici precedentemente contraddittori si allinearono e poterono concordare su [questo compito finale] della politica ebraica. Con una tale comprensione del compito, tutte le forze ebraiche, che agiscono in tutti i Paesi a qualsiasi titolo, possono essere impiegate per raggiungere l'obiettivo comune.

Per ironia della sorte, naturalmente, scoppiò un conflitto familiare ebraico - quello, ad esempio, tra Herzl e Ginsberg - e, come ha sottolineato Dmowski, "rimase solo la disputa sulla priorità, sulla leadership dei diversi gruppi all'interno dell'ebraismo". Questa disputa, osserva, riguardava persino la questione della Palestina.

In realtà, secondo i critici del sionismo, l'idea di un focolare nazionale per gli ebrei è nata dal fatto che i leader ebraici sentivano il bisogno di esercitare un maggiore controllo sui loro fratelli minori e questo era lo scopo della creazione di gruppi sionisti in tutto il mondo, che chiedevano a gran voce la fondazione di uno Stato ebraico.

In realtà, era la base del piano di Asher Ginsberg per la dominazione del mondo e tuttavia, ironia della sorte, ci sono molti antisionisti ebrei e non ebrei che considerano Ginsberg come un leader spirituale del popolo ebraico che merita di essere ammirato. In realtà, Ginsberg è stato il precursore del XX secolo di quello che oggi chiamiamo Nuovo Ordine Mondiale, l'agenda dell'imperialismo ebraico.

S. P. Chajes, figura di spicco del B'nai B'rith, ha scritto in *The Jewish National Almanac* che "il nostro imperialismo [ebraico] è l'unico che può sfidare impunemente i secoli, l'unico che non deve temere la sconfitta, che, senza deviare dal suo percorso, avanza invincibilmente verso la sua meta, con passi lenti ma decisi". *E questo obiettivo è il Nuovo Ordine Mondiale.*

Non c'è dubbio, quindi, che l'obiettivo finale degli ebrei sia e persino il dominio del mondo. Anche l'eminente ebreo tedesco Alfred Nossig, un influente teorico sionista che fu tra i sionisti che collaborarono con il regime di Hitler - e che fu successivamente assassinato da una fazione ebraica che mal sopportava il suo rapporto con i nazionalsocialisti - scrisse nel suo libro *Integrales Judentum:*

La comunità ebraica è più di un popolo nel senso politico moderno del termine. È depositaria di una missione storica mondiale, direi addirittura una missione cosmica...

Questa missione costituisce il nucleo inconscio del nostro essere, la sostanza comune della nostra anima. La visione primordiale dei nostri antenati era quella di fondare non una tribù, ma un ordine mondiale destinato a guidare l'umanità nel suo sviluppo...

Siamo appena usciti da una lunga, buia e terrificante notte. Davanti a noi si estende un paesaggio gigantesco, la superficie del globo; questo è il nostro cammino.

Sulle nostre teste aleggiano ancora cupe nubi di tempesta.

Centinaia di noi muoiono ancora ogni giorno per la nostra fedeltà alla comunità, ma già si avvicina il tempo del riconoscimento e della fraternità dei popoli. L'alba del Nostro Giorno sta già brillando all'orizzonte.

Leon Simon, in *Studies in Jewish Nationalism,* fa eco a Nossig e a molti altri filosofi ebrei quando scrive: "Per l'ebreo, l'era messianica significa non solo l'instaurazione della pace sulla terra e della buona volontà verso gli uomini, ma anche il riconoscimento universale dell'ebreo e del suo Dio".

Allo stesso modo, il *London Jewish World* del 9 e del 16 febbraio 1883 affermava

> "La dispersione degli ebrei li ha resi un popolo cosmopolita. Sono l'unico popolo cosmopolita e, come tale, devono agire e agiscono come solvente delle differenze nazionali e razziali. Il grande ideale dell'ebraismo non è che gli ebrei possano un giorno riunirsi in un buco e in un angolo [come popolo separato], ma che il mondo intero sia impregnato degli insegnamenti ebraici e che, in una Fratellanza universale delle Nazioni - un grande ebraismo, appunto - tutte le razze e le religioni separate scompaiano

Al di fuori degli ambienti strettamente ebraici e sionisti, alcuni hanno compreso la natura profonda del sionismo, che si oppone all'indipendenza dei popoli di tutto il mondo. In Russia, in particolare, dove il sionismo e il bolscevismo ebraico hanno tenuto banco a lungo, diversi scrittori (anche negli ultimi anni dell'era sovietica) hanno affrontato il tema.

Nel 1969, il russo Yuri Ivanov pubblicò in Unione Sovietica un libro intitolato *Attenti al sionismo! Saggi sull'ideologia, l'organizzazione e la pratica del sionismo.* Il libro vendette 270.000 copie. Egli scrive

> "Ideologia sionista L'ideologia sionista consiste apparentemente nella dottrina della creazione di uno "Stato ebraico". Per questo

motivo, con una conoscenza superficiale, si potrebbe pensare che il modo sionista di vedere le cose sia toccantemente impotente e religiosamente ingenuo...

Tuttavia, i leader sionisti hanno sempre ritenuto che la creazione di uno "Stato ebraico" non fosse un obiettivo ma un mezzo per raggiungere altri obiettivi molto più ampi: il ripristino del controllo sulle masse ebraiche, il massimo arricchimento in nome dell'autorità e della prosperità parassitaria, la difesa e il rafforzamento dell'imperialismo

L'idea di uno "Stato ebraico", scrive Ivanov, era solo un mezzo per raggiungere i fini capitalistici e l'obiettivo sionista non fu mai quello di concentrare tutti o la maggior parte degli ebrei del mondo in quello Stato: l'idea era la formazione di un "centro" attraverso il quale sarebbe stato possibile influenzare la "periferia". E questo è proprio ciò che l'"antisionista" Asher Ginsberg ha candidamente ammesso nei suoi scritti.

Nel 1971, un altro scrittore russo, Yevgeny Evseyev, nel suo libro *Fascismo sotto la stella blu: la verità sul sionismo contemporaneo, la sua ideologia e la sua pratica: il sistema organizzativo dell'alta borghesia ebraica:*

Secondo la logica sionista, la popolazione ebraica di Israele non è una nazione ma "parte di una nazione", poiché gli ebrei di tutto il mondo costituiscono una sola e unica nazione, da ora e per sempre. I sionisti sostengono che questa nazione, sparsa in tutto il mondo, vaga da un luogo all'altro... I sionisti possono ancora sfruttare elementi come i legami di sangue tra gli immigrati in Israele e gli ebrei nei loro Paesi d'origine e insistere sul fatto che l'ebraismo mondiale è uno solo.

Tuttavia, Yevseev affermava che col tempo questa situazione sarebbe cessata, poiché gli ebrei si sarebbero assimilati alle popolazioni autoctone dei vari Paesi. Eppure, a posteriori, possiamo dire che questo non sembra essere accaduto, nonostante i desideri e i sogni di brave persone di tutte le fedi. Ma Yevseev ha notato che il sionismo ha, di fatto, "[assorbito] l'ebraismo come elemento costitutivo". E ha aggiunto: "Il sionismo ha effettivamente assorbito l'ebraismo come elemento costitutivo:

L'ebraismo e il sionismo riducono la geografia e l'etnografia dei diversi popoli a una semplice e pratica divisione in due Paesi e due nazioni, gli ebrei e i goyim (non ebrei). I Goyim sono il nemico e il clero ebraico e il regime sionista israeliano, , mettono di fatto fuori legge i non ebrei e creano uno stato di inimicizia interrotta tra gli ebrei e tutti gli altri popoli, giustificando una religione di misantropia e odio verso le persone di altre religioni al servizio della strategia globale dell'imperialismo.

Il già citato nazionalista polacco Roman Dmowski rifletteva sull'influenza della ricchezza ebraica sul resto della società. scrisse

> Gli ebrei accumularono grandi ricchezze e giocarono un ruolo importante nella vita sociale e politica dei Paesi. Inoltre, l'accumulo di ricchezza aumentò rapidamente il ruolo [degli ebrei] in a causa della dipendenza materiale di ampi settori della società europea da loro.

Ne seguì un periodo in cui, più che mai, l'obiettivo era quello di rendere la gerarchia sociale una gerarchia esclusivamente basata sulla proprietà, in cui... chi aveva i soldi aveva molti ranghi di persone che lavoravano per loro.

Questo spiega le legioni di difensori dell'ebraismo e di combattenti per gli interessi [ebraici] che sono sorte nel XIX secolo...

Inoltre, esistono organizzazioni internazionali segrete in cui gli ebrei hanno sempre avuto i loro difensori e in cui, un tempo, secondo tutti i dati, essi [gli ebrei] occupavano posizioni di leadership.

Tutto ciò è stato facilitato dal fatto che non appartenevano a nessuna nazione e vivevano in mezzo a tutte; sono stati creati, come per disegno, per svolgere il ruolo di protagonisti in tutte le imprese internazionali.

Durante questo periodo, nonostante il popolo ebraico vivesse in mezzo a tutte le nazioni e adottasse i costumi delle nazioni in cui viveva, rimase quella che Dmowski chiama una "uniformità di istinti e una coerenza razziale" che permise agli ebrei di mantenere uno stretto legame tra loro. E questo, sottolinea Dmowski, "non solo tra gli ebrei che [si assimilano] e spesso si privano delle credenze religiose e gli ebrei di vecchio tipo, detti 'ortodossi', ma anche tra gli ebrei di tutti i Paesi".

L'ascesa al potere del denaro ebraico internazionale, già ben consolidato, avvenne in un momento in cui l'ideologia sionista (cioè ebraica) della conquista globale, dell'imperium mondiale - l'utopia ebraica - stava raggiungendo il suo apogeo nei circoli filosofici ebraici.

Quindi, dopo aver esaminato le basi ideologiche del Nuovo Ordine Mondiale, inizieremo ora lo studio dell'ascesa della finanza ebraica e dell'evoluzione della dinastia Rothschild come forza principale all'interno di questo potere economico, motore essenziale dell'attuazione del Nuovo Ordine Mondiale.

Sopra, una vignetta d'epoca che mostra i plutocrati ebrei alla Borsa di Londra mentre ricevono informazioni che potrebbero avere un impatto sulle loro manipolazioni finanziarie. Il potere finanziario ebraico si sviluppò in tutte le capitali europee durante il XIX secolo, ma Londra divenne, per molti versi, "la capitale del capitale ebraico".

Sebbene esistessero molti commercianti di denaro ebrei indipendenti e molto ricchi in Gran Bretagna e altrove, l'ascesa della Casa Rothschild in Gran Bretagna (e in tutta Europa) portò alla fine questi altri baroni del denaro nella sfera d'influenza dei Rothschild. L'ascesa del denaro ebraico internazionale ha portato a un dibattito sempre più aperto - a tutti i livelli - su questo straordinario fenomeno e sul suo impatto sugli affari mondiali.

CAPITOLO IV

L'ascesa del potere monetario ebraico internazionale

È assolutamente impossibile parlare del Nuovo Ordine Mondiale senza menzionare l'incredibile ricchezza (e quindi il potere politico) che il popolo ebraico ha accumulato. A partire dalle famiglie bancarie ebraiche in Gran Bretagna e nel continente europeo, la ricchezza ebraica ha raggiunto un livello straordinario. E come vedremo, l'ascesa della dinastia Rothschild ne è stata il culmine, portando alla situazione politica ed economica che ha reso possibile la costruzione del meccanismo del Nuovo Ordine Mondiale.

Sebbene sia politicamente scorretto citare Adolf Hitler - forse il più famoso critico della storia nei confronti degli ebrei - nel contesto di qualsiasi discussione, Hitler - nel *Mein Kampf* - *valutò la* natura del potere finanziario ebraico e le sue conseguenze. Proprio perché Hitler è una figura così controversa (il cui ruolo negli affari mondiali continua a riverberarsi ancora oggi), è importante esaminare ciò che ha detto: gli ebrei entrano nelle comunità come importatori ed esportatori. Poi diventano intermediari per la produzione interna. Tendono a monopolizzare il commercio e la finanza. Sono diventati i banchieri della monarchia. Attirarono i monarchi verso le stravaganze per renderli dipendenti dagli usurai ebrei. Cercavano popolarità attraverso la filantropia e il liberalismo politico. Incoraggiarono lo sviluppo di società per azioni, la speculazione in borsa e i sindacati. Hanno creato disordini controllando la stampa. La finanza internazionale e il comunismo internazionale sono trucchi ebraici per indebolire lo spirito nazionale.

Affinché nessuno possa liquidare tutto ciò come "propaganda nazista", si noti la natura simile di ciò che Leon Poliakov, il famoso storico ebreo, scrisse una volta: All'inizio della storia moderna, gli ebrei scoprirono che la venerazione del denaro era la fonte di tutta la vita. Dal sito in poi, ogni azione della vita quotidiana degli ebrei era soggetta al pagamento di una tassa. Dovevano pagare per andare e venire, pagare per il diritto di pregare con i loro correligionari, pagare per sposarsi, pagare per la nascita di un figlio e persino per trasportare un cadavere al cimitero.

Senza denaro, l'ebraismo era inevitabilmente destinato all'estinzione.

Ad esempio, i rabbini considerano l'oppressione finanziaria, come la moratoria sul rimborso dei debiti ebraici, alla stregua dei massacri e delle espulsioni, considerandola una maledizione divina, una punizione meritata dall'alto.

Qui sopra, un manifesto elettorale francese del 1889 di Adolphe-Leon Willette, un pittore e litografo francese che si presentò come candidato apertamente "antisemita" alle elezioni locali di Parigi. Il suo manifesto

dichiarava, tra l'altro, che "gli ebrei sono una razza diversa, ostile alla nostra [...] l'ebraismo è il nemico". Mostra operai, artigiani e altri cristiani francesi che trionfano sul potere del denaro ebraico, rappresentato da una mucca incoronata, e lo decapitano. Ai loro piedi c'è il Talmud, da tempo riconosciuto come la forza trainante degli intrighi ebraici in Europa e nel mondo.

Il 27 settembre 1712, lo *Spectator* di Londra scrisse a proposito degli ebrei: "Sono così ampiamente sparsi in tutte le parti commerciali del mondo che sono diventati gli strumenti con cui le nazioni più lontane conversano tra loro e con cui l'umanità è saldata in una corrispondenza generale.

In *Gli ebrei e il capitalismo moderno*, Werner Sombart scrive che l'esclusione dalla vita pubblica ha giovato non solo alla situazione economica degli ebrei, ma anche alla loro situazione politica:

Ha liberato gli ebrei da ogni partigianeria. Il loro atteggiamento nei confronti dello Stato e del governo dell'epoca era libero da pregiudizi. Grazie a ciò, la loro capacità di diventare i portabandiera del sistema capitalistico internazionale era superiore a quella di altri popoli, poiché fornivano denaro ai vari Stati e i conflitti nazionali erano una delle principali fonti di profitto per gli ebrei. Inoltre, l'incolore politica della loro posizione permetteva loro di servire dinastie o governi successivi in Paesi che, come la Francia, erano soggetti a numerosi cambiamenti politici. La storia dei Rothschild illustra questo punto.

Nel suo libro del 1982 dal titolo provocatorio, *Jews and Money: The Myths and the Reality* (*Ebrei e denaro: i miti e la realtà*), pubblicato da Ticknor and Fields, l'autore ebreo americano Gerald Krefetz ha dichiarato senza mezzi termini:

L'acquisizione di denaro [da parte degli ebrei] è diventata un atto riflesso, istintivo come battere le palpebre quando una mano minaccia l'occhio e sicuro come la fuga di un'antilope nelle pianure del Serengeti.

Per l'ebreo, il denaro non rappresenta una sicurezza, perché sembra costituzionalmente insicuro, né una forma di camuffamento, [perché] gli ebrei spesso scelgono di stare per conto proprio e di distinguersi.

Per gli ebrei il denaro è sicurezza, uno strumento di sopravvivenza. Nel corso degli anni, la gestione, il guadagno, la creazione e il risparmio del denaro sono stati elevati a un'arte raffinata, frutto di un comportamento sociale difensivo che si è tramandato di generazione in generazione.

Descrivendo gli ebrei come "un meraviglioso esempio" per la nuova scienza dell'etologia - che, secondo Krefetz, è lo studio biologico dei paradigmi, dei modelli e dei gesti come indizi per la comprensione del carattere, in altre parole, lo studio del comportamento animale - Krefetz ha candidamente dichiarato che "qualsiasi esame dell'evoluzione sociale degli ebrei in tempi recenti deve concentrarsi sul meccanismo di difesa più potente - l'acquisizione di denaro - poiché è così essenziale per la loro esistenza e sopravvivenza".

Riferendosi al già citato libro di Werner Sombart, *Gli ebrei e il capitalismo moderno*, Krefetz ha osservato che Sombart ha concluso che l'ebraismo è una religione favorevole allo sviluppo del capitalismo: "Non solo l'ebraismo ha stimolato la crescita economica, ma in alcune aree gli ebrei sono stati responsabili dei primi passi necessari e hanno persino reso possibile il capitalismo. Egli attribuisce agli ebrei un ruolo importante nel commercio internazionale. Sombart afferma che gli ebrei sono stati "i primi a collocare i prodotti di base del commercio moderno sui mercati mondiali".

I commercianti ebrei si specializzarono in beni di lusso come pietre e lingotti preziosi e svolsero un ruolo particolarmente importante nella colonizzazione dell'America Latina.

Sombart ha anche ricordato alcune delle istituzioni economiche che gli ebrei hanno contribuito a creare, tra cui le borse, gli strumenti negoziabili, le obbligazioni pubbliche e le banconote. Inoltre, gli ebrei furono attivi nel promuovere il libero commercio, la pubblicità e la concorrenza. Tutti fattori nuovi nel mondo di quello che oggi chiamiamo "capitalismo".

Sombart ha rintracciato le tradizioni ebraiche in queste aree del capitalismo nel Pentateuco e nel Talmud (e in altre fonti religiose ebraiche), che contengono commenti su interessi, usura, diritto commerciale, transazioni legali e proprietà. Sombart ha sostenuto che questo "genio ebraico" del capitalismo deriva dal "contratto con Dio", un'alleanza bilaterale.

Esplorando la storia di "Ebrei e denaro" nel suo libro dallo stesso titolo, Gerald Krefetz riconosce candidamente che "storicamente, gli ebrei hanno mostrato un notevole talento per manipolare il denaro. Nel corso degli anni, questa inclinazione li ha portati nel mondo delle banche e della finanza, e in nessun luogo hanno esercitato il loro talento finanziario in modo più brillante che in America". La libera impresa e l'emancipazione politica hanno permesso loro di esercitare e affinare queste abilità, che si sono evolute per mille anni.

Per la maggior parte di questi mille anni, osserva Krefetz, gli ebrei non erano banchieri nel senso moderno del termine. Erano, scrive, "prestatori di denaro più simili a banchi di pegno e a commercianti di valuta estera". Krefetz descrive l'evoluzione degli ebrei, che sono diventati i re della finanza in epoca moderna, fino all'ascesa dell'impero Rothschild: all'inizio, prestavano denaro quando nessun altro poteva o voleva farlo, sia per mancanza di liquidità sia per le ingiunzioni [della Chiesa] che vietavano ai [cristiani] di prestare denaro a interesse.

In seguito, quando il denaro divenne più abbondante e le proibizioni cristiane furono ignorate da alcuni, il prestito divenne popolare e gli usurai ebrei si ritrovarono con clienti poveri. A questo punto, gli ebrei erano stati esclusi da quasi tutti i mezzi di sussistenza che esercitavano una qualche attrattiva sui gentili. Le ingiunzioni venivano applicate con la deportazione o con il confino nei ghetti.

Alcuni ebrei che divennero ricchi e potenti come ausiliari o amministratori dei sovrani - gli ebrei di corte - furono i precursori dei moderni finanzieri. Il loro lavoro consisteva nel raccogliere le entrate attraverso lo sfruttamento delle tasse, nel negoziare prestiti e nel rifornire l'esercito come un unico organo di amministrazione.

L'attività bancaria moderna è iniziata nel XIX secolo con l'ascesa della casa Rothschild. Non erano gli unici banchieri ebrei importanti in Europa: infatti, un numero sorprendente di banche continentali fu fondato da ebrei.

L'ex ebreo di corte aveva raccolto principalmente denaro per i leader locali per coprire le sue spese, la sua diplomazia personale e le sue stravaganze. I nuovi banchieri offrirono prestiti allo Stato per finanziare le industrie emergenti e le ferrovie.

Prima della nascita delle moderne banche ebraiche nella sfera dei Rothschild, esisteva anche una notevole presenza ebraica nel mondo del denaro. *La storia economica degli ebrei* ce lo ricorda:

> I principi medievali si avvalevano dei servizi commerciali e finanziari di alcuni ebrei. Tuttavia, come istituzione, l'ebreo di corte fu una caratteristica dello Stato assolutista, in particolare nell'Europa centrale, a partire dalla fine del XVI secolo.

Cercando di estendere il più possibile il suo potere su tutto il territorio, il sovrano creava un'amministrazione centralizzata all'interno della sua corte, che allo stesso tempo diventava il centro del potere e presentava uno sfoggio di lusso sfarzoso. In termini economici, un ebreo poteva essere di grande utilità per un tale sovrano.

In Polonia, molte proprietà terriere erano amministrate da ebrei e gran parte del commercio di prodotti agricoli era nelle loro mani.

Questa situazione, unita all'emergere di una precoce attività commerciale capitalistica ebraica da parte dei sefarditi nei Paesi Bassi e ai loro legami con il commercio levantino attraverso gli ebrei dell'Impero Ottomano, rendeva l'ebreo dell'Europa centrale un agente particolarmente adatto a rifornire gli eserciti di grano, legname e bestiame, oltre che un fornitore di diamanti e di altri beni destinati al consumo sfrenato.

Poiché la riscossione delle imposte e l'estensione del campo di applicazione della tassazione erano spesso in ritardo rispetto alle crescenti spese della corte, dell'esercito e della burocrazia, questo tipo di regime sviluppò un deficit finanziario quasi cronico.

È qui che gli ebrei, grazie alle loro capacità organizzative e alle loro ampie connessioni, furono in grado di dare una mano, fornendo spesso crediti commerciali o denaro contante, oltre a generi alimentari, tessuti e armi per l'esercito, lo strumento più importante del potere del principe.

Tutto ciò ha posto le basi per l'ascesa al potere di famiglie bancarie come i Rothschild:

> In tutte le loro varie attività, gli ebrei della Corte svolsero un ruolo notevole nello sviluppo delle strutture creditizie internazionali, in particolare negli Stati dell'Europa centrale e, in una certa misura, anche nell'Europa settentrionale, dalla metà del XVII secolo alla fine del XVIII secolo.

In generale, erano agenti che organizzavano trasferimenti di credito piuttosto che detentori di ingenti capitali in proprio; grazie alle loro ampie relazioni commerciali e alle loro capacità organizzative, erano in grado di fornire fondi più rapidamente della maggior parte dei banchieri cristiani.

Grazie alla loro specializzazione nel commercio dell'argento, potevano fornire più facilmente argento per le monete e fungere da fornitori per l'esercito, ancora una volta grazie alle loro capacità organizzative e alla loro rete di relazioni familiari. Grazie al loro spirito imprenditoriale, contribuirono in parte al processo di industrializzazione nell'ambito della politica mercantilista.

Non c'è dubbio che abbiano giocato un ruolo decisivo nella crescita del moderno Stato assoluto e, alla fine del periodo, è emerso un gruppo di importanti banchieri privati ebrei, che illustrano la transizione verso metodi moderni di economia e di governo, principalmente i Rothschild, i Goldsmid, gli Oppenheimer e i Seligman.

Gli autori aggiungono, quasi come un ripensamento

> "Tuttavia, non bisogna dimenticare che anche i tribunali avevano i loro banchieri cristiani, gli appaltatori e gli ufficiali dell'esercito, che hanno avuto un ruolo in questo sviluppo".

Che gentilezza da parte di questi autori giudeocentrici, che scrivono per una casa editrice giudeocentrica, rendere omaggio ai cristiani

L'emergere della Gran Bretagna come centro preminente della finanza ebraica è per noi fondamentale. Nei primi anni della Seconda guerra mondiale, l'agenzia di stampa tedesca World-Service riportò questa storia poco conosciuta.

L'ascesa dell'ebraismo in Inghilterra avvenne in tre fasi ben definite, separate da intervalli di circa 100 anni.

Sotto il regno di Cromwell e durante la prima metà del periodo rivoluzionario, sotto Carlo II, gli ebrei, dopo essere stati banditi dall'Inghilterra per più di 350 anni, tornarono ad affluire in Inghilterra.

Il regno di Cromwell è stato caratterizzato da una politica imperiale britannica molto esplicita. In termini di politica finanziaria e politica, Cromwell si affidò agli ebrei come spina dorsale della sua espansione coloniale. Agenti ebrei si impegnarono in spionaggio economico e politico per conto di Cromwell, sfruttando le case d'affari ebraiche nei Paesi stranieri.

Ai tempi di Cromwell, così come 100 e 200 anni dopo, si formò una piccola cricca ebraica al potere, a capo della quale emerse un ebreo come colonna portante della nuova politica economica coloniale. All'epoca di Cromwell, era il ricco ebreo sefardita Antony Fernandez Carvajal ad occupare questa posizione.

Cento anni dopo, iniziò la seconda fase dell'ascesa degli ebrei in Inghilterra. La cricca ebraica in Inghilterra era guidata dal ricco ebreo sefardita Sampson Gideon, che esercitava anche una grande influenza sui ministri inglesi. A questo punto, l'influenza ebraica sul capitale finanziario in Inghilterra era già così grande che, senza esagerare, si poteva dire che gli ebrei inglesi controllavano il mercato monetario inglese.

Sotto la guida di Sampson Gideon, gli ebrei cercarono di abbattere la barriera eretta dalle leggi approvate all'epoca contro l'afflusso di ebrei stranieri. La nazione inglese, eccitata dalla rabbia, si oppose vigorosamente a questo sforzo ebraico. Gli ebrei non potevano quindi ottenere nulla con mezzi costituzionali, ma il loro potere era già così grande e, lavorando dietro le quinte, influenti ebrei inglesi fecero in modo che queste leggi approvate all'epoca fossero aggirate e ridotte a nulla.

Cento anni dopo, nel XIX secolo, abbiamo assistito all'ultimo e decisivo periodo in cui gli ebrei hanno cercato l'emancipazione. All'inizio dell'epoca vittoriana, figure ebraiche come Rothschild, Montefiore, Bernal, Montagu, Ricardo e Disraeli si batterono per la parità di diritti degli ebrei nella legge inglese.

Una volta che gli ebrei furono accolti a corte e fu loro concessa la cittadinanza, la nobiltà inglese non si sentì più degradata dal matrimonio con gli ebrei. La penetrazione e la disintegrazione della nobiltà inglese da parte degli ebrei continuò ininterrottamente. Senza interruzioni, l'invasione ebraica della classe dirigente, la cui opposizione nazionale era stata spezzata, continuò su ampia base. Dopo che l'ebraismo era riuscito a penetrare nella nobiltà, fu in grado, da questa posizione di forza, di continuare la sua campagna contro la nazione inglese.

Era la terza tappa della sua conquista dell'Inghilterra. Nel giro di cento anni ci era riuscita. Sotto il regno della Regina Vittoria, l'ultima resistenza della nazione inglese fu spezzata. Giuda aveva conquistato l'Inghilterra. La plutocrazia ebraico-inglese fu stabilizzata dagli ebrei e da alcuni settori della classe dirigente, legata ad essa da vincoli di sangue, che si sarebbe ulteriormente espansa nel corso del XX secolo. L'interesse ebraico e l'interesse dell'aristocrazia giudeo-inglese sono ora identici.

Attraverso questo sistema di governo plutocratico, l'imperialismo ebraico e quello britannico si saldarono saldamente. Le mani forti con cui gli ebrei avevano legato a sé la nobiltà inglese erano quelle dei legami di sangue e del capitale finanziario. L'oro ebraico divenne il padrone indiscusso dell'Inghilterra. La spregiudicatezza e l'aggressività ebraica, l'avarizia e l'avidità ebraica divennero i tratti distintivi delle classi dirigenti, che ora dovevano fare i conti con gli ebrei.

Queste sono le pietre miliari su cui è stato costruito l'Impero britannico nella sua forma attuale. Sono le fondamenta su cui poggia.

Mentre la famiglia Rothschild esercitava la sua influenza attraverso le sue banche di Londra, Parigi, Francoforte, Vienna e Napoli, altri grandi nomi della finanza ebraica, come Bleichroder a Berlino, Warburg ad Amburgo, Oppenheim a Colonia e Speyer a Francoforte, emersero come potenti signori del denaro che lavoravano in collaborazione tra loro e con i Rothschild, spesso in competizione, ma tutti legati dalla loro eredità e tradizione ebraica. C'erano anche gli Hambro di Londra, i Sassoon di Bombay e i Guinzberg di San Pietroburgo.

Sebbene questi imperi bancari siano equivalenti a quelle che oggi chiamiamo "banche d'affari" o "banche d'investimento", gli ebrei svolsero un ruolo importante anche nella creazione delle cosiddette banche "commerciali" (più vicine alla banca "media" con cui la gente comune si rivolge per ottenere servizi finanziari) come la Deutsche Bank e la Dresdner Bank, due delle "tre grandi" banche tedesche, il Crédit Mobilier e la Banque de Paris et des Pays-Bas in Francia, la Banca Commerciale Italiana e il Credito Italiano in Italia, il Creditanstalt-Bankverein e la Banque de Bruxelles, tra le altre.

Negli Stati Uniti fiorirono banchieri ebrei: Haïm Solomon, famoso durante la Guerra d'Indipendenza (anche se alcuni contestano l'affermazione che Solomon fosse "il patriota ebreo che finanziò la Rivoluzione Americana ") e Isaac Moses che, con Alexander Hamilton, fondò la Banca di New York nel 1784.

Krefetz cita le banche ebraiche che si svilupparono in America a partire dal 1840: Bache, Goldman, Sachs, J. W. Seligman, Kuhn Loeb, Ladenburg, Thalmann, Lazard Frères, Lehman Brothers, Speyer e Wertheim. Krefetz osserva che queste banche ebraiche con sede negli Stati Uniti tendevano ad avere rapporti di parentela e spesso agivano di concerto, proiettando "l'immagine di un potere concentrato".

E va da sé che, in mezzo a tutto questo, i Rothschild stavano già operando sul suolo americano attraverso il loro agente americano, August Belmont, che lavorava con molte di queste altre forze capitalistiche ebraiche.

È interessante notare che Krefetz suggerisce che queste banche ebraiche non erano in grado di competere con quelle che definisce le banche "protestanti", di cui Morgan, Drexel, Gould, Fiske, Harriman e Hill erano le più importanti.

Ma, come vedremo più avanti in queste pagine, molti di questi elementi erano in realtà sotto l'influenza di Rothschild e di altri ebrei.

Per la cronaca, Krefetz ha aggiunto che, a suo avviso, non esistono prove reali di una cospirazione internazionale di banchieri ebrei, ma che "alcuni ebrei del settore bancario hanno cospirato".

Il gioco dei soldi", ha detto,

> "ha un fascino per gli ebrei che, secondo alcuni, è equivalente al sesso per i francesi, al cibo per i cinesi e al potere per i politici. E dalla diaspora [la dispersione delle comunità ebraiche], le loro preoccupazioni finanziarie hanno sempre avuto un sapore internazionale".

Già nel 1879, il saggista tedesco antiebraico Wilhelm Marr dichiarava apertamente che il potere monetario ebraico aveva acquisito un'influenza predominante, in particolare in Germania, ma riconosceva che questo potere aveva una portata internazionale. Marr descrisse i propri scritti come "non tanto una polemica contro l'ebraismo quanto una conferma di un fatto culturale e storico". Aggiunge che il linguaggio intemperante che può aver usato "deve essere inteso come un semplice grido di dolore di uno degli oppressi".

Per "oppressi", Marr intendeva il resto dei molti europei e dei popoli di tutto il mondo che si trovavano, come disse qualche anno dopo uno scrittore inglese , "sotto il tallone dell'ebreo" - riferendosi, appunto, al potere del denaro ebraico.

Sottolineando che molte persone hanno scritto cose brutte sugli ebrei e sulla comunità ebraica organizzata, Marr ha osservato che, tuttavia, non è così,

> "La nostra compiacenza ci impedisce ancora di ammettere apertamente e onestamente che Israele è diventato una potenza mondiale di primo piano.

Insisteva sul fatto che nei suoi scritti non c'era alcun pregiudizio religioso. Semplicemente, permetteva ai suoi lettori di guardarsi in quello che chiamava "lo specchio" dei fatti culturali e storici. Consigliava ai lettori delle sue opere pessimistiche di non biasimarlo se quello specchio li avesse mostrati come schiavi.

Senza la minima ironia", scrive, "proclamo pubblicamente il trionfo storico-mondiale dell'ebraismo, la notizia di una battaglia persa, la vittoria del nemico senza la minima scusa per l'esercito in difficoltà". Descrive le sue brutali (e cupe) conclusioni come "candore".

Marr ha osservato che "nel corso della storia, gli ebrei sono stati odiati da tutti i popoli, senza eccezioni". Ha sottolineato che gran parte di questo odio e inimicizia non è dovuto alla religione ebraica e ai suoi insegnamenti (in particolare al suo disprezzo per i non ebrei) - anche se ha riconosciuto che questo ha giocato un certo ruolo - ma piuttosto, secondo Marr, al fatto che il popolo ebraico è stato in grado di adattarsi a quella che ha definito "l'idolatria di altri popoli".

Riferendosi al conflitto storico tra Roma e Gerusalemme, Marr osserva che "quando un popolo ne sottomette un altro, in genere si verifica una delle due situazioni: o il conquistatore si fonde nella cultura del conquistato e perde la sua specificità, o il conquistatore riesce a imprimere la sua specificità sul conquistato". Marr ha citato i mongoli che conquistarono la Cina sotto Gengis Khan e poi divennero cinesi. Per quanto questi due possibili fenomeni siano imponenti, perdono la loro importanza se confrontati con la storia culturale dell'ebraismo, perché in questo caso entra in gioco una forza del tutto nuova. Una razza interamente semitica fu strappata dalla sua patria in Palestina, portata in cattività e infine dispersa.

Per quanto riguarda la cattività babilonese, sembra che i Babilonesi si siano stancati presto dei loro prigionieri ebrei, che furono rilasciati. La maggior parte degli ebrei tornò in Palestina, ma i banchieri e i ricchi di rimasero a Babilonia, nonostante le grida di rabbia degli antichi profeti ebrei.

Per certi aspetti, Marr è molto comprensivo nei confronti della situazione ebraica. Sottolinea che "gli ebrei si sono lasciati usare dai grandi di questo Paese per poter effettuare le loro transazioni monetarie a spese della gente comune". Marr aggiunge

> "Molto dotati, molto talentuosi in questo senso, gli ebrei dominarono il commercio all'ingrosso e al dettaglio nel Medioevo. Superarono rapidamente coloro che si guadagnavano il pane con il sudore della fronte".

L'aspetto interessante, secondo Marr, è stata la dinamica della situazione.

Sebbene la gente comune ritenesse che, a causa delle loro differenze religiose, gli ebrei non condividessero le considerazioni etiche dei non ebrei, gli ebrei, purché guadagnassero, tolleravano tutto

"Oppressi dall'alto secondo la politica ufficiale, gli ebrei potevano continuare ad agire dal basso impunemente. Al popolo", ha detto, "non è stato permesso di lamentarsi del proprio sfruttamento da parte dei potenti e dei loro agenti, gli ebrei".

Di conseguenza, ha sottolineato Marr, la religione è stata tirata in ballo da coloro che erano arrabbiati per essere stati sfruttati dagli ebrei e da coloro per i quali gli ebrei agivano come agenti. Di conseguenza si verificarono occasionalmente dei pogrom. Sorprendentemente, però, gli ebrei non cercarono la propria emancipazione, perché temevano che avrebbe interferito con i loro affari finanziari. Sebbene gli ebrei "fossero ridicolizzati dagli studiosi, vessati dalla folla, perseguitati dagli zeloti della Chiesa medievale", tuttavia "conquistarono il mondo con il [loro] spirito ebraico", ha detto Marr.

Un altro critico tedesco del potere finanziario ebraico, Adolf Stoecker, non si limitò a segnalare i problemi. Propose una serie di soluzioni che sperava venissero attuate:

Le malattie sociali che gli ebrei hanno portato con sé devono essere curate con una legislazione oculata. Non sarà facile sottoporre il capitale ebraico alle necessarie limitazioni.

Solo una legislazione organica può raggiungere questo obiettivo. Abolizione del sistema ipotecario nel settore immobiliare... modifica del sistema creditizio che liberi l'imprenditore dal potere arbitrario del grande capitale; modifica del sistema borsistico; ... limitazione della nomina di giudici ebrei alla loro percentuale sulla popolazione totale.

Henry Ford, il grande industriale, parlando del potere monetario internazionale dell'impero Rothschild, ha dichiarato che il potere dei Rothschild, come veniva chiamato un tempo, è un potere che non si può negare,

"era stata così ampliata dall'ingresso di altre famiglie di banchieri nella finanza pubblica, che ora non era più conosciuta con il nome di una famiglia di ebrei, ma con il nome della razza".

Quindi, secondo Ford, questa combinazione è ora chiamata "finanza ebraica internazionale". Ha scritto: Gran parte del velo di segretezza che ha contribuito così tanto al potere dei Rothschild è stato rimosso; il finanziamento della guerra è stato descritto per sempre come "denaro sporco"; e la magia misteriosa che circonda le grandi transazioni tra governi e individui, per cui i singoli controllori di grandi ricchezze rimangono i veri governanti del popolo, è stata in gran parte rimossa e i semplici fatti rivelati. Il metodo Rothschild rimane comunque valido, nella misura in cui le istituzioni ebraiche sono affiliate alle loro istituzioni razziali in tutti i Paesi stranieri.

Dopo aver passato in rassegna l'ascesa degli ebrei come re della finanza mondiale, analizzeremo ora la storia del più grande di tutti i nomi del potere monetario ebraico internazionale: la Casa Rothschild, senza dubbio *la forza preminente nel movimento per un Nuovo Ordine Mondiale...*

Meyer Rothschild, fondatore dell'impero Rothschild, è raffigurato - in maniera imitativa - mentre domina il pianeta con i suoi avvoltoi affamati che stanno per scatenarsi sui popoli della terra in bancarotta. L'inserto mostra la casa originale della famiglia Rothschild a Francoforte, in Germania, da cui Rothschild ha lanciato la sua famigerata dinastia di predatori.

CAPITOLO V

Il regno della Casa Rothschild: il quadro di un impero ebraico globale

Il grande iconoclasta americano, il poeta Ezra Pound, era, come abbiamo già notato, profondamente preoccupato dal potere della finanza ebraica internazionale e dalla sua perfida e devastante politica dell'usura, dalle tattiche che portavano i governi e i popoli - le economie dell'intero pianeta - sotto il controllo dell'élite ebraica.

Pound sottolineò che non aveva senso predicare l'antisemitismo senza attaccare specificamente e cercare di porre fine alla costruzione finanziaria che aveva permesso agli ebrei di regnare sovrani. In *Gold and Work*, pubblicato nel 1944, lo disse senza mezzi termini: "È ovviamente inutile indulgere nell'antisemitismo lasciando intatto il sistema monetario ebraico che è il loro più formidabile strumento di usura.

In realtà, dopo secoli, è stata la Casa Rothschild a dominare questo "sistema monetario ebraico" globale su cui Pound ha scritto e tenuto una lezione così impavida e incessante.

La Storia Economica degli Ebrei, degli scrittori ebrei Salo W. Baron, Arcadius Kahan e altri (pubblicato da Schocken Books, una casa editrice di orientamento ebraico, nel 1975), riassume la storia iniziale della famiglia Rothschild quando emerse come impero bancario ebraico predominante. Sebbene il fondatore della famiglia, Meyer Amschel Rothschild (1744-1812), fosse attivo come usuraio già nel 1763, fu all'inizio del 1800 che l'impero Rothschild, ora nelle mani dei suoi cinque figli, consolidò la sua posizione di forza preminente nella finanza ebraica internazionale. Ecco una sintetica valutazione dell'ascesa dei Rothschild nella *Storia economica degli ebrei* di Schocken: L'attività bancaria ebraica ebbe inizio nel XIX secolo con l'ascesa della Casa Rothschild a Francoforte, che divenne il nuovo centro bancario d'Europa dopo gli sconvolgimenti politici causati dalla Rivoluzione francese e dalle Guerre napoleoniche.

Meyer Amschel Rothschild, il fondatore della casa che divenne il simbolo del merchant banking del XIX secolo, iniziò come banchiere dell'Elettore d'Assia-Kassel. I suoi figli divennero grandi banchieri europei: Amschel Meyer a Francoforte, Salomon Meyer a Vienna, Karl Meyer a Napoli, James Meyer a Parigi e Nathan Meyer a Londra.

Dopo la morte di Abraham Goldsmid e Francis Baring nel 1810, Nathan Rothschild divenne la figura dominante del mercato monetario londinese. La maggior parte delle transazioni finanziarie inglesi con il Continente passava attraverso gli uffici dei Rothschild.

Dopo il Congresso di Vienna del 1815, i Rothschild estesero le loro attività alla maggior parte degli Stati europei, specializzandosi nella liquidazione di valute cartacee gonfiate e nella creazione di debiti pubblici fluttuanti.

Nel 1818, la società ha concesso prestiti ai governi europei, a partire dalla Prussia, per poi emettere prestiti a Inghilterra, Austria, Napoli, Russia e altri Stati, in parte in collaborazione con Baring, Reid, Irving & Company.

Tra il 1815 e il 1828, il capitale totale dei Rothschild passò da 3.332.000 a 118.400.000 franchi.

Il monumentale studio di Chaim Bermant *The Cousinhood: A Vivid Account of the English-Jewish Aristocracy* - un'aristocrazia che egli chiama "the Cohens, Rothschilds, Goldsmids, Montefiores, Samuels and Sassoons" - pubblicato nel 1971 da MacMillan, osserva che il capostipite della dinastia Rothschild, Meyer (a volte reso come "Maier" e "Mayer") Rothschild, ebbe una formazione da rabbino e che Meyer "aveva a cuore tutte le tradizioni ebraiche". Sua moglie, Guttele, era la classica matriarca ebrea della leggenda, come attestano tutte le testimonianze sulla famiglia Rothschild.

E come abbiamo notato all'inizio - e vale la pena ripeterlo - un ammirato biografo di Rothschild ha detto di lui che era "uno zelante credente nel Talmud e lo scelse come unico principio guida per tutte le sue azioni". Allo stesso modo, Chaim Bermant si è affrettato ad affermare che l'interazione tra vita religiosa, sociale, accademica ed economica ebraica era un aspetto di lunga data della vita ebraica che avvolgeva sia la famiglia Rothschild che le altre principali famiglie bancarie ebraiche, e tutti gli ebrei.

È importante riconoscerlo quando si esamina il ruolo che la filosofia religiosa talmudica, che risale ai giorni gloriosi della vita ebraica a

Babilonia, ha svolto nell'ascesa della Casa Rothschild e nel suo ruolo di promozione di quello che oggi chiamiamo Nuovo Ordine Mondiale. Bermant ha scritto: Una sinagoga non è né un tempio né una chiesa ebraica. È nata come istituzione a Babilonia, nel mercato, dove gli ebrei, dopo essersi riuniti per commerciare, erano incoraggiati a rimanere a pregare. Nei ghetti d'Europa era il luogo di incontro della comunità, dove ci si riuniva per pregare, cantare, studiare, parlare, passare il tempo, piangere i momenti tristi e festeggiare quelli felici.

A proposito della "Cousinhood" - le famiglie ebraiche d'élite con sede in Gran Bretagna ma con tentacoli in tutto il mondo - Bermant scrive che "la Cousinhood non era semplicemente un gruppo di parenti. Per molti versi funzionavano come un'unità organica e, mentre i loro diritti [come ebrei] non erano ancora pienamente garantiti, misero la loro ricchezza e la loro influenza al servizio dei loro correligionari perseguitati in altre parti del mondo. Ovunque gli ebrei fossero oppressi, gli emissari si precipitavano in Inghilterra, dai Rothschild, da Montefiore, dai Cousinhood". Questa élite di ebrei è quella che regna sovrana.

Ironicamente, Nathan Rothschild, capo del ramo britannico della Casa Rothschild, non aveva l'immagine di un titano globale. Un viaggiatore americano in Gran Bretagna nel 1835 disse che Rothschild era "una persona dall'aspetto molto comune, con lineamenti pesanti, labbra flaccide e pendenti e un occhio di pesce sporgente. La sua figura, corpulenta, goffa e sgraziata, era avvolta nelle pieghe sciolte di un'ampia veste".

Tuttavia, aggiunge l'americano, "c'era qualcosa di imponente nella sua aria e nei suoi modi, e il rispetto deferente che sembrava mostrargli volontariamente dimostrava che non era una persona comune. La domanda ovvia era: "Chi è costui? Il Re degli Ebrei", fu la risposta.

Nel corso del secolo successivo, questo re degli ebrei dall'aspetto sgraziato e la sua famiglia accumularono un potente impero che non aveva eguali all'epoca e che ha ancora oggi.

Nel 1878, il maggiore Osman Bey scrisse un "saggio storico ed etnico" intitolato *La conquista del mondo da parte degli ebrei*. Il libro esamina come quello che egli chiama "il principio degli interessi materiali" schiavizzi i popoli del mondo attraverso l'oppressione finanziaria. Descrive questo "principio degli interessi materiali" come un "potere segreto" che il popolo ebraico, come forza unita, ha scoperto. Sottolinea il concetto di solidarietà ebraica, suggerendo che se un ebreo venisse attaccato in un luogo, tutti gli ebrei dei cinque continenti si solleverebbero come un sol uomo contro l'aggressore. Questo concetto di solidarietà ebraica costituisce la base dei suoi scritti in questo campo.

A suo avviso, i piccoli usurai medievali si sono trasformati in banchieri o broker moderni. Gli ebrei erranti di un tempo sono diventati accorti speculatori, e i vecchi mercanti di vestiti e ambulanti hanno aperto eleganti magazzini e capannoni industriali". Tuttavia, aggiunge un punto critico che deve essere compreso:

Mancava ancora la corona dell'edificio, cioè l'incarnazione della modalità di principio e di un potere concreto e tangibile, che è innato in ogni impresa umana; infatti, come il dominio ecclesiastico o quello militare rozzo venivano alla fine incorporati in un papa o in un imperatore, così la supremazia monetaria ebraica doveva necessariamente indurre la formazione di una dinastia, che traeva la sua origine e la sua giustificazione permanente dal principio degli interessi materiali.

Osman si riferiva ovviamente all'impero Rothschild.

È stato Rothschild", dice, "a sollevare

"più per forza di cose che per le conseguenze dei propri sforzi, alla posizione alta e potente di leader visibile della supremazia ebraica".

Osman osserva

"Tutti gli ebrei si sono prostrati davanti a questo nuovo sovrano e continuano a prostrarsi da quando il suo regno è stato riconosciuto da un capo all'altro del mondo. Come re della finanza, Rothschild comanda le masse rotolanti del capitale ebraico in modo completo come l'imperatore tedesco o russo comanda le masse mobili dei suoi eserciti

Il potere di questo "leader autocostituito di tutti gli ebrei", dice Osman,

"non deve essere calcolato in base alle migliaia di milioni che può chiamare suoi, ma in base a quella massa d'oro molto più grande e veramente favolosa, la cui circolazione dipende dagli ordini impartiti dal suo gabinetto".

Osman ha notato che le "masse rotolanti del capitale ebraico" erano di portata internazionale:

Ogni milionario ebreo che effettua transazioni finanziarie a Parigi, Vienna, Berlino o negli Stati Uniti [si noti il riferimento agli USA del 1878] è in qualche modo un luogotenente generale di Rothschild, che regola sempre le sue azioni in base alle indicazioni di questo barometro finanziario.

Egli osserva che la ricchezza di tre rami della famiglia Rothschild è stimata in circa 3.000 milioni di dollari e sottolinea che "si tratta della somma che il governo francese ha avuto difficoltà a raccogliere per gli indennizzi di guerra". Quindi, conclude, "una famiglia è ricca come un'intera nazione". E aggiunge: "Quando si pensa che questa immensa ricchezza è il frutto del lavoro di milioni di persone sfortunate, bisogna interrogarsi sulla sua sanità mentale". Osman riassume tutto.

Uno stato di cose così innaturale non è mai esistito prima. Il capo della famiglia Rothschild è quindi un potentato, un sovrano nel pieno senso della parola, e i suoi sudditi sono i milioni di esseri umani che lavorano incessantemente per sostenere il suo potere e il suo splendore.

I Rothschild possiedono una dozzina di castelli, vere e proprie residenze reali, situate nei paesi più magnifici e coltivati.

Questi governanti sfoggiano lo splendore e ricevono l'adulazione dei magnati di questa terra, senza escludere imperatori e re, eppure il capo della famiglia Rothschild attribuisce scarso valore al fatto che "viene chiamato re". Sua Maestà Ebraica è chiaramente soddisfatto di *essere un re* e di godere del potere di un'immensa ricchezza. Ma in tutti gli altri aspetti, Rothschild svolge letteralmente il *ruolo di* sovrano e non trascura i doveri imposti dalla sua dignità regale.

È lui che rappresenta il popolo ebraico con splendore, come altri sovrani rappresentano il potere delle rispettive nazioni. Il sovrano ebreo, ad esempio, non esita mai a partecipare ad ogni sottoscrizione che la moda o il rumore hanno investito di una certa importanza [cioè gli ebrei inseriscono il loro denaro e la loro influenza in modo molto pubblico - si potrebbe dire "appariscente" - per far conoscere e "rispettare" la loro presenza e il loro nome - n.d.t.].

Rothschild si preoccupava sempre, quando visitava una determinata località, di lasciare un ricordo della sua presenza, fondando un'istituzione filantropica o facendo una donazione principesca.

Inoltre, i Rothschild, in qualità di capo visibile della nazionalità ebraica, si sono recentemente impegnati a porre la prima pietra ogni volta che deve essere eretta un'istituzione benefica dedicata esclusivamente agli ebrei. Il potere di questo autocrate ebreo è così incommensurabile e illimitato che supera di gran lunga quello di tutti gli altri re e imperatori.

Quando, solo pochi anni fa, due grandi imperi - Francia e Prussia - hanno combattuto una guerra sanguinosa, schierando ciascuno diverse centinaia di migliaia di soldati, è stato comunque necessario ricorrere a un terzo potentato per riportare la calma in Europa.

Questo terzo potentato era Rothschild, questo "re per grazia di Dio", la cui firma era indispensabile per la conclusione definitiva della [guerra].

Sebbene alcuni scrittori contemporanei, in gran parte pubblicisti dei Rothschild, abbiano cercato di sminuire il ruolo dell'influenza dei Rothschild sul territorio americano, Osman ha scritto che negli Stati Uniti "il loro potere è ben conosciuto e sentito".

Egli ha sottolineato che, in base a buone fonti, la demonetizzazione del dollaro d'argento statunitense nel 1873 era stata effettuata da un agente dei Rothschild, Earnest Seagel, che si era recato a Washington per questo scopo e si supponeva che, "con mezzi corrotti", avesse effettuato il cambiamento, come desiderato dall'impero Rothschild. "L'affare fu condotto così abilmente che passò del tempo prima che il cambiamento diventasse di dominio pubblico.

Osman ha anche notato che le forze dei Rothschild "aspiravano anche al monopolio delle arti e delle scienze liberali, che sono aperte solo ai più alti ranghi della società. Sapendo bene che solo con questi mezzi possono acquisire onore, considerazione e potere politico , si impegnarono nella letteratura, nella medicina e nell'istruzione pubblica, e inondarono le professioni del diritto e del giornalismo.

> I direttori dei giornali ebraici formano in ogni Stato", ha aggiunto, "una combinazione affiatata e onnipotente, composta da menti tanto intelligenti e industriose quanto prive di scrupoli, che si sono per così dire appropriati del diritto di intervenire in tutti gli affari per estorcere un tributo alla credulità del pubblico

> "Questa combinazione", dice, "che dispone di tali mezzi, molto più potente della Chiesa o dello Stato feudale, è in possesso di un potere vasto e terribile nelle cui mani non siamo che abietti schiavi

Sui giochi di potere ebraici nell'arena politica, ha scritto

> "Ci sono due principi fondamentali: gli ebrei, come gruppo organizzato, hanno cercato di concentrare la loro influenza, sparsa in tutto il mondo in ogni momento, sul punto da conquistare più efficacemente, per sopprimere tutte le tendenze locali di opposizione. Si sforzano in ogni momento di trarre profitto dalla disunione degli altri.

A tal fine, mettono il loro potere finanziario a disposizione [delle due parti in conflitto], assicurandosi di avere rappresentanti da entrambe le parti.

Grazie a questa politica, gli ebrei sono sempre pronti a volgere a proprio vantaggio ogni vittoria di partito

Una simile distribuzione del potere è paragonabile a una buona mano di carte, in cui tutti e quattro i semi sono rappresentati in modo tale che alcuni punti sono sempre certi, qualunque sia il seme girato.

Ad esempio, ha osservato:

Per esempio, vediamo in Francia: ebrei imperialisti, repubblicani e persino socialisti. Se mai l'imperialismo dovesse vincere, [la finanza ebraica] sarà lì a rappresentare gli interessi ebraici.

Se invece è probabile che la Repubblica o addirittura la Comune vincano, [i socialisti ebrei sono] a disposizione per cambiare il colore della carta vincente, per così dire, nel mazzo di carte ebraico.

"In breve, gli ebrei stanno preservando il loro prestigio a prescindere da qualsiasi cambiamento di governo e si stanno avvicinando al loro obiettivo finale - la conquista del mondo - un approccio che, nel corso del tempo, sta diventando sempre più l'obiettivo finale, a prescindere dai cambiamenti delle circostanze. Hanno scoperto il segreto per vincere con tutti i partiti e perdere con nessuno".

I Rothschild e i loro satelliti hanno giocato questa partita anche sulla scena internazionale.

"Tutte le nazioni", scrive, "sono manipolate, se necessario, come parte di questo grande gioco internazionale".

Osman ha spiegato come il potere finanziario ebraico sia in grado di manipolare la stampa. Secondo Osman, esistono tre categorie di giornali: i giornali al soldo degli ebrei; i giornali che portano la bandiera di una specifica nazionalità o ideologia, ma che in realtà sono fronti per gli interessi ebraici; infine, i giornali che portano apertamente la bandiera ebraica.

La prima categoria, i giornali al soldo degli ebrei, erano quelli essenzialmente comprati. La seconda categoria di giornali era quella dei proverbiali "lupi travestiti da pecore", che fingevano di rappresentare gli interessi di altri gruppi ma che, in realtà, "sotto la loro maschera servivano a uno scopo eccellente, operando cambiamenti nell'opinione pubblica, poiché i loro lettori raramente percepiscono che gli articoli in essi pubblicati... [suggeriscono] che questi giornali riflettono la tendenza dell'opinione pubblica in [il Paese in cui sono pubblicati]. [suggeriscono] che questi giornali riflettono la direzione dell'opinione pubblica in [il Paese in cui sono pubblicati]".... [inducono il pubblico a credere] che questi giornali riflettano la tendenza dell'opinione pubblica in [il Paese in cui sono pubblicati], quando in realtà non sono altro che il riflesso del diavolo ebraico che cerca di sviarci a suo piacimento e ci ammalia con le dottrine e i sofismi della scuola moderna".

(Oggi, negli Stati Uniti, ci sono le riviste di quelli che potrebbero essere chiamati "liberali kosher" e "conservatori kosher" che, pur essendo profondamente in disaccordo su tutte le altre questioni, sostengono comunque gli interessi ebraici e le preoccupazioni dello Stato di Israele). Poi, naturalmente, Osman ha notato che ci sono quelle riviste che si proclamano apertamente come riflettenti gli interessi della comunità ebraica e orientate verso gli stessi ebrei, progettate, scrive Osman, "per guidare Israele [il popolo ebraico] nella sua mossa aggressiva sulla ricchezza dei gentili" - cioè i non ebrei del mondo.

> "Questa stampa alza il grido di guerra, dirige e conduce gli ebrei in avanti. Senza questi giornali, il movimento ebraico non formerebbe un insieme e la sua attività mancherebbe necessariamente di forza interiore".

Osman ha descritto tutto questo come una prova "dell'esistenza di un potere segreto ma formidabile". Questa combinazione, ha detto, "forma una batteria spaventosa contro la quale sembra quasi impossibile combattere".

Riferendosi ai giornali indipendenti al di fuori della sfera d'influenza dei Rothschild (e degli ebrei), Osman ha detto

> "Gli ebrei hanno sempre a disposizione una pioggia di derisioni e calunnie vomitate dalle bocche bugiarde di centinaia di giornalisti: chi non si lascia depredare dagli ebrei è un 'reazionario' e se prende in mano una pelle di vacca [per difendersi dagli attacchi ebraici], è un 'barbaro'".

Osman concludeva - tanto tempo fa, nel 1878 - che la conquista del mondo da parte degli ebrei era ormai ciò che egli chiamava

> "un fatto provato che non può essere contestato".

Ciò che ha contribuito alla conquista del mondo è l'usura, che egli descrive come una "perniciosa abitudine di emettere obbligazioni, non solo da parte delle nazioni, ma anche da parte dei comuni, che hanno così ipotecato la ricchezza delle nazioni e delle comunità di tutto il mondo". Gli interessi su queste obbligazioni "continuano a crescere giorno e notte", ha sottolineato. "Il suo corso attraversa il quartiere fieristico come un tornado, distruggendo tutto ciò che incontra sul suo cammino".

Quello che Osman chiama "il potere segreto dell'interesse accumulativo" ha schiavizzato l'umanità ed è diventato "l'arma principale" degli interessi ebraici per stabilire quello che oggi chiamiamo il Nuovo Ordine Mondiale. L'unica soluzione è che le nazioni e gli individui non si indebitino, cosa che, a suo avviso, spezzerebbe la schiena del potere monetario internazionale non appena tutti i debiti fossero liquidati su base giusta ed equa.

L'ironia, secondo Osman, è che mentre le persone si considerano "libere" e si vantano di avere un alto livello di cultura nella loro natura, nessuno ha ancora osato parlare contro coloro che sono riusciti a conquistare il mondo solo ricorrendo all'imbroglio e all'usura:

> L'unico modo per ristabilire l'equilibrio sociale è afferrare l'albero per la radice e dirigere gli attacchi contro la causa di questo male cosmopolita e fondamentale. Solo così i veri statisti potranno riuscire a liberare l'umanità dal più grande flagello che abbia mai sofferto.

E la fonte di questo flagello è stata la costruzione globale della finanza ebraica internazionale dominata dalla dinastia Rothschild.

> Nel 1913, il professor Roland G. Usher, nel suo libro *Pangermanesimo*, rifletteva sui tentacoli mondiali dei Rothschild di : Russia, Turchia, Egitto, India, Cina, Giappone e Sud America sono probabilmente detenuti, per quanto una grande nazione possa essere detenuta, a Londra o a Parigi. Il pagamento degli interessi su queste somme considerevoli è assicurato dalle entrate pubbliche di questi Paesi e, nel caso delle nazioni più deboli, dall'effettiva consegna della raccolta nelle mani degli agenti dei banchieri inglesi e francesi.

E, naturalmente, quei "banchieri inglesi e francesi" erano i Rothschild. Usher ha aggiunto che:

> Inoltre, una parte molto ampia, se non la maggioranza, delle azioni e dei titoli industriali del mondo è detenuta da queste due nazioni e le politiche di molte aziende mondiali sono dettate dai loro leader finanziari.

In breve, stava dicendo che i leader finanziari di Inghilterra e Francia - cioè i Rothschild e coloro che rientravano nella loro sfera di influenza - erano in realtà coloro che controllavano la maggior parte delle azioni e dei titoli industriali del pianeta stesso.

> "Il mondo intero stesso, infatti, rende loro omaggio", scrive Usher, "Si alza al mattino per guadagnarsi da vivere utilizzando il loro capitale e occupa le sue giornate guadagnando denaro per pagare loro gli interessi, che li rendono ancora più ricchi".

La crescita dell'impero Rothschild fu straordinaria. *L'Annual Encyclopedia del 1868* riporta che la Jacob Rothschild di Parigi, avviata dal padre Maier Rothschild con un capitale di 200.000 dollari, morì nel 1868 con una fortuna che allora valeva oltre 300.000.000 di dollari. Il suo solo reddito annuale era di circa 40.000.000 di dollari.

Nel 1913, nel suo libro *The Romance of the Rothschild*, Ignatius Balla sottolineò che, all'epoca, nessuna fortuna in America eguagliava il reddito annuale di Jacob Rothschild. Nel 1913, secondo Balla, la fortuna dei Rothschild valeva più di 2.000.000.000 di dollari.

Naturalmente, i vari rami dell'impero Rothschild nelle principali città d'Europa trovarono il modo di mantenere la loro influenza attraverso il matrimonio dei loro figli con altri membri della loro famiglia allargata. Per esempio, Jacob Rothschild sposò la figlia di suo fratello, il barone Salomon Rothschild di Vienna.

L'istituzionalizzazione dell'impero Rothschild continuò con il matrimonio di membri della famiglia Rothschild con membri di altre dinastie bancarie ebraiche, come i Montefiores d'Inghilterra e i Sassoon che, in particolare, costruirono le loro gigantesche fortune in Asia. Originariamente commercianti di oppio di Baghdad, i Sassoon passarono poi al settore bancario ed esercitarono una straordinaria influenza in Cina, Giappone e in tutto l'Oriente, compresa l'Australia.

I prestiti internazionali alle nazioni del mondo da parte della dinastia Rothschild erano un fattore importante allora - quando lo scrittore americano E. C. Knuth scriveva nei primi anni '40 - proprio come lo sono oggi. Knuth descrive gli intrighi dei Rothschild, spesso documentati, affermando che "uno dei mezzi più efficaci utilizzati dalla Casa Rothschild nel corso degli anni per distruggere i suoi concorrenti e disciplinare gli statisti recalcitranti è stato quello di creare artificialmente un'inflazione eccessiva attraverso una speculazione prolungata, per poi incassare e lasciare che altri tenessero il sacco".

Questo trucco, afferma, è stato utilizzato dai Rothschild a intervalli regolari nel corso degli anni.

I Rothschild avevano un controllo globale: Belgio, Egitto, Portogallo e molti altri Paesi. In Cile, i Rothschild controllavano i nitrati. Il Brasile era talmente appesantito dai prestiti Rothschild che uno scrittore dichiarò su che questo colosso latino avrebbe potuto essere descritto come "uno Stato Rothschild".

L'influenza dei Rothschild si estendeva all'Asia grazie ai legami con la famiglia Sassoon, all'Australia attraverso i Montefiores e al Sudafrica grazie al controllo dei Rothschild sui diamanti e sull'oro, influenza che si estendeva a Cecil Rhodes e alla famiglia Oppenheimer che dominavano l'industria dei diamanti.

Al giorno d'oggi, i Rothschild, gli Oppenheimer, i Bronfman delle Americhe e il defunto Armand Hammer, i cui intrighi si estendevano fino all'Unione Sovietica, erano noti agli addetti ai lavori come la "Banda dei quattro miliardari" ed erano i boss responsabili dell'impero mediatico internazionale di Rupert Murdoch, australiano di nascita, che è in parte ebreo (per almeno una linea di discendenza) da parte di madre.

Più tardi, prima del crollo del regime sovietico, negli anni successivi alla morte di Josef Stalin - che si sforzava di spezzare l'influenza ebraica in Russia - queste influenze Rothschild hanno ritenuto opportuno iniziare a manovrare per mantenere la loro presa sulla Russia mentre questa si avviava verso il suo crollo finale.

Sebbene si tenda a pensare che l'impero Rothschild si concentri principalmente sulla finanza, la verità è che i suoi miliardi sono stati investiti in molti settori.

I Rothschild controllavano il mercurio, assemblando miniere di mercurio in Spagna e manipolando gli affari politici di quel Paese.

Lo stesso vale per il nichel, che viene utilizzato per indurire l'acciaio e per il quale non esiste un sostituto conosciuto.

I Rothschild hanno assunto il controllo delle risorse di nichel in Canada, Nuova Caledonia e Norvegia. Gli interessi dei Rothschild nel settore del nichel consentono loro di essere protagonisti anche nella produzione di armi, dato che la famosa azienda tedesca Krupp è legata, attraverso i suoi rappresentanti, alla società francese dei Rothschild, Le Nickel.

Anche l'industria del rame era una fonte di ricchezza per i Rothschild: essi detenevano azioni nelle miniere di Rio Tinto in Spagna, che producevano anche zolfo.

Lo stesso vale per il piombo e il petrolio. Sebbene il nome Rockefeller sia associato al petrolio, nella regione del Caucaso, dove si trovano le famose riserve petrolifere di Baku, i Rothschild controllavano vasti giacimenti di petrolio.

Vale la pena notare che l'interesse dei Rothschild per il petrolio ha portato alla loro ostilità nei confronti degli zar di Russia, che sono stati gli unici re europei a resistere costantemente agli intrighi dei Rothschild.

Non è quindi una coincidenza che gli interessi dei Rothschild abbiano finito per svolgere un ruolo centrale nel finanziamento della rivoluzione bolscevica guidata dagli ebrei che distrusse la Casa Romanov.

Se è noto che i Rothschild controllavano l'industria dei diamanti in Sudafrica, erano anche importanti nelle lucrose attività di estrazione dell'oro.

Tutti i lingotti d'oro passavano attraverso le mani di tre società ebraiche che controllavano il prezzo dell'oro: Mocatta e Goldsmid, Samuel Montagu & Company e, naturalmente, N. M. Rothschild and Sons.

Fu il presidente sudafricano Henrik Krueger a dichiarare notoriamente: "Se fosse possibile espellere i monopoli ebraici da questo Paese, spalla a spalla, senza iniziare una guerra con la Gran Bretagna, il problema della pace eterna sarebbe risolto".

(Ironia della sorte, Krueger è ricordato sulla famosa moneta d'oro sudafricana nota come Kruegerrand).

Lo scrittore inglese Arnold Leese ha affermato che gli eventi legati alla storia della dinastia Rothschild hanno una morale ben precisa. Secondo lui, questa morale è la seguente: Solo una minoranza di uomini e donne in qualsiasi comunità, di qualsiasi razza, ceto o religione, è abbastanza forte da resistere assolutamente all'influenza esercitata su di loro da coloro che esercitano il potere del denaro, che diventa senza troppi sforzi il vero dominatore dei governi "democratici". Quando questo potere del denaro è esercitato dagli ebrei, ne consegue che la democrazia è condannata, per sua stessa natura, a essere governata da ebrei estranei al Paese che la adotta.

Leese ha affermato che "l'influenza del denaro è generalmente esercitata in modo molto più sottile rispetto alla corruzione vera e propria. Anche gli uomini e le donne buoni, se non sono così forti, hanno difficoltà a resistere ai favori concessi in circostanze che rendono difficile il rifiuto...". Egli descrive alcuni dei modi in cui si realizza questa sottile forma di corruzione: consigli sulle probabili fluttuazioni future di azioni e titoli, presentazioni a persone influenti offerte dai ricchi ai bisognosi, alloggi forniti a costi notevolmente inferiori a quelli abituali, notizie anticipate dai politici, ecc.

Leese ha sottolineato che

> "sotto tali influenze, le persone che non sono state in grado di essere corrotte con mezzi diretti si trovano prima o poi in circostanze in cui non è più possibile per loro rifiutare un qualche tipo di ritorno di favore, che la posizione ufficiale dell'individuo interessato può dare loro l'opportunità di fare".

Carroll Quigley, professore alla Georgetown University, scrive in *Tragedia e speranza* dell'influenza delle banche ebraiche in Europa.

Egli osserva che i Rothschild e le altre banche ebraiche collaboravano spesso con interessi non ebraici e che "spesso cooperavano insieme, anche quando i loro gruppi erano in competizione".

Nella Francia del XIX secolo, nota Quigley, "un gruppo prevalentemente ebraico" si alleò con gli interessi bancari protestanti, come quelli esercitati dal gruppo Mirabaud.

(È interessante notare che questo eminente professore della Georgetown University - che, per pubblica ammissione dell'ex presidente Bill Clinton, è stato un suo ammirato mentore intellettuale - nel suo primo libro distinguerebbe tra interessi bancari "ebraici" e "protestanti. All'americano medio è stato assicurato che è politicamente scorretto e assolutamente inaccettabile discutere della religione di qualcuno al di fuori di una discussione diretta sulla religione stessa, cioè specificare le credenze religiose di qualcuno, il che è, nel peggiore dei casi, bigottismo e, nel minimo, maleducazione e inappropriatezza).

Quindi, nonostante ciò che è stato messo ai piedi dell'americano medio, con l'obiettivo di spaventarlo e impedirgli di discutere del potere e dell'influenza ebraica, il fatto che il signor Quigley osi riferirsi casualmente e francamente agli interessi bancari ebraici dovrebbe essere istruttivo per quell'americano medio.

Tuttavia, secondo il signor Quigley, gli interessi di Mirabaud e Rothschild

> "insieme dominavano l'intero sistema finanziario, essendo più ricche e potenti di tutte le altre banche private messe insieme".

Nel 1902, nel suo famoso libro *Imperialism: A Study*, il liberale inglese J.A. Hobson notò il potere della dinastia Rothschild nel suo contesto politico

> Qualcuno crede seriamente che uno Stato europeo possa intraprendere una grande guerra o contrarre un grande prestito pubblico se la Casa Rothschild e le sue connessioni si oppongono

> Qualsiasi atto politico importante, che implichi un nuovo flusso di capitali o un'importante fluttuazione del valore degli investimenti esistenti, deve ricevere la sanzione e l'aiuto pratico di questo piccolo gruppo di re della finanza... La finanza manipola le forze patriottiche generate da politici, soldati, filantropi e commercianti... Gli interessi finanziari possiedono quelle qualità di concentrazione e di lucido calcolo che sono necessarie per l'attuazione dell'imperialismo.

> Un ambizioso statista, un soldato di frontiera, un missionario troppo zelante o un mercante avventuroso possono suggerire o addirittura avviare una fase di espansione imperiale, possono contribuire a educare l'opinione pubblica patriottica sull'urgenza di una nuova avanzata, ma la decisione finale spetta al potere finanziario.

> L'influenza diretta esercitata dalle grandi società finanziarie sulla "politica alta" è rafforzata dal controllo che esse esercitano sull'opinione pubblica attraverso la stampa che, in tutti i paesi "civilizzati", sta diventando sempre più un loro strumento obbediente...

Nel 1911, Werner Sombart, nel suo famoso libro *Gli ebrei e il capitalismo moderno*, affermava: "Il nome Rothschild significa molto di più dell'azienda che lo porta". Egli si riferisce a tutti gli ebrei coinvolti nella finanza internazionale e sottolinea che: "Perché è solo con il loro aiuto che i Rothschild hanno potuto raggiungere la posizione di potere supremo - si potrebbe anche dire la padronanza esclusiva del mercato obbligazionario - che li vediamo detenere da mezzo secolo". E ha aggiunto

> "Non è certo esagerato dire che un ministro delle finanze che si alienasse questa casa mondiale e si rifiutasse di collaborare con essa dovrebbe più o meno chiudere il suo ufficio.... [Non solo in termini

quantitativi, ma anche qualitativi, il mercato azionario moderno è rothschiliano (e quindi ebraico).

Un famigerato romanzo intitolato *L'argent (Il denaro)* fu scritto da Émile Zola. In questo romanzo, c'era un personaggio - un certo Gundermann - che era un banchiere ebreo (modellato, ovviamente, su niente meno che il francese Rothschild).

Gundermann è stato descritto da Zola:

> Il re banchiere, il padrone della borsa e del mondo... l'uomo che conosceva [tutti] i segreti, che faceva salire e scendere i mercati a suo piacimento come Dio fa salire e scendere il tuono... il re dell'oro... Gundermann era il vero padrone, il re onnipotente, temuto e obbedito da Parigi e dal mondo intero... A Parigi era già chiaro che Gundermann regnava su un trono più solido e rispettato di quello dell'Imperatore.

Un altro personaggio del libro di Zola, un certo Saccard, antisemita, è costretto a chiedere aiuto a Gundermann, mentre prevede "la conquista finale di tutti i popoli da parte degli ebrei". Saccard descrive gli ebrei come "una razza maledetta che non ha più ragione di esistere"

> Questa razza maledetta, che non ha più una patria, non ha più un principe, che vive come un parassita nella casa delle nazioni, fingendo di obbedire alla legge, ma in realtà obbedendo solo al suo dio del furto, del sangue e della rabbia [...] portando avanti ovunque la sua missione di feroce conquista, per braccare la sua preda, succhiare il sangue di tutti [e] ingrassare sulle vite degli altri.

Le persone sensibili, politicamente consapevoli e politicamente corrette potrebbero essere rimaste sciocccate nel leggere queste osservazioni sugli ebrei e sugli interessi finanziari ebraici dalla penna di Émile Zola, perché, ovviamente, egli era noto soprattutto (e lo è ancora) per la sua difesa dell'ebreo francese Alfred Dreyfuss, accusato - a torto, si dice - di tradimento.

Poi c'è il finanziere francese Paul Eugène Bontoux, che parla de "La Banque Juive", che secondo lui non è una banca ebraica.

> "non contento dei miliardi che sono affluiti nelle sue casse negli ultimi cinquant'anni... non contento del monopolio che esercita su almeno nove decimi di tutti gli affari finanziari d'Europa...".

Bontoux sapeva di cosa stava parlando. Era stato direttore dell'Union Générale e aveva incolpato "la finanza ebraica e il suo alleato, la massoneria governativa" per il fallimento della società. Inutile dire che i Rothschild erano al centro dell'affare Union Générale.

Nel suo famoso libro del 1899, *Les Juifs contre la France*, il grande saggista Edouard Drumont scrisse

> "Il Dio Rothschild è il vero padrone della Francia. Né imperatore, né zar, né re, né sultano, né presidente della repubblica... non ha nessuna delle responsabilità del potere e tutti i vantaggi; dispone di tutte le forze governative, di tutte le risorse della Francia per fini privati".

Persino il giornale britannico *Labor Leader* ha denunciato i Rothschild come

> "la vite succhiasangue [che] è stata la causa di incalcolabili disgrazie e miserie in Europa durante questo secolo e ha accumulato la sua prodigiosa ricchezza principalmente fomentando guerre tra Stati che non avrebbero mai dovuto litigare". Ovunque ci siano disordini in Europa, ovunque circolino voci di guerra e le menti degli uomini siano in preda al panico per la paura di cambiamenti e calamità, si può essere certi che un Rothschild con il naso a uncino è al suo gioco, da qualche parte vicino alla regione dei disordini".

Ezra Pound, nel suo libro *Gold and Work*, pubblicato nel 1944, disse:

> "La guerra è la forma più alta di sabotaggio, la forma più atroce di sabotaggio. Gli usurai provocano guerre per imporre monopoli nel proprio interesse, al fine di prendere il mondo per la gola. Gli usurai provocano guerre per creare debiti, al fine di estorcere interessi e raccogliere i profitti derivanti dalle variazioni di valore delle unità monetarie".

Lo scrittore liberale britannico J.A. Hobson dichiarò che la Guerra Boera era stata

> "concepito da un piccolo gruppo di finanzieri internazionali, principalmente di origine tedesca e di razza ebraica". Aggiungeva che erano "disposti ad attaccarsi a qualsiasi parte del globo [...] traendo i loro guadagni non dai frutti e dall'industria genuina, e nemmeno dall'industria altrui, ma dalla costruzione, dalla promozione e dalla manipolazione finanziaria delle imprese".

Mentre è stato detto che Hobson ha evitato "una linea di argomentazione antisemita" proponendo un argomento socialista contro il capitalismo, i suoi critici hanno sostenuto che Hobson ha gettato le basi per gran parte del pensiero di coloro che sono stati considerati "antisemiti".

Per quanto riguarda l'antisemitismo, lo stesso Meyer Karl Rothschild disse nel 1875, , in una conversazione con Otto von Bismarck

> "Per quanto riguarda il sentimento antisemita, la colpa è degli stessi ebrei e gli attuali disordini sono da attribuire alla loro arroganza, vanità e indicibile insolenza".

Alla morte di Lord Nathan Rothschild, avvenuta nel 1915, il quotidiano britannico *Western Morning News* riportò la notizia:

> La morte di Lord Rothschild è un evento che nemmeno la guerra può oscurare. Questo principe dei finanzieri e amico di re Edoardo conosceva probabilmente la storia interna delle guerre europee e la diplomazia in generale meglio dei più grandi statisti che abbiamo mai avuto.

> Ogni grande colpo di stato politico dell'ultimo mezzo secolo è stato preceduto da un breve ma significativo annuncio: "Lord Rothschild ha fatto visita al Primo Ministro ieri". Era uno dei segnali che indicavano a chi stava dietro le quinte l'imminenza di decisioni importanti.

Uno dei grandi miti della storia è che i Rothschild europei non siano stati toccati dall'ascesa e dall'espansione della Germania nazionalsocialista.

I beni dei Rothschild furono confiscati in Austria, Francia e Germania. Molti Rothschild lasciarono l'Europa occupata dai tedeschi, avendo chiaramente i mezzi per farlo. Eppure molti scrittori americani "patriottici" e commentatori su Internet continuano a promuovere la menzogna che "Hitler non ha mai toccato i Rothschild". Non è vero.

Ma molti di questi "patrioti" non hanno problemi a ignorare i fatti.

Nel 1841, Alexandre Weill scrisse un saggio intitolato "Rothschild e le finanze d'Europa". Egli affermava che:

> C'è un solo potere in Europa ed è Rothschild. I suoi satelliti sono una dozzina di altre società bancarie; i suoi soldati, i suoi scudieri, tutti rispettabili uomini d'affari e commercianti, e la sua spada è la speculazione. Rothschild è una conseguenza che doveva apparire; e se non fosse stato Rothschild, sarebbe stato qualcun altro. Non è però una conseguenza accidentale, ma primaria, nata dai principi che hanno guidato gli Stati europei dal 1815. Rothschild aveva bisogno degli Stati per diventare Rothschild, mentre gli Stati, da

parte loro, avevano bisogno di Rothschild. Oggi non ha più bisogno dello Stato, ma lo Stato ha ancora bisogno di lui.

Nella sua *Storia della Casa Rothschild*, pubblicata nel 1893, lo scrittore tedesco Freidrich von Scherb scrive

> "La Casa Rothschild è nata dalle liti tra Stati, è diventata grande e potente grazie alle guerre [e] le disgrazie di Stati e popoli hanno fatto la sua fortuna".

Anche i grandi d'Europa erano legati ai Rothschild, tra cui il Granduca Metternich, il cui nome è oggi sinonimo di intrighi internazionali e politica di potere.

Metternich era legato all'impero dei Rothschild, utilizzando il loro servizio di corriere privato per la sua corrispondenza personale e affidando le sue finanze a Salomon Rothschild. A questo proposito, il biografo moderno Niall Ferguson, che sostiene i Rothschild, ha scritto: "Le prove che i Rothschild stabilirono una rete di relazioni finanziarie private con figure pubbliche chiave nell'Europa della Restaurazione sono inconfutabili". Tuttavia, Ferguson ha spiegato, come per liquidare la questione:

> Tuttavia, i teorici della cospirazione di questo e dei successivi periodi hanno frainteso il ruolo di queste relazioni, presentandole come la chiave del potere dei Rothschild. L'immagine dei Rothschild al centro di una rete di "corruzione" sarebbe diventata comune negli anni successivi al 1830.

> In realtà, non furono le tangenti, i prestiti e gli altri favori concessi a uomini come Metternich a renderli la forza dominante della finanza internazionale dopo il 1815. No, è stata la scala e la sofisticazione delle loro operazioni.

Sebbene aristocratici e dirigenti d'azienda accettassero volentieri gli inviti alle serate di gala dei Rothschild, note per quella che Niall Ferguson ha definito "pura stravaganza", non si può dire che i fratelli Rothschild fossero popolari.

Per esempio, Nathan Rothschild era, secondo l'autore, "considerato da molti scortese fino al punto di essere maleducato nei modi".

Il fatto che i Rothschild siano così potenti ha spinto molti a commentare la loro forza bruta. Ludwig Borne ha detto: "Rothschild è il sommo sacerdote della paura, il [dio] sul cui altare vengono sacrificati la libertà, il patriottismo, l'onore e tutte le virtù civiche". Ebreo convertito al cristianesimo, Borne scrisse

Non sarebbe una buona cosa per il mondo se le corone fossero poste sulla testa [dei Rothschild], invece di riposare ai loro piedi come accade oggi? ... Anche se i Rothschild non occupano ancora troni, viene almeno chiesto il loro parere sulla scelta del sovrano quando il trono diventa vacante.

Non sarebbe una grande benedizione per il mondo se tutti i re fossero deposti e la famiglia Rothschild si insediasse sui loro troni

Pensate ai vantaggi. La nuova dinastia non accenderà mai un prestito, perché sa meglio di chiunque altro quanto siano costose queste cose, e solo per questo l'onere per i suoi sudditi sarebbe alleggerito di diversi milioni all'anno.

Heinrich Heine, poeta e giornalista, anch'egli ebreo convertito al cristianesimo, intrattenne rapporti con la famiglia Rothschild. Disse che quello che lui chiamava "il sistema Rothschild" era di per sé rivoluzionario.

Il sistema, ha detto, possiede "la forza morale o il potere che la religione ha perso, può agire come sostituto della religione - in effetti, è una nuova religione - e quando la vecchia religione finalmente scomparirà, fornirà sostituti per le sue benedizioni pratiche". "Curiosamente", aggiunge Heine, "sono ancora una volta gli ebrei ad aver inventato questa nuova religione...".

Ha detto Heine

"Nessuno fa di più per la rivoluzione degli stessi Rothschild... E, anche se può sembrare ancora più strano, questi Rothschild, i banchieri dei re, questi detentori di borse principesche, la cui esistenza potrebbe essere messa in pericolo dal crollo del sistema statale europeo, portano comunque nella loro mente la coscienza della loro missione rivoluzionaria".

E che ne è di questa missione rivoluzionaria? Heine descrive Rothschild come "uno dei più grandi rivoluzionari" che abbiano fondato la democrazia moderna. Insieme a Robespierre e Richelieu, secondo Heine Rothschild è uno dei "nomi terroristici" che significano "il graduale annientamento della vecchia aristocrazia".

Erano, secondo le sue parole, "i tre più formidabili livellatori d'Europa". Heine scrisse

"Richelieu distrusse la sovranità della nobiltà feudale e la sottomise al dispotismo reale che la relegò al servizio della corte o la lasciò marcire nell'inattività delle province".

Robespierre decapitò questa nobiltà sottomessa e oziosa, ma la terra rimase e il suo nuovo padrone, il nuovo proprietario terriero, divenne un altro aristocratico come il suo predecessore, le cui pretese continuarono sotto un altro nome.

Poi arrivò Rothschild [che] distrusse il predominio della terra, elevando il sistema dei titoli di Stato al rango di potere supremo, mobilitando così la proprietà e la rendita e dotando allo stesso tempo il denaro dei precedenti privilegi della terra.

È vero che è emersa una nuova aristocrazia, ma questa, basata sull'elemento meno affidabile, il denaro, non potrà mai svolgere un ruolo così permanentemente regressivo come la vecchia aristocrazia radicata nella terra, nella terra stessa.

Perché l'argento è più fluido dell'acqua, più sfuggente dell'aria, e le impertinenze della nuova nobiltà sono facilmente perdonate in considerazione della sua natura effimera. In un batter d'occhio, si dissolve ed evapora

Heine ha concluso - fin troppo correttamente - che

"Il denaro è il Dio del nostro tempo e Rothschild è il suo profeta

Il principe Alberto e la regina Vittoria, come Metternich prima di loro, si affidarono al servizio postale privato dei Rothschild come se fosse il loro servizio postale. Secondo Niall Ferguson, i Rothschild erano quindi in grado di fornire un servizio di informazione "unico" all'élite europea. I grandi eventi politici e le informazioni riservate potevano essere trasmessi con largo anticipo rispetto ai canali ufficiali.

Ciò significava anche, sebbene Ferguson non lo dicesse, che i Rothschild erano quindi a conoscenza di tutte le comunicazioni "segrete" della famiglia reale britannica e di tutti gli altri rappresentanti del potere europeo che permettevano ai Rothschild di essere i canali ufficiali - anche se ufficialmente non ufficiali - attraverso i quali comunicavano.

Il famoso rapporto di Nathan Rothschild sull'esito della battaglia di Waterloo (la sconfitta di Napoleone) è solo un esempio della leggendaria abilità del loro servizio di corriere privato. Tutto ciò manteneva i Rothschild molto in contatto con gli affari del mondo.

James Rothschild disse nel 1834: "Per quanto mi riguarda, la Russia può andare al diavolo e noi possiamo fare benissimo a meno di lei". E disse al fratello: "Non dare a [lo zar russo] un'altra occasione per metterti in imbarazzo". Sembra che i Rothschild non sentissero il rispetto dovuto ai "banchieri dei re".

"James chiese al fratello: "Pensi che saremo mai in buoni rapporti con la Russia? Secondo Niall Ferguson, biografo dei Rothschild e amico della Russia, "ovviamente non lo pensava": "Ovviamente non lo pensava".

Riguardo ai contrasti dei Rothschild con la Russia sotto lo zar, Ferguson commenta che "è difficile trovare un'illustrazione migliore dei limiti del potere finanziario dei Rothschild". Quindi, anche se Ferguson non lo dice, non è ovviamente sorprendente che i Rothschild e i loro agenti abbiano giocato un ruolo così importante nella distruzione della Casa Romanov in Russia.

Sebbene, come abbiamo notato, sia certamente politicamente scorretto citare Adolf Hitler, è comunque opportuno farlo, soprattutto se consideriamo il fatto che le nazioni di Germania e Russia, che sono state messe l'una contro l'altra in due guerre mondiali, erano in realtà due nazioni in cui l'influenza ebraica regnava sovrana (almeno nel periodo tra le due guerre mondiali).

In un discorso pronunciato il 13 aprile 1923, Hitler dichiarò che l'ebraismo

> Hitler "odiava soprattutto i due Stati, la Germania e la Russia, che fino al 1914 avevano ostacolato il suo obiettivo di dominio mondiale". In questi due Paesi, diceva Hitler, agli ebrei veniva negato ciò che, secondo lui, era già caduto nelle mani degli ebrei nelle democrazie occidentali:

> Non erano ancora gli unici dominatori della vita intellettuale ed economica. Né i parlamenti erano gli strumenti esclusivi del capitale e della volontà ebraica. Il tedesco e il russo autentici avevano mantenuto una certa distanza dall'ebreo. [enfasi nell'originale].

> "In entrambi i popoli c'era ancora un sano istinto a disprezzare gli ebrei. Ed era ancora possibile che, in queste monarchie, emergesse ancora una volta un Federico il Grande o un Guglielmo I, che avrebbe mandato al diavolo la democrazia e le astuzie parlamentari. È così che gli ebrei sono diventati rivoluzionari! La repubblica doveva condurli alla ricchezza e al potere. Mascherano questo obiettivo [con questa retorica]: "Abbasso le monarchie! Date potere al "popolo sovrano"

Hitler ha aggiunto

"La Germania e la Russia dovevano essere distrutte perché l'antica profezia si realizzasse. È così che il mondo intero è stato messo sottosopra. È così che le menzogne e la propaganda sono state impiegate brutalmente contro lo Stato con l'ultimo idealista rimasto: la Germania! [Ed è così che Giuda vinse la guerra mondiale!

O sosterrete", ha chiesto, "che i "popoli" francese, inglese o americano hanno vinto la guerra? Tutti noi", ha concluso, "vincitori e vinti, siamo vinti. Solo uno domina tutti gli altri: il mercato azionario mondiale, che è diventato il signore delle nazioni", ha dichiarato. [enfasi nell'originale].

Thomas Raikes, un famoso giornalista inglese, osservò che i Rothschild erano diventati quelli che lui definiva "i governanti metallici d'Europa" e che

"hanno ottenuto il controllo del commercio europeo che nessun partito era stato in grado di ottenere prima e ora sembrano avere in mano i fili delle finanze pubbliche. Nessun sovrano può ora ottenere un prestito senza il loro aiuto".

Niall Ferguson, biografo e amico dei Rothschild, ha affermato che se c'era un "segreto" del successo dei Rothschild era il sistema di cooperazione tra le case finanziarie dei cinque fratelli, che insieme formavano la più grande banca del mondo, mentre estendevano la loro influenza, individualmente, attraverso cinque grandi centri finanziari sparsi in Europa. Questo sistema multinazionale era regolato da accordi contrattuali che venivano periodicamente rivisti e che, secondo Ferguson, costituivano di fatto "la costituzione di una federazione finanziaria".

Secondo Ferguson, "il tasso di crescita e le dimensioni del loro capitale nel periodo che precede il 1850 non hanno precedenti nella storia bancaria". Nel 1818, il totale del capitale combinato dei Rothschild (tra le cinque case) era di 500.000 sterline. Nel 1828 era salito a 4.330.333 sterline, 14 volte la dimensione del loro più vicino concorrente di lunga data, Barings. Secondo Ferguson, "l'entità delle risorse dei Rothschild non può essere sopravvalutata".

Sebbene Ferguson, scrittore di finanza, si senta a suo agio con queste cifre gigantesche, le cifre reali - a distanza di tanti anni - sono così sconcertanti che farebbero impazzire la persona comune, anche solo per iniziare a considerare la profondità e l'ampiezza della ricchezza accumulata dai Rothschild.

A quel tempo, James Rothschild era apparentemente l'uomo più ricco di Francia, mentre Amschel, Salomon e Karl erano in vantaggio sui loro rivali continentali; quindi, insieme - tra fratelli - secondo Ferguson,

"I Rothschild erano la famiglia più ricca del mondo".

E questo prima del 1840. Immaginate la quantità di interessi accumulati da allora.

Ferguson ha osservato che "a metà degli anni Trenta del XIX secolo, ciascuna delle cinque case Rothschild si era affermata come forza preminente nelle finanze pubbliche del rispettivo Paese di base".

Sebbene i Rothschild fossero identificati, in senso nazionale, con ciascuno dei Paesi in cui esercitavano la loro influenza, Ferguson ha notato che "queste identificazioni nazionali non avevano molta importanza se c'era pace in Europa". Tuttavia, "quando gli interessi delle grandi potenze si scontravano, come accadeva periodicamente, per i Rothschild era sempre meno facile rimanere neutrali".

Aggiunge, tuttavia, che "sono poche le regioni del mondo in cui le potenze europee non hanno interessi, e nessuna regione in cui i loro interessi coincidono perfettamente". In quattro regioni - Iberia, America, Paesi Bassi e Medio Oriente - i Rothschild hanno affrontato la sfida di sviluppare politiche in linea con l'interesse collettivo delle cinque case dei cinque fratelli e dei loro rispettivi eredi, anche quando "gli interessi nazionali dei loro governi locali" erano in conflitto, osserva Ferguson.

Quindi i Rothschild erano effettivamente "internazionali", senza alcuna lealtà nei confronti di alcuna nazione che non fosse Giuda, di cui erano principi.

Niall Ferguson, già citato, ha scritto con franchezza di come le "tensioni internazionali" possano essere "vantaggiose per i Rothschild". Ha osservato che

I Rothschild avevano costantemente usato il loro potere finanziario per promuovere la pace durante gli anni Trenta del XIX secolo, ma quando le Grandi Potenze furono completamente limitate nella loro politica estera... il flusso di nuovi prestiti cominciò a prosciugarsi.

D'altra parte, quando intrapresero politiche di riarmo, come avvenne a partire dal 1840, ciò non danneggiò necessariamente gli interessi dei Rothschild.

I Rothschild unirono le forze con la Banca degli Stati Uniti intorno al 1837. Di conseguenza, secondo Ferguson, si ritrovarono a ricevere grandi quantità di titoli di Stato americani, non solo da New York ma anche da Stati più recenti come Indiana, Alabama, Missouri e Michigan, nonché azioni di alcune nuove banche e persino di una società di canali. Nel prossimo capitolo approfondiremo il ruolo poco conosciuto della famiglia Rothschild negli affari americani . Confermeremo, senza ombra di dubbio, che l'affermazione secondo cui i Rothschild avrebbero svolto un ruolo scarso o nullo negli Stati Uniti è semplicemente falsa. In realtà, sono loro - e i loro satelliti - a gestire l'America di oggi. Sono l'impresa principale nella creazione di un nuovo ordine mondiale.

I Rothschild hanno un equivalente moderno? Il loro biografo apologetico Ferguson risponde negativamente.

Ferguson afferma che "nemmeno la famiglia reale saudita possiede oggi una quota paragonabile delle risorse mondiali. Anche gli uomini d'affari più ricchi del mondo non possono affermare senza riserve di essere ricchi, in termini relativi, come Nathan Rothschild quando morì all'apice della sua fortuna". A quanto pare, nemmeno Bill Gates è ricco come Rothschild.

Il professor Carroll Quigley della Georgetown University ha elencato i nomi delle famiglie bancarie: Baring, Lazard, Erlanger, Warburg, Schroeder, Seligman, Speyers, Mirabaud, Mallet, Fould e, come ha detto lui, "soprattutto" i Rothschild e i Morgan. Quigley scrive

> Anche dopo che queste famiglie di banchieri furono pienamente coinvolte nell'industria nazionale, con l'emergere del capitalismo finanziario, rimasero diverse dai banchieri ordinari per una serie di aspetti distintivi.
>
> 1) Erano cosmopoliti e internazionali
>
> 2) Erano vicini ai governi e si interessavano particolarmente alle questioni del debito pubblico, compresi i debiti dei governi stranieri, anche in regioni che a prima vista sembravano presentare rischi negativi, come l'Egitto, la Persia, la Turchia ottomana, la Cina imperiale e l'America Latina
>
> 3) I loro interessi erano quasi esclusivamente in obbligazioni e molto raramente in materie prime, perché accettavano la liquidità e vedevano gli impegni in materie prime o addirittura in immobili come il primo passo verso il fallimento

4) Erano quindi fanatici della deflazione (che chiamavano "moneta sana" per i suoi stretti legami con gli alti tassi di interesse e l'alto valore della moneta) e del gold standard che, ai loro occhi, simboleggiava e garantiva questi valori

5) Erano quasi ugualmente legati alla segretezza e all'uso segreto dell'influenza finanziaria nella vita politica.

Questi banchieri erano chiamati "banchieri internazionali" e più specificamente "banchieri d'investimento" in Inghilterra, "banchieri privati" in Francia e "banchieri d'investimento" negli Stati Uniti.

In tutti i Paesi svolgono diversi tipi di attività bancarie e di cambio, ma ovunque si distinguono chiaramente da altri tipi di banche più ovvie, come le casse di risparmio o le banche commerciali.

"L'influenza del capitalismo finanziario e dei banchieri internazionali che lo hanno creato", ha detto Quigley, "è stata esercitata sia sulle imprese che sui governi, ma non avrebbe potuto farlo se non fosse stato in grado di convincerli ad accettare due assiomi della propria ideologia". Di questi due assiomi dell'ideologia del potere monetario internazionale, Quigley ha scritto

Questi due assiomi si basavano sul presupposto che i politici fossero troppo deboli e troppo soggetti a pressioni popolari temporanee per essere incaricati del controllo del sistema monetario; di conseguenza, la sacralità di tutti i valori e la solidità del denaro dovevano essere protetti in due modi: basando il valore del denaro sull'oro e consentendo ai banchieri di controllare l'offerta di denaro. Per fare ciò, era necessario nascondere e persino ingannare sia i governi che il pubblico sulla natura del denaro e sul suo funzionamento.

In un libro poco conosciuto, *A World Problem*, pubblicato prima in Polonia e poi in inglese negli Stati Uniti nel 1920, Stephanie Laudyn descrive la finanza ebraica internazionale come una "nazione di commercianti e speculatori" che hanno "una fede profonda ed esaltata nella loro missione regale, che è quella di renderli signori di tutte le nazioni".

La forza profonda dell'elegante scrittura di Laudyn è così rilevante che deve essere commemorata qui per amore della storia, soprattutto perché negli 88 anni trascorsi da quando Laudyn ha dato alle stampe queste riflessioni, il potere dell'impero Rothschild è cresciuto oltre ogni comprensione.

Laudyn dichiara:

L'oro che raccolgono così avidamente è solo un mezzo palpabile per realizzare le loro fantastiche aspirazioni. Sotto di esso si nasconde il desiderio ardente di soggiogare il mondo e di strappare il dominio morale sull'umanità. Lo seguono logicamente e sono consapevoli di ogni passo che compiono.

Non hanno fatto enormi progressi in questo senso? Non hanno forse raggiunto un punto alto dell'immensa scala che li deve portare all'aggressione che sognavano nelle regioni nebulose della loro anima storica? Non hanno forse preso il controllo della stampa mondiale? Non stanno forse infondendo il loro spirito nel pensiero e nell'atmosfera morale dell'epoca? ...

Questa antica razza, che ha dato vita a sacerdoti e profeti e che è sempre stata pervasa da un triste misticismo e da aspirazioni elevate, non ignora le vanità delle attività commerciali - oro e argento. Le sue ambizioni si elevano più in alto, indefinitamente più in alto.

Nell'antichità, gli stessi ebrei disprezzavano i fenici - i primi commercianti del mondo - perché si dedicavano al commercio, e oggi? Gli annali più oscuri non sono forse associati ai commercianti ebrei? Il loro vitello d'oro non si erge forse in posizione minacciosa, spiegando le sue ali nere di vergogna, una, l'usura, l'altra, la schiavitù bianca? Che cosa terribile! Ci sarà abbastanza acqua limpida nell'Eufrate per lavare le macchie di sangue delle loro mani avide e spietate? Una forza rigeneratrice sarà in grado di rimuovere la ruggine dalle loro anime?

Non hanno mai coltivato la terra che occupavano, né versato il loro sangue per difenderla. Il progresso spirituale, culturale e intellettuale dei popoli tra cui vivevano non faceva parte delle loro preoccupazioni o del loro lavoro.

Al contrario, non facevano altro che barattare e scambiare, valutando anche i più alti ideali dell'umanità in cambio di oro, al fine di aumentare il capitale e stabilire l'autocrazia degli ebrei. Sebbene sparsi in tutto il mondo, essi formavano comunque un corpo unito di intermediari che trattavano i prodotti di altre nazioni...

Nel corso di lunghi secoli, una nuova potenza mondiale senza nome si è gradualmente sviluppata, affondando le sue radici in ogni crepaccio dell'attività umana, e oggi domina l'impresa di ogni nazione.

Per quanto misterioso, questo potere è reale, spietato nella sua azione e dannoso per il benessere e gli ideali di ogni popolo in cui si sviluppa. Herder, nella sua opera sugli *Ideali della storia umana*, descrive gli ebrei come "una nazione di parassiti e di intermediari", che depredano il mondo con la loro usura.

Persino Kant condannò le loro pratiche e Bismarck parlò con orrore della miseria della popolazione rurale, sfruttata nel modo più spietato dagli ebrei. Voltaire, Goethe e Schiller li descrissero come distruttori. Martin Lutero, Schopenhauer e Napoleone li misero in guardia contro di loro.

Mentre gli altari della forza e dell'abuso sono caduti e gli dei della tirannia e della schiavitù giacciono nella polvere, Israele è sorto e, con un potere sempre maggiore, domina gli affari mondiali. Guida un esercito servile di anarchici e la sua influenza raggiunge persino i leader delle più grandi democrazie del mondo.

Le classi superiori delle nazioni - diplomatici, studiosi, scrittori, legislatori, persone di pensiero e riflessione - proteggono gli ebrei e si sottomettono all'ipnosi della mente ebraica.

Ma la gente comune - la vita e la forza della nazione - le masse che non possono discutere, ma che sentono le pesanti iniquità sulle loro spalle [e] si ribellano sempre più avvilite. Si assumono la propria punizione [...].

Non c'è dubbio che gli intrighi dell'impero Rothschild abbiano ampiamente contribuito all'aumento del fenomeno globale dell'antisemitismo. Il famoso scrittore francese Edouard Drumont, autore de *La France juive*, una delle più importanti analisi del XIX secolo sul potere finanziario ebraico, dichiarò satiricamente che avrebbe scritto un libro intitolato *La victoire des Juifs*, ricordando un'opera precedente di un altro scrittore sulla Rivoluzione francese intitolata *La victoire des Jacobins*. Drumont disse:

Non è altro che una conquista, da parte di una minuscola ma consistente minoranza... Questa è la caratteristica di questa conquista: un intero popolo che lavora per un altro, un popolo che si appropria, attraverso un vasto sistema di sfruttamento finanziario, dei benefici del lavoro altrui. Le immense fortune ebraiche, i castelli, le ville private, non sono il frutto di un vero lavoro, di una produzione di qualsiasi tipo. Sono il tributo pagato da una razza dominante a una razza sottomessa.

È certo che la famiglia Rothschild, il cui ramo francese da solo vale tre miliardi di franchi, non aveva questo tipo di denaro quando è arrivata in Francia. Questa famiglia non ha fatto grandi invenzioni, non ha scoperto miniere, non ha dissodato la terra. Ha semplicemente preso tre miliardi di franchi dai francesi senza dare nulla in cambio.

Alcune delle loro aziende, le cui azioni oggi non valgono nulla e che potrebbero essere state lanciate solo con una frode, sono vere e proprie truffe. Questa enorme appropriazione indebita del denaro accumulato dai lavoratori avviene senza che nessuno muova un dito per fermarla...

Oggi, grazie agli ebrei, il denaro, a cui un tempo il mondo cristiano dava poca importanza, è diventato onnipotente. Il potere del capitale, concentrato nelle mani di pochi, governa la vita economica di intere popolazioni, schiavizza i lavoratori e si nutre di guadagni illeciti senza lavorare...

Poiché quasi tutti i giornali e le agenzie pubblicitarie francesi sono di proprietà diretta o indiretta degli ebrei, non sorprende che ci abbiano accuratamente nascosto l'entità e la portata dell'enorme movimento antisemita che comincia a manifestarsi ovunque.

In ogni caso, ho pensato che sarebbe stato utile descrivere le fasi successive della conquista ebraica e mostrare come, a poco a poco, a causa degli ebrei, la vecchia Francia si stia sgretolando, come questo popolo di grandi principi, felice e amorevole, sia diventato odioso, orgoglioso e stia gradualmente morendo di fame. Tutti hanno il presentimento che la fine sia vicina...

Nessuno parla del ruolo svolto dall'elemento ebraico nell'agonia di questa generosa nazione, del ruolo nella distruzione della Francia dell'introduzione di questo corpo estraneo in un organismo fino ad allora in perfetta salute.

Ma la Francia non fu l'unica nazione a cadere nelle mani della dinastia Rothschild. I tentacoli di questi "re dei re" si estesero a tutto il mondo. La chiave per comprendere la crescita del potere dei Rothschild è riconoscere il ruolo particolare della famiglia Rothschild nello sviluppo dell'Impero britannico. In effetti, il dominio dei Rothschild in Gran Bretagna - con l'eccezione della famiglia reale britannica - è stato riconosciuto da tempo.

Nel giugno 2008, la televisione iraniana ha trasmesso una serie di documentari intitolati *Armageddon Secret*, con la partecipazione di accademici iraniani che sostenevano che gli ebrei cercavano di dominare il mondo distruggendo tutte le altre nazioni del pianeta. Un professore universitario iraniano, Ali-Reza Karimi, ha affermato nel documentario che l'obiettivo di Israele è "prendere il controllo del mondo e mantenere la sua posizione centrale" e che "gli ebrei aspirano a dominare il mondo. Incoraggiano la distruzione e la rovina, e possiamo assistere a queste azioni intorno a noi".

Karimi ha affermato che gli ebrei non solo credevano nella promessa di regnare dal Nilo all'Eufrate, ma anche che "Dio ha dato loro il mondo intero".

Il documentario cita la famiglia Rothschild come capo di quello che viene descritto come un "culto politico segreto" che, "per centinaia di anni, ha distribuito una rete segreta in tutto il mondo".

Il documentario osserva che la famiglia Rothschild "ha instillato nella mente degli ebrei ricchi l'idea che la Palestina fosse la terra promessa", aggiungendo che "il governo britannico, controllato dall'impero sionista guidato dalla famiglia Rothschild, era impegnato a raggiungere l'obiettivo sionista".

Se qualcuno ritiene che questa sia una "teoria del complotto dei fanatici musulmani", deve sapere che nel 1896 Mary Ellen Lease, una leader populista americana, dichiarò apertamente

> "Il denaro scritturale e le obbligazioni a interesse sono la maledizione della civiltà. Stiamo pagando un tributo ai Rothschild d'Inghilterra, che non sono altro che agenti degli ebrei".

Non è stata l'unica a fare tali accuse.

Un altro influente populista americano, William "Coin" Harvey, scrisse un libro allora popolare, *A Tale of Two Nations"*, la storia di un ricco banchiere londinese, il Barone Rothe - un personaggio velatamente ispirato ai Rothschild - che ordì un complotto per prendere il controllo del sistema economico americano.

Nel prossimo capitolo esamineremo il ruolo storico della finanza ebraica e l'ascesa dell'impero Rothschild come forza principale nel plasmare le fortune di quello che è noto come impero "britannico", ma che alcuni chiamano impero "yiddish". Comunque sia, i fatti dimostrano che la Gran Bretagna è davvero un impero "Rothschild".

Questa illustrazione della Seconda Guerra Mondiale evidenzia il ruolo dell'Impero britannico controllato dai Rothschild nel dominare i popoli del mondo.

A destra, Winston Churchill, da tempo al soldo degli interessi ebraici: un pistolero dei Rothschild.

'John Bull', simbolo della Gran Bretagna, viene mostrato (giustamente) tenuto al guinzaglio dai plutocrati ebrei.

CAPITOLO VI

La City di Londra: il gioiello della corona imperiale di Rothschild

Nel 1944, un ingegnere americano, E. C. Knuth, di Milwaukee, Wisconsin, pubblicò un libro intrigante e oggi in gran parte dimenticato, intitolato *L'impero della città: il super Stato mondiale*. In esso Knuth descrive quelle che chiama "le cinque ideologie dello spazio e del potere". Queste ideologie sono le seguenti

1.) L'ideologia del "mondo unificato"

2) Ideologia panslava

3) "Asia per gli asiatici"

4) Pangermanesimo; e

5) L'isolazionismo panamericano.

L'ideologia del "mondo unificato" a cui Knuth si riferisce è, a suo avviso, quella che descrive come "l'ideologia segreta della finanza internazionale" che cerca di stabilire il dominio mondiale da parte di "un gruppo ben affiatato e ben disciplinato di persone privilegiate". Knuth ha notato che la maggior parte degli americani non ne è a conoscenza, ma che la maggior parte degli europei, invece, ha un'idea abbastanza chiara della sua esistenza e del suo funzionamento.

Il concetto di panamericanismo di Knuth - un'ideologia che egli descriveva come "America per gli americani" - era espresso nella famosa Dottrina Monroe. Questa, ha giustamente sottolineato, è stata la politica estera consolidata degli Stati Uniti dal 1823 fino a quando non è stata abbandonata dall'abbraccio degli Stati Uniti all'ideologia del dominio mondiale da parte della finanza internazionale. Egli ha affermato che gli Stati Uniti hanno effettivamente abbandonato le proprie tradizioni per allineare la propria politica a questa ideologia segreta della finanza internazionale, il cui scopo ultimo era quello di schiacciare l'ideologia panslava (della Russia), "l'Asia per gli asiatici" (l'ideologia giapponese) e, naturalmente, il pangermanesimo.

Nella prima guerra mondiale gli Stati Uniti erano in guerra con la Germania e nella seconda guerra mondiale erano di nuovo in guerra con la Germania (e questa volta con il Giappone).

Oggi vediamo una nuova Russia - sotto la guida di Vladimir Putin - che ha cercato di spezzare le catene degli oligarchi ebrei internazionali e che ora deve affrontare l'ostilità dell'ideologia segreta della finanza internazionale, che controlla saldamente gli Stati Uniti. Ma allo stesso tempo, come ha sottolineato Knuth, c'è stato questo intreccio di potere tra l'Impero britannico - il cosiddetto "Impero della città" - e gli Stati Uniti che, anche se molti anni dopo la stesura di Knuth, sono oggi una delle principali basi operative (almeno militarmente) dell'ideologia segreta della finanza internazionale.

In effetti, quando Knuth scriveva - ancora prima della fine della Seconda Guerra Mondiale - prevedeva un conflitto tra l'ideologia segreta della finanza internazionale e l'ideologia della Russia. Egli sottolineava che questo imminente duello all'ultimo sangue sarebbe stato il risultato di ciò che egli chiamava "i popoli soggiogati che [ciascuna forza] poteva portare o costringere a unirsi alle sue forze". Un duello del genere, diceva, sembrava inevitabile viste le profonde animosità e le esplosive pressioni economiche che già esistevano all'epoca in cui scriveva.

Knuth sottolineò che i partner americani delle forze finanziarie internazionali che circondano la City di Londra, che avevano abbracciato la "nuova ideologia segreta", si stavano arrendendo e abbandonando l'isolazionismo di lunga data dell'"America per gli americani".

Allo stesso tempo, naturalmente, negli Stati Uniti c'era chi riconosceva i pericoli di questa nuova ideologia. Il reverendo Henry Van Dyke - un nome molto noto ai suoi tempi - disse, in modo così eloquente e appropriato (soprattutto nella nostra epoca moderna di avventure americane nel "globalismo")

> Se gli americani non desiderano una guarnigione ai tropici, devono essere comprati o costretti a servire. Aumentare deliberatamente il nostro bisogno di forza militare con un'immensa e inutile estensione della nostra frontiera di pericolo significa legare un pesante fardello e scaricarlo sulle spalle inconsapevoli delle future generazioni di uomini industriosi. Se andiamo in mezzo a loro, dovremo combattere quando suoneranno le loro trombe.

Va chiarito fin da subito che il termine "City of London" non si riferisce alla città geografica di Londra, la capitale dell'Inghilterra. Piuttosto, come la maggior parte delle persone informate sa, il termine "City of London" si riferisce a una sezione specifica della capitale britannica (cioè una parte particolare della città) dove hanno sede le principali banche nazionali e internazionali.

La City era - ed è tuttora - un'area di circa 677 acri che, pur facendo parte della Greater London, non è nemmeno sotto la giurisdizione delle forze di polizia ufficiali della città geografica di Londra.

Al contrario, aveva una propria forza di polizia privata di circa 2.000 uomini. Qui, naturalmente, si trova la sede della Banca d'Inghilterra che, come il Federal Reserve System negli Stati Uniti, è, nonostante il nome, un'istituzione privata. In Inghilterra, la Banca d'Inghilterra non è nemmeno soggetta alla regolamentazione del Parlamento britannico (!) e quindi è sempre stata, a tutti gli effetti, una potenza mondiale sovrana a sé stante.

La City è anche sede della borsa valori e di altre istituzioni globali - tutte, ovviamente, sotto il dominio, se non il controllo diretto, dell'Impero Rothschild. E questa "City" è, di fatto, il volto pubblico del cuore della dinastia Rothschild, se non a livello mondiale, certamente nella misura in cui è il centro di quello che siamo soliti chiamare "Impero Britannico", perché la verità è che l'Impero "Britannico" non era altro che la base geografica del potere monetario internazionale: l'Impero Rothschild.

Il potere monetario - la "sesta grande potenza d'Europa", come veniva chiamata un tempo - era in realtà il potere della famiglia Rothschild o, come veniva chiamata l'assemblea del potere Rothschild, "La Fortune".

Il volto pubblico di "The Fortune" era "The City" e Knuth dichiarò che era probabilmente "la forma di governo più arbitraria e assoluta del mondo". Sottolineò che tante persone che vivevano sotto il controllo dell'Impero britannico - l'80% delle quali erano "persone di colore" - erano "soggetti senza voce" dell'oligarchia finanziaria internazionale della City.

E, come sottolinea, "The City" utilizza l'allegoria della "Corona" britannica - la famiglia reale - come simbolo del potere, ma in realtà l'oligarchia finanziaria aveva allora - come ancora oggi - sede nell'antico centro finanziario di Londra: cioè "The City".

L'industriale americano Andrew Carnegie (nato in Scozia) una volta osservò, riflettendo sul potere della City (a cui era legata la sua attività), che grazie a tale potere "sei o sette uomini possono far precipitare la nazione in guerra" o "impegnarla in alleanze inestricabili senza la minima consultazione del Parlamento".

Carnegie affermò che questo era "l'effetto palpabile più pernicioso derivante dalla teoria monarchica", poiché questi intermediari del potere conducevano queste politiche "in nome del Re", ma, aggiunse, sebbene il Re fosse ancora un vero monarca, "era in realtà solo un comodo fantoccio che il gabinetto usava per servire i propri fini".

Le sorprendenti parole di Andrew Carnegie furono riprese anni dopo, per certi versi, dall'agenzia di stampa tedesca World-Service, che sottolineò come il governo "inglese" rappresentasse a malapena gli interessi dell'inglese medio:

> Il governo britannico è solo la facciata britannica per l'ebreo di sfondo. Gli statisti inglesi sono le marionette ben pagate del capitalismo finanziario ebraico-inglese.

> L'Impero britannico è la più grande impresa capitalistica esistente. È un'enorme società i cui principali azionisti sono ebrei. Lo scopo di questa corporazione è quello di sfruttare le persone che vivono nell'Impero britannico e negli Stati sotto l'egemonia britannica, e di accumulare ricchezze sempre più incalcolabili, di cui beneficia e gode solo la cricca plutocratica ebraico-inglese al potere.

> In Inghilterra, quindi, troviamo da un lato un'eccessiva ricchezza e dall'altro un'estrema povertà e indigenza per milioni di inglesi. Il capitalismo ebraico-inglese, la plutocrazia ebraico-inglese, non solo sfrutta gli abitanti delle colonie nel modo più spudorato; nella sua insaziabile avidità non mostra alcun senso di responsabilità verso la propria nazione. Poiché il governo britannico non è altro che il vice del capitale finanziario ebraico-inglese, gli interessi britannici e gli interessi delle classi dirigenti inglesi in Inghilterra oggi sono identici; ma nessuno dei due è in alcun modo identico agli interessi della nazione inglese. Al contrario, i loro interessi sono direttamente contrari a quelli della nazione inglese.

> La Gran Bretagna, il Paese più ricco del mondo, presenta un'immagine della più grande e potente povertà in mezzo a un'enorme ricchezza. Uno Stato il cui governo esamina ogni questione dal punto di vista di "è un bene per le finanze o no?" ha abbassato un sesto della sua popolazione al punto di vivere in baraccopoli inadatte all'abitazione umana.

In Inghilterra, 13 milioni di persone - un quarto della popolazione totale - soffrono di malnutrizione. Prima dell'inizio dell'attuale guerra, in Inghilterra c'erano 2 milioni di disoccupati. Oggi ci sono ancora un milione di disoccupati.

Ogni anno decine di migliaia di persone migrano dalle campagne alle città, per condurre una magra vita proletaria o per sprofondare nella povertà.

Ogni anno, migliaia di ettari di terreno agricolo vengono messi fuori produzione. Ogni anno, un numero sempre maggiore di cotonifici chiude i battenti e getta i lavoratori per strada.

Tutto questo accade perché è nell'interesse della finanza, perché gli enormi profitti della cricca plutocratica ebraico-inglese sono solo in misura limitata il risultato delle forze produttive dei lavoratori inglesi.

La maggior parte dei profitti proviene dal sudore di indigeni mal pagati in Estremo Oriente; provengono dal flusso costante di carne argentina importata e di prodotti alimentari stranieri, mentre ogni agricoltore inglese deve lottare per salvare la propria azienda agricola dalla bancarotta. Mentre i lavoratori britannici del settore calzaturiero e del cuoio vagavano per le strade di Northampton e Leicester in cerca di lavoro, milioni di paia di scarpe venivano importate da oltreoceano.

Mentre le fabbriche venivano chiuse nello Yorkshire e a Lancaster, milioni di metri di cotone e di attrezzature venivano importati dall'Estremo Oriente, e l'enorme deficit di attrezzature per l'esportazione veniva compensato dalla creazione di industrie simili nelle colonie e dal rigoroso sfruttamento degli indigeni in Estremo Oriente, a scapito dell'industria madre e quindi a scapito della nazione inglese, che veniva sempre più improvvisata e sempre più gettata nella disoccupazione.

Mentre l'agricoltore rischia la rovina assoluta, milioni di tonnellate di carne, verdura e frutta straniera vengono scaricate sul mercato inglese, e tutto questo solo perché la cricca plutocratica ebraico-inglese ci guadagna di più. Ecco come funziona l'economia internazionale dei "ladri" a spese della nazione inglese.

Questa è la maledizione della plutocrazia. In questa palude plutocratica giudaico-anglicana, tutte le forme di corruzione prosperano naturalmente.

Fu il defunto Cecil Rhodes a sognare un pianeta governato dalla Gran Bretagna, con le ex colonie americane riunite nell'impero: per molti versi, questo è del tutto parallelo al concetto di utopia ebraica.

Quando Rhodes parlava di dominio anglosassone sul globo, si riferiva all'élite di potere dell'Impero britannico, ma oggi sappiamo che l'Impero britannico non era certo nelle mani degli anglosassoni d'Inghilterra. Al contrario, era saldamente in mano all'impero dei Rothschild.

E lo stesso Cecil Rhodes, in realtà, non era altro che un agente molto influente e ben pagato degli interessi dei Rothschild.

Se Rhodes è oggi ricordato come l'*eminenza grigia* del sogno imperiale britannico, il libro dello storico britannico Niall Ferguson, *The House of Rothschild: The World's Banker 1849-1999*, fornisce al lettore i dati specifici che dimostrano, senza ombra di dubbio, che, come dice Ferguson, i Rothschild avevano "una sostanziale influenza finanziaria su Rhodes", che era senza dubbio una loro creatura.

Il compianto Carroll Quigley della Georgetown University, nel suo enorme *Tragedy & Hope* e, più direttamente, nella sua opera successiva, *The Anglo-American Establishment*, si è concentrato sui legami di Rhodes con l'élite britannica non ebraica, ma ha ignorato il dominio della dinastia Rothschild su Rhodes.

Il libro di Ferguson descrive la predominanza dei Rothschild nel mondo di Cecil Rhodes e di questa élite, suggerendo forse che l'uso del termine "anglo" non è strettamente accurato nel senso etnico del termine, non solo perché i Rothschild erano ebrei per fede e cultura, ma anche perché la loro influenza era di portata internazionale.

Per quanto riguarda l'élite "britannica", vale la pena di notare ancora una volta che in realtà molte delle vecchie famiglie aristocratiche in Gran Bretagna iniziarono a frequentare membri dell'élite bancaria ebraica. Come ha notato lo scrittore inglese Hillaire Belloc:

> Cominciarono a moltiplicarsi i matrimoni tra quelle che erano state le famiglie aristocratiche territoriali di questo Paese e le fortune commerciali ebraiche. Dopo due generazioni, all'alba del XX secolo, le grandi famiglie territoriali inglesi che non avevano sangue ebraico divennero un'eccezione. In quasi tutte queste famiglie il legame era più o meno marcato, in alcune di esse così forte che, sebbene il nome fosse ancora un nome inglese e le tradizioni quelle di una stirpe puramente inglese del passato, il fisico e il carattere erano diventati interamente ebraici e i membri della famiglia

venivano scambiati per ebrei ogni volta che viaggiavano in Paesi dove la nobiltà non aveva ancora [sposato ebrei].

Ma le cose vanno ben oltre i rapporti familiari.

L'influenza ebraica - e, naturalmente, in particolare quella dell'impero Rothschild - era ben radicata anche nelle grandi istituzioni aziendali globali che erano sinonimo di impero "britannico", in particolare la famosa Compagnia britannica delle Indie orientali.

Lo scrittore americano L. B. Woolfolk, nella sua opera classica (ma ormai poco conosciuta) *Il grande drago rosso*, pubblicata nel 1890, descrive la caduta della Compagnia delle Indie Orientali nelle mani della finanza ebraica internazionale

> Nel 1764, la Compagnia britannica delle Indie orientali era la più grande e ricca azienda del mondo.
>
> Fu l'unica compagnia a governare un impero territoriale. Si arricchì grazie ai traffici, espandendo il proprio commercio conquistando le basi commerciali dei suoi rivali continentali e saccheggiando l'India.
>
> Fin dall'inizio era stato il miglior investimento di capitale che si potesse trovare nelle isole britanniche. Le sue azioni venivano acquistate avidamente da chiunque potesse permettersele.
>
> I commercianti prendevano tutte le azioni che potevano permettersi; ma, come sappiamo, in genere i commercianti non hanno un capitale superiore a quello necessario per le loro attività abituali.
>
> L'aristocrazia terriera britannica ricavava ingenti redditi dalle proprie proprietà e, obbligata a cercare i migliori investimenti per provvedere ai propri giovani figli, investì massicciamente nella Compagnia delle Indie Orientali.
>
> Ma i grandi capitalisti dell'epoca erano gli ebrei. Erano i proprietari del denaro.
>
> Essi sottoscrissero massicciamente le azioni e, man mano che ogni generazione vendeva le azioni dell'aristocrazia ai figli più giovani, gli ebrei - sempre parsimoniosi, sempre pieni di soldi e sempre alla ricerca dei migliori investimenti - acquistavano le azioni che si presentavano sul mercato.
>
> Di conseguenza, la maggior parte delle azioni della Compagnia delle Indie Orientali e delle altre società create in seguito dai dividendi di questa grande impresa finirono in mani ebraiche. Gli ebrei divennero i grandi re del denaro del mondo.

In ogni caso, come ha sottolineato E.C. Knuth, questo grande sogno di quello che oggi chiamiamo Nuovo Ordine Mondiale aveva un problema: i suoi sostenitori non vedevano che le giganteshe guerre a venire sarebbero derivate da quella che lui chiamava "l'opposizione di razze potenti che si sarebbero rifiutate di riconoscere una dottrina fantastica della superiorità razziale del [popolo] anglosassone e del suo destino predestinato a dominare tutte le razze della terra".

In effetti, questa dottrina era parte integrante dell'"ideologia segreta della finanza internazionale". Ma, in realtà, questa ideologia segreta - mascherata in qualche misura dal sogno di Rhodes di dominio anglosassone - era, ovviamente, il vecchio sogno talmudico di un imperium mondiale.

In questo caso, l'obiettivo dell'utopia ebraica si nascondeva dietro l'immagine dell'Inghilterra anglosassone che, all'epoca del XX secolo, era un meccanismo integrale (forse centrale) con cui l'impero Rothschild (in quanto casa reale dell'élite ebraica al potere) operava attraverso la City di Londra per stabilire il suo Nuovo Ordine Mondiale. Il defunto Vincent Cartwright Vickers, ex governatore della Banca d'Inghilterra e importante produttore di armi nella cui società i Rothschild detenevano una partecipazione significativa, ha scritto di queste operazioni:

> I finanzieri si sono assunti, forse non la responsabilità, ma certamente il potere di controllare i mercati mondiali e quindi i tanti rapporti tra una nazione e l'altra, che comportano amicizie o diffidenze internazionali.

> I prestiti ai Paesi stranieri sono organizzati dalla City di Londra senza la minima considerazione per il benessere di queste nazioni, ma solo con l'obiettivo di aumentare l'indebitamento, che permette alla City di prosperare e arricchirsi.

> Questa dittatura del denaro, nazionale e soprattutto internazionale, che mette un Paese contro l'altro e che, possedendo gran parte della stampa, trasforma la pubblicità della propria opinione privata in una parvenza di opinione pubblica generale, non può più rendere il governo democratico un semplice soprannome.

> Oggi vediamo attraverso un vetro oscuro, perché ci sono così tante cose che "non sarebbe nell'interesse pubblico divulgare".

E. C. Knuth sottolineava che il potere dell'oligarchia finanziaria risiedeva in quella che definiva la sua "natura senza età e auto-perpetuantesi, la sua pianificazione a lungo termine e la sua preveggenza, la sua facilità nell'aspettare e nel rompere la pazienza dei suoi oppositori, coloro che", per dirla con Knuth, "cercavano di frenare questa mostruosità", cioè i politici populisti e nazionalisti che percepivano i pericoli del potere monetario internazionale.

I detrattori di questa potente forza, osserva Knuth, sono stati tutti sconfitti perché costretti da coloro che sostenevano i loro sforzi "a mostrare azione e risultati in un tempo troppo breve".

I veri patrioti che si sono opposti al potere monetario internazionale sono stati "ostacolati e sconfitti, sommersi da ostacoli e difficoltà, infine costretti a temporeggiare e a ritirarsi".

Chi negli Stati Uniti e in Gran Bretagna ha osato sfidare la finanza internazionale, ha detto Knuth, ha spesso fatto quella che ha definito "una fine vergognosa".

D'altra parte, coloro che avevano servito bene le forze del grande capitale avevano tratto immensi vantaggi.

La Banca d'Inghilterra, controllata dai Rothschild, ricorda Knuth, era di fatto una potenza mondiale sovrana che non era soggetta alla regolamentazione o, in misura minore, al controllo del Parlamento britannico.

Questa istituzione - nelle mani dell'impero Rothschild - agiva, secondo Knuth, come "il grande pendolo del credito del mondo, capace di estendere o contrarre il credito a piacimento", soggetto solo agli ordini della "Città" - in breve, la dinastia Rothschild.

Knuth non è stato il primo scrittore a riconoscere il controllo dei Rothschild sulla Gran Bretagna. Il maggiore Osman Bey, scrivendo nel 1878 in *The Conquest of the World by the Jews* (citato sopra), descrisse la speciale relazione tra il potere monetario internazionale della dinastia Rothschild e l'Impero britannico come il risultato di un reciproco dare e avere

> Una sorta di accordo amichevole è stato concluso sulla base di un interesse comune tra queste due potenze commerciali, in base al quale l'Impero britannico presta la sua influenza politica e la sua assistenza materiale all'ebraismo, mentre quest'ultimo mette la sua influenza finanziaria a disposizione dell'Inghilterra e sostiene il commercio britannico. Sia gli inglesi che gli ebrei traevano vantaggio da questo tacito accordo, i primi perché potevano utilizzare l'immenso capitale ebraico per vendere i loro prodotti commerciali attraverso intermediari ebrei.

Il critico americano della finanza ebraica, Ezra Pound, ha detto in modo sintetico nel suo libro *Gold and Work,* pubblicato nel 1944: "Dopo l'assassinio del presidente Lincoln, non è stata tentata alcuna azione seria contro l'usurocrazia fino alla formazione dell'asse Berlino-Roma".

(Nel prossimo capitolo esamineremo il conflitto tra Lincoln e l'impero dei Rothschild quando quest'ultimo avanzò sul suolo americano). Non è un caso, quindi, che nel 1940 il governo tedesco, attraverso la sua divisione pubblicitaria World-Service, abbia candidamente proposto, senza mezzi termini, che era proprio a causa della dominazione ebraica della Gran Bretagna , attraverso le forze plutocratiche dell'impero Rothschild, che il popolo inglese era stato spinto a entrare in guerra contro la Germania nazionalsocialista che, come disse Ezra Pound, aveva tentato di prendere "serie misure" contro il potere monetario internazionale. World-Service ha scritto:

> È nel sistema plutocratico del governo inglese che risiede la vera ragione per cui oggi l'Inghilterra ha dichiarato guerra alla Germania nazionalsocialista e antiebraica.
>
> Il governo britannico non dichiarò guerra alla Germania nell'interesse del popolo britannico, né per proteggere i sudditi britannici da eventuali atti di aggressione tedeschi, ma dichiarò la guerra esclusivamente nell'interesse degli ebrei che controllano l'Inghilterra e nell'interesse del capitale finanziario ebraico britannico che cercava la prima occasione per liberarsi, entrambi nemici riconosciuti di qualsiasi forma di nazionalsocialismo.
>
> L'Inghilterra non può combattere alcuna guerra nell'interesse della nazione inglese, perché il governo inglese non può essere considerato il rappresentante del proprio popolo e non gode della fiducia della nazione.
>
> Al contrario, si limita a proteggere l'immensa ricchezza che è nelle mani di una ristretta cerchia: la classe dirigente ebraico-inglese; garantisce inoltre che la piccola cricca ebraico-inglese accresca senza ostacoli il suo enorme capitale.
>
> Oggi gli ebrei e la stampa inglese vorrebbero farci credere che l'alleanza ebraico-inglese sia nata solo durante l'attuale guerra, che la sua causa naturale sia stata la persecuzione degli ebrei in Germania e che le leggi antiebraiche del Terzo Reich abbiano portato gli ebrei a schierarsi con l'Inghilterra in quella guerra. Come abbiamo visto, questo non è vero.

L'origine dell'alleanza ebraico-inglese risiede unicamente e semplicemente nel legame inscindibile tra l'imperialismo ebraico e l'imperialismo britannico e nel fatto che il capitale finanziario ebraico è identico al capitale finanziario britannico.

La sua origine risiede unicamente e semplicemente nei legami di sangue tra gli ebrei e la nobiltà inglese e nel fatto che gli ebrei riuscirono a trasformare l'Inghilterra in uno Stato plutocratico.

Gli ebrei non sono entrati in guerra come alleati dell'Inghilterra perché la Germania li aveva perseguitati, ma l'Inghilterra ha dichiarato guerra alla Germania perché il governo inglese è il servo obbediente e cieco degli ordini ebraici, così come l'Inghilterra è il nemico giurato di tutti gli Stati antiebraici e, secondo la sua struttura plutocratica, deve necessariamente esserlo.

Il governo britannico ha dichiarato guerra alla Germania perché è un governo controllato dagli ebrei e come tale rappresenta la spada di Giuda contro l'antigiudaismo e tutte le forme di nazionalsocialismo.

Il governo inglese ha dichiarato guerra alla Germania perché gli inglesi non sono i governanti dell'Inghilterra, ma perché il capitale finanziario ebraico è al potere e l'Inghilterra è uno Stato plutocratico.

Sebbene nel corso degli anni siano stati scritti molti libri sul tema della finanza internazionale in generale, la comprensione o il riconoscimento del quadro generale da parte del pubblico sono stati scarsi.

Tuttavia, come ha sottolineato E. C. Knuth, uno sguardo ai numerosi volumi che hanno trattato questi argomenti rivela quelle che egli ha definito "sorprendenti pepite di informazione" che, nel loro insieme, "rivelano la sorprendente storia e struttura legale di uno Stato mondiale sovrano". Questo Stato mondiale è, ovviamente, governato dalla City di Londra che, secondo Knuth, "funziona come un super governo mondiale e nessun incidente si verifica in qualsiasi parte del mondo senza il suo coinvolgimento in una forma o nell'altra".

Il grande piano di questo ordine "unico mondiale" decreta che è necessario", scrive Knuth, "limitare l'espansione politica e territoriale della Russia in modo rapido e deciso".

E questo, naturalmente, è ciò che Knuth scriveva negli ultimi giorni della Seconda Guerra Mondiale, quando gli Stati Uniti e la Gran Bretagna erano ancora alleati della Russia, ma è stato poco dopo la guerra che è emersa la cosiddetta Guerra Fredda e ora, nei primi anni del XXI secolo, si sta costruendo una "seconda Guerra Fredda" - una "nuova Guerra Fredda" - contro la Russia nella sua nuova incarnazione di Stato nazionalista che ha sfidato gli interessi internazionali del denaro ebraico.

Oggi il grande colosso russo, liberato dalla morsa del comunismo e del capitalismo, due teste dello stesso drago, ostacola il Nuovo Ordine Mondiale.

Anche mentre scriviamo, nel 2009, scopriamo che le sfere d'influenza occidentali legate ai Rothschild, in particolare gli Stati Uniti, si stanno agitando per un confronto con la Russia, con i "neoconservatori" sionisti che effettivamente battono il tamburo per la guerra contro la Russia (i libri di questo autore, *Il Golem* e *Le capre di Giuda*, esplorano questo fenomeno in alcuni dettagli). Knuth si chiedeva, con sarcasmo, se fosse nell'interesse pubblico smascherare il grande piano di quella che lui chiamava la "camarilla mondialista" (cioè un gruppo di cospiratori) quando erano così vicini a raggiungere il loro obiettivo di stabilire un imperium globale. Quante altre vite dovranno essere sacrificate, si chiedeva, per realizzare "il grande sogno [...] di un mondo governato da una benevola intellighenzia dispotica e creare così la 'pace per l'eternità'"

Knuth ha riflettuto sul controllo dei media da parte di questa élite internazionalista, sollevando le seguenti questioni:

> Come è stato possibile erigere questa struttura internazionalista di travisamento e inganno in mezzo a noi e proteggerla dall'esposizione per quasi mezzo secolo? Perché i nostri insegnanti di storia, i nostri presidenti di università, i nostri educatori o i nostri giornali non hanno denunciato questa mostruosità

Ha affermato che ci sono "ragioni ovvie e molto pratiche" per cui coloro che sono incaricati di informare ed educare il pubblico non lo hanno fatto in relazione al potere monetario internazionale, e una delle ragioni principali è che "l'esistenza dei nostri giornali dipende assolutamente dalla pubblicità dei grandi interessi commerciali" e, ha aggiunto, un po' cinicamente, che "la funzione principale dei presidenti delle università è quella di raccogliere i fondi da cui dipende l'esistenza delle loro istituzioni, per essere in buoni rapporti con le persone giuste".

Coloro che hanno tentato di smascherare l'Impero Rothschild e il Nuovo Ordine Mondiale e le sue origini talmudiche - o anche solo alcune parti della storia - hanno avuto scarso successo perché, come ha riconosciuto Knuth, opere di questo tipo hanno ricevuto scarso riconoscimento e "poiché sono considerate 'controverse' [sono] trattate con il disprezzo del silenzio".

Al contrario, ha sottolineato Knuth, si notino le massicce tirature multimilionarie di quelli che Knuth ha descritto come "i prodotti altamente acclamati e ampiamente pubblicizzati dei sostenitori dell'internazionalismo; con il completo dominio della radio [e oggi della televisione] da parte dei propagandisti internazionalisti...".

Così l'influenza dell'impero Rothschild si è insediata nella Gran Bretagna imperiale molto tempo fa, infiltrandosi nelle famiglie aristocratiche e nelle istituzioni finanziarie, e l'influenza dei Rothschild si è diffusa in tutto il mondo.

Nel frattempo, dall'altra parte dell'Atlantico, la dinastia Rothschild si stava già muovendo per prendere il controllo del Nuovo Mondo e assicurarsi che i nuovi Stati Uniti fossero saldamente sotto il suo controllo.

Nei capitoli che seguono, iniziamo ad esaminare il ruolo dell'impero Rothschild negli affari americani, culminando nell'emergere degli Stati Uniti nel XX secolo come motore del potere imperiale nelle mani della dinastia Rothschild .

August Belmont, Jacob Schiff, Joseph Seligman e Paul Warburg (da sinistra a destra) sono stati tra i principali rappresentanti degli interessi della dinastia Rothschild e della finanza ebraica internazionale sul territorio americano, anche se molti americani non ebrei sono stati partner e prestanome dei Rothschild in vari aspetti della finanza e dell'industria americana, tra cui la famiglia Rockefeller è l'esempio più significativo.

Harry Truman sul potere ebraico ...

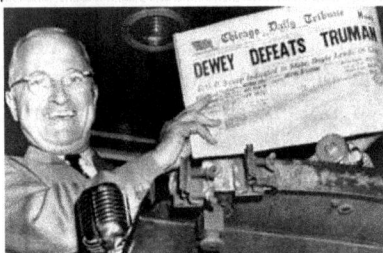

Anche se il presidente Harry Truman è acclamato come il presidente americano che ha riconosciuto il nuovo Stato di Israele nel 1948, l'11 luglio 2003 il mondo ebraico è rimasto inorridito quando il Washington Post ha pubblicato alcuni estratti del diario privato inedito di Truman, in cui egli riflette molto francamente sugli atteggiamenti e sul potere degli ebrei.

Una di queste, datata 21 luglio 1947, era particolarmente severa e recitava come segue

"Gli ebrei non hanno senso delle proporzioni, non hanno giudizio sugli affari del mondo. Penso che gli ebrei siano molto, molto egoisti. A loro non importa quanti estoni, lettoni, finlandesi, polacchi, jugoslavi o greci vengano uccisi o maltrattati come sfollati [dopo la guerra], purché gli ebrei ricevano un trattamento speciale. Eppure, quando detenevano il potere - fisico, finanziario o politico - né Hitler né Stalin avevano nulla da rimproverare in termini di crudeltà o di maltrattamento di coloro che erano rimasti".

Ricordate: questi non sono i deliri di Adolf Hitler o di qualche agitatore di strada antisemita di destra. Queste parole non sono state scritte da un "teorico della cospirazione" o da un "terrorista musulmano". Non sono i sussurri di un amaro misantropo. Sono le riflessioni private di un amato presidente americano, l'uomo dell'indipendenza, che non è altro che "Give 'Em Hell Harry". Si sbagliava?

CAPITOLO VII

I Rothschild e l'America: prima colonia, poi motore del potere imperiale

In *Gold and Work*, pubblicato nel 1944, Ezra Pound rifletteva sul ruolo della finanza ebraica internazionale - l'impero Rothschild - nel dettare gli affari economici delle nazioni del mondo. Critico precoce e schietto del sistema della Federal Reserve controllato dai Rothschild sul territorio americano (di cui si dirà più avanti), Pound commentò la perdita di libertà subita da molti a causa dell'ascesa del capitalismo plutocratico e del suo dominio usurario sul denaro mondiale

> Nessuno è così sciocco da lasciare la gestione del proprio conto bancario privato a qualcun altro; eppure le nazioni, gli individui, gli industriali e gli uomini d'affari sono stati tutti abbastanza disposti - quasi impazienti - di lasciare il controllo delle loro valute nazionali e del denaro internazionale nelle mani della più fetida feccia dell'umanità.

Lo scrittore americano E. C. Knuth (scrivendo negli ultimi giorni della Seconda Guerra Mondiale) riconobbe che il sistema americano era diventato parte della rete Rothschild. Valutando il modo in cui il potere monetario mondiale si era intrecciato con il sistema americano nel corso del XX secolo, egli concludeva - con sgomento - che gli Stati Uniti erano diventati "un soggetto delle leggi dell'Inghilterra".

In breve, gli Stati Uniti sono caduti nelle mani della dinastia Rothschild, la principale forza dell'impero "britannico".

E nonostante negli ultimi decenni del XIX secolo e nei primi anni del XX le questioni relative a denaro e finanza, oro e argento, debito, guerra e imperialismo fossero argomenti comuni di discussione negli affari politici americani, gli americani rimasero in gran parte all'oscuro dell'esistenza dell'Impero Rothschild.

Sebbene ci fosse - come abbiamo notato nel capitolo precedente - un certo riconoscimento del ruolo della dinastia Rothschild e delle sue pratiche predatorie di capitalismo finanziario internazionale, Knuth scrisse

> "In larga misura, la maggior parte degli americani non sapeva molto dei Rothschild in nessun momento della storia. I Rothschild erano generalmente considerati un mito o una leggenda"

Tuttavia, ha detto, e questo è certamente un eufemismo: "Dovrebbe essere abbondantemente chiaro che la gigantesca fortuna di questa famiglia rimane un fattore molto importante negli affari mondiali". E da allora questa fortuna è cresciuta.

In realtà, come vedremo in seguito, l'ascesa dell'influenza Rothschild negli Stati Uniti non è un fenomeno del XX secolo, come molti tendono a credere. Al contrario, gli intrighi dei Rothschild sul suolo americano risalgono ai primi anni del XIX secolo.

La Storia economica degli ebrei, di Salo W. Baron, Arcadius Kahan e altri (pubblicato da Schocken Books nel 1975), riassume gli inizi della finanza ebraica internazionale negli Stati Uniti

> Tuttavia, solo a metà del XIX secolo, con l'arrivo di un gran numero di ebrei tedeschi in America, negli Stati Uniti cominciarono ad apparire istituti bancari ebraici basati sul modello europeo...

> Tutte queste aziende fungevano essenzialmente da banchieri d'investimento - il settore bancario commerciale, più affermato, offriva relativamente poche opportunità agli immigrati ebrei tedeschi - e quindi contribuivano a finanziare molte delle società e delle imprese americane la cui rapida crescita nella seconda metà del XIX secolo aveva creato un'insaziabile domanda di capitali.

> Per raccogliere questi fondi, queste case ebraiche non solo utilizzarono le loro vaste connessioni europee, in particolare in Francia, Inghilterra e Germania, ma crearono anche una catena di associazioni e direzioni interdipendenti tra loro che permisero loro di raccogliere rapidamente somme molte volte superiori ai loro singoli patrimoni e di competere con successo con imprese pagane molte volte più grandi di loro.

> Non solo i figli e i genitori di una determinata azienda si sono spesso incrociati, ma si sono anche verificate alleanze matrimoniali tra diverse famiglie bancarie ebraiche, come nel caso dei Kuhn, dei Loeb, degli Schiff e dei Warburg.

> Spesso, inoltre, i figli di queste famiglie si sposavano con grandi famiglie d'affari ebraico-tedesche operanti in diversi altri settori, e

queste ultime procedevano poi a raccogliere capitali attraverso le banche a cui si erano associate.

A livello sociale, il risultato di questi legami d'affari e di parentela fu la creazione di un'aristocrazia bancaria e commerciale tedesco-ebraica con sede a New York, i cui discendenti continuarono per oltre un secolo a svolgere un ruolo dominante nella vita finanziaria, culturale e politica della comunità ebraica americana e, in misura minore, dell'intera nazione.

Il contributo di queste banche ebraiche al processo di formazione del capitale negli Stati Uniti alla fine del XIX secolo e all'inizio del XX è stato considerevole sotto ogni aspetto.

Gli studenti di storia americana conoscono - o dovrebbero conoscere - le storiche battaglie del presidente Andrew Jackson e di altri nazionalisti americani contro gli intrighi degli interessi del denaro che erano determinati a creare una "banca centrale" sulle coste americane.

E sebbene all'epoca - nei primi decenni del XIX secolo - i Rothschild stessi non avessero una sede ufficiale negli Stati Uniti (anche se all'epoca erano certamente la principale forza finanziaria in Europa), c'erano banchieri americani e i loro alleati politici - in particolare Alexander Hamilton (che potrebbe essere stato, ma non è certo, di origine parzialmente ebraica) - che difendevano efficacemente gli interessi della dinastia Rothschild mentre i Rothschild cercavano di estendere i loro tentacoli negli affari finanziari della nuova Repubblica, di origine ebraica, ma non è certo), che difendevano efficacemente gli interessi della dinastia Rothschild, che cercava di estendere i propri tentacoli negli affari finanziari della nuova Repubblica.

Mentre la First Bank of the United States (fondata nel 1791) e poi la Second Bank of the United States (fondata nel 1816) erano istituzioni apparentemente "americane", la storia mostra che i critici del settore bancario hanno spesso espresso la preoccupazione che i banchieri "britannici", in particolare, si intromettessero negli affari americani attraverso i loro investimenti e le loro relazioni con queste istituzioni finanziarie.

Così, anche se un importante americano non ebreo come Nicholas Biddle - fondatore di una delle "grandi famiglie americane" - ricopriva la carica di presidente della Seconda Banca degli Stati Uniti, a tutti gli effetti agiva come agente di interessi finanziari stranieri - cioè "britannici" (in effetti, cioè Rothschild) - che operavano dietro le quinte. Allo stesso modo, Eustace Mullins, nella sua opera chiave *The Secrets of the Federal Reserve*,[1] ha notato che un altro Rothschild - James di Parigi - era una figura chiave che traeva profitto dalle macchinazioni della Seconda Banca degli Stati Uniti. In breve, la presenza dei Rothschild in America era un fenomeno molto reale, anche nei primi anni della nostra storia.

Per quanto riguarda l'ascesa dell'influenza dei Rothschild sul suolo americano, siamo in debito con il compianto Arnold Spencer Leese, storico inglese indipendente e campione del nazionalismo inglese, veterinario, autoproclamatosi "medico dei cammelli" per formazione (anzi, si dice che sia una delle più note autorità in materia di salute dei cammelli), che ha prodotto una delle monografie più dirette sugli intrighi dei Rothschild. Intitolata *Gentile Folly: The Rothschild*, fu pubblicata nel 1940.

La valutazione di Leese sull'influenza dei Rothschild negli Stati Uniti, contrariamente a gran parte della letteratura "standard", conferma che i Rothschild furono effettivamente influenti negli affari americani per molto tempo. Leese osserva che, per quanto riguarda la nostra storia, i Rothschild inviarono un agente di nome Schoenberg a New York nel 1837, ma Schoenberg cambiò il suo nome in August Belmont e si presentò come un seguace della fede cristiana, sebbene fosse ebreo, come i Rothschild. Belmont si era fatto le ossa nella finanza presso le filiali di Francoforte e Napoli dei Rothschild. Lo storico americano Stephen Birmingham, nella sua famosa cronaca mondana *Our Crowd: The Great Jewish Families of New York*

> La prima cosa che la società newyorkese notò di August Belmont fu che aveva molti soldi. Si trattava di denaro dei Rothschild, ovviamente, ma lui lo usava in modo sfarzoso.

> Come finanziere con i fondi della più grande banca privata del mondo, svolse subito un ruolo importante non solo per le aziende americane, ma anche per il governo degli Stati Uniti, sempre a corto di liquidità e il cui credito richiedeva continue iniezioni da parte dei banchieri.

Durante il Grande Panico del 1837, Belmont, l'agente dei Rothschild, negoziò grandi prestiti dai Rothschild per conto delle banche debitrici

---

[1] La cui traduzione è stata pubblicata da Omnia Veritas Ltd, *I segreti della Federal Reserve*, www.omnia-veritas.com.

americane. In altre parole", secondo Birmingham, "fu in grado, con l'aiuto del vasto bacino di capitali dei Rothschild, di iniziare a gestire il proprio sistema di riserva federale in America". (E questo ben prima della creazione ufficiale del Federal Reserve System nel 1913).[2]

E dopo essersi stabilito negli Stati Uniti come primo agente Rothschild - anche se nel corso del tempo ci sono state molte altre attività Rothschild - alla fine, grazie all'influenza di Salomon Rothschild, fu nominato dal governo americano console generale austriaco a New York dal 1844 al 1850.

Tre anni dopo, questo ebreo tedesco e agente dei Rothschild fu nominato ambasciatore americano nei Paesi Bassi. Nel 1860, questo agente dei Rothschild divenne presidente del Comitato Nazionale Democratico. Sposò la figlia del famoso Commodoro Matthew Perry che "aprì" il Giappone all'Occidente, il che in realtà, come notano i moderni nazionalisti giapponesi, fu una prima manifestazione dell'imperialismo "americano", ma, come sappiamo fin troppo bene, in realtà non era altro che l'imperialismo dei Rothschild, parte della spinta a stabilire un nuovo ordine mondiale come descritto per la prima volta nel Talmud.

---

[2] In questo periodo si verificò una notevole emigrazione di cattolici romani negli Stati Uniti - in particolare dall'Irlanda - e la verità è che gli interessi radicati degli ebrei vedevano questo pericolo. Infatti, uno dei principali bigotti americani a guidare la lotta contro l'immigrazione negli Stati Uniti - in particolare quella cattolica irlandese - fu un importante ebreo americano, Lewis Charles Levin. Sebbene la storia ci dica spesso che il movimento Know Nothing - il Native American Party - era "guidato da protestanti" e "rivolto a cattolici ed ebrei", la verità è che Levin - un ebreo - non solo fu uno dei fondatori del partito, ma anche uno dei redattori del suo organo nazionale e uno dei primi membri Know Nothing eletti al Congresso! Nato nel 1808 a Charleston, nella Carolina del Sud, che - come sapranno gli studenti della tratta degli schiavi controllata dagli ebrei - fu per molti anni il centro della popolazione ebraica degli Stati Uniti, molto prima che lo diventasse New York City, Levin si stabilì poi, come avvocato, a Filadelfia, dove pubblicò e diresse il *Philadelphia Daily Sun*. Nel 1844 fu eletto al Congresso della Pennsylvania con il partito americano ("Know Nothing") e rimase in carica per tre mandati, finché non fu sconfitto alla rielezione nel 1850. Levin morì dieci anni dopo. Il fatto che Levin sia stato uno dei primi agitatori anticattolici sul suolo americano è quantomeno interessante, perché i libri di storia sono stati attenti a "ritoccare" i fatti sul ruolo di Levin nel movimento Know Nothing. La carriera di Levin è stata relegata nel "buco della memoria" orwelliano. Invece, sentiamo ancora parlare di come "protestanti" e "cattolici" fossero così ostili ai "poveri immigrati ebrei in fuga dalle persecuzioni".

Mentre Belmont consolidava la posizione dell'impero Rothschild sul suolo americano, i Rothschild aprirono uffici in tutto il Sud americano per acquistare lana, che veniva poi spedita in Francia e commercializzata. I Rothschild acquistarono anche coltivazioni di tabacco. Le navi controllate dai Rothschild trasportavano enormi carichi tra gli Stati Uniti e la Francia.

Non sorprende che gli interessi dei Rothschild fossero profondamente coinvolti negli intrighi finanziari e politici che portarono alla guerra civile americana. Il famoso poeta americano Ezra Pound disse

> "Le nazioni sono spinte alla guerra per distruggere se stesse, per frantumare la loro struttura, per distruggere il loro ordine sociale, per ridurre le loro popolazioni. E non c'è caso più eclatante e flagrante nella storia della nostra guerra civile, che si dice sia un record occidentale per le dimensioni degli eserciti impiegati e che sia superata solo dai più recenti trionfi [dell'impero Rothschild:] le guerre del 1914 e la guerra attuale [la Seconda Guerra Mondiale]

Arnold Leese scrive che i Rothschild erano in conflitto con Napoleone III di Francia, che aveva messo gli occhi sulle Americhe - come i Rothschild. Napoleone III sognava di estendere il suo potere prendendo il controllo del Messico e di parte degli Stati Uniti meridionali, e voleva che la Gran Bretagna si unisse a lui per costringere il Nord ad abbandonare il blocco dei porti meridionali. Tuttavia, gli Stati Confederati, desiderosi di placare Napoleone, gli offrirono dei territori, tra cui la Louisiana e il Texas. La possibilità che gli inglesi e i francesi stessero per intervenire nella guerra civile americana a favore della Confederazione era molto concreta.

Tuttavia, lo zar Alessandro di Russia - che si era sempre opposto agli sforzi dei Rothschild di interferire negli affari dell'Impero russo - inviò la sua flotta attraverso l'Atlantico e la mise a disposizione del Presidente Lincoln nel caso in cui gli intrighi dei Rothschild fossero riusciti a indurre le forze britanniche e francesi a entrare in guerra a favore della Confederazione. I Rothschild non hanno dimenticato questo fatto.

Alla fine, cosa volevano i Rothschild? Benjamin Disraeli, alleato di lunga data dei Rothschild e futuro primo ministro inglese, scrisse del futuro degli Stati Uniti dopo la guerra civile americana. Sarebbe stata, scrisse, un'America di "eserciti, diplomazia, Stati rivali e gabinetti al lavoro, frequenti turbolenze e probabilmente frequenti guerre". In breve, come disse Arnold Leese,

"I Rothschild volevano riprodurre in America le condizioni caotiche dell'Europa, dove governavano tutti gli Stati. Un'America unita sarebbe troppo potente per loro. Deve essere divisa, e questo è il momento di farlo.

Tuttavia, Napoleone di Francia non voleva lavorare con loro. Cosa dovevano fare i Rothschild? La loro risposta fu quella di sostenere sia il Nord che il Sud e di cercare di impedire una vittoria definitiva di una delle due parti, al fine di separare le due regioni, con la possibilità che l'Impero britannico, controllato dai Rothschild, annettesse gli Stati del Nord al Canada, un dominio britannico. In pratica, ciò significava aiutare il Sud più debole piuttosto che il Nord più potente, ed è proprio quello che fecero gli inglesi.

Nonostante il sentimento inglese fosse largamente favorevole al Nord, che si opponeva alla schiavitù, il governo britannico, guidato dai Rothschild, seguì una politica di sostegno al Sud. Gli inglesi riconobbero la Confederazione e permisero la costruzione, l'equipaggiamento e la manutenzione delle navi sudiste nei porti britannici, anche se, ironia della sorte, a New York l'agente dei Rothschild, August Belmont, apparentemente sosteneva la causa nordista. Ma tutto questo, ovviamente, faceva parte dell'obiettivo dei Rothschild di spingere il Nord ad aggredire completamente il Sud per forzare la guerra di secessione che poi avvenne.

Tuttavia, vale la pena notare che Lionel Rothschild credeva che il Nord avrebbe vinto e che esercitò la sua influenza sui finanzieri in Inghilterra e in Francia per sostenere il Nord. Quindi, come ha detto Leese, l'impero Rothschild aveva in definitiva interessi materiali in entrambe le parti.

È anche chiaro che August Belmont lavorò a stretto contatto con Judah Benjamin, il procuratore generale ebreo, poi segretario alla Guerra e infine segretario di Stato della Confederazione. La moglie di Belmont, una gentile, era la nipote di John Slidell, uno dei partner legali di Benjamin.

La stessa figlia di Slidell sposò il barone Frederick Emil d'Erlanger, capo di un'importante società bancaria ebraica a Parigi, il cui padre, il barone Rafael d'Erlanger di Francoforte, era stato un rappresentante riservato dei Rothschild.

Nel frattempo, il presidente Abraham Lincoln aveva il suo programma riguardo al potere monetario internazionale e cercò di introdurre prestiti statali per liberare il popolo americano dall'impero dei Rothschild. Non sorprende che Belmont si opponga fermamente alla nomina e all'elezione di Lincoln a Presidente nel 1860. Lincoln aggirò gli intrighi dei Rothschild durante la Guerra Civile finanziando la guerra con crediti statali, evitando così di dipendere dalle banche ebraiche sotto il controllo dell'impero Rothschild.

Non è una coincidenza, quindi, che nello stesso periodo in cui John Wilkes Booth stava cospirando per assassinare Lincoln, si stesse attentando anche alla vita del Segretario di Stato William Seward, che aveva infatti invitato lo zar russo Alessandro II a inviare la sua flotta negli Stati Uniti per fermare gli sforzi dei Rothschild di dividere gli Stati Uniti. Nel 1881, lo stesso Zar fu assassinato.

Nel 2004, l'autore Charles Higham (anch'egli appassionato promotore di interessi ebraici) ha pubblicato il suo libro, *Murdering Mr. Lincoln*, che descrive in realtà in modo piuttosto dettagliato il ruolo degli interessi dei Rothschild (e delle società segrete alleate nella sfera d'influenza dei Rothschild) nell'assassinio del Presidente Lincoln - un punto che quasi ufficialmente, a quanto pare, non viene menzionato dal gran numero di scrittori "mainstream" che hanno dedicato milioni di parole all'assassinio del 16° Presidente.

(E, dato che il presidente James Garfield, entrato in carica nel 1881, fu anch'egli assassinato, probabilmente non è una coincidenza che Garfield sia stato un critico vocale del potere monetario internazionale e dei suoi asset americani che cercavano di controllare il credito americano). Negli anni successivi alla guerra civile , Belmont e altri agenti Rothschild fornirono agli Stati Uniti 3,2 milioni di once d'oro in cambio di obbligazioni con un tasso d'interesse del 4% e a un prezzo ben inferiore a quello di mercato di tali titoli all'epoca. L'operazione si rivelò tuttavia impopolare negli Stati Uniti, poiché l'alleggerimento delle finanze nazionali durò solo dieci mesi e l'economia del Paese si deteriorò bruscamente. Tuttavia, gli Stati Uniti avviarono un prestito vendendo le proprie obbligazioni al pubblico americano, che contribuì ad alleviare l'onere per i cittadini.

Belmont stesso divenne il patrono della famigerata Tammany Society - popolarmente nota come Tammany Hall - che gestiva l'apparato politico di New York City, che naturalmente divenne la sede della finanza Rothschild in America. Arnold Leese descrisse Tammany Hall come "una sorta di facciata pagana per la Kehillah ebraica", cioè il governo segreto ebraico.

Anche se Belmont morì nel 1890, i suoi figli Perry e August continuarono a rappresentare gli interessi dell'impero Rothschild. Morgan, figlio di August, e John Mason, figlio di Morgan, lavorarono per i Rothschild fino alla loro morte.

August Belmont si allineò con J. P. Morgan che, secondo l'autore Stephen Birmingham, si unì ai Rothschild in "un asse di potere finanziario" che persino la grande casa bancaria Seligman trovò difficile da affrontare. Alla fine, i Seligman si unirono ai Rothschild in quella che Birmingham descrive come "la combinazione più potente della storia bancaria di ...". Il successo dell'alleanza Seligman-Belmont-Morgan-Rothschild fu tale che [nel giro di dieci anni] a Wall Street ci si lamentava del fatto che i "banchieri con sede a Londra [e] in Germania" avessero il monopolio della vendita di obbligazioni statunitensi in Europa, cosa che in pratica facevano".

La famiglia Seligman, come si ricorderà, fu al centro del primo, e tuttora noto, scandalo di "antisemitismo in America", quando un membro della famiglia fu escluso dal Grand Union Hotel a causa delle sue origini ebraiche. Tuttavia, è interessante notare che, secondo Birmingham, invece di estinguere l'antisemitismo, questo incidente lo alimentò.

Un tempo si diceva che i Seligman fossero la famiglia ebraica più ricca d'America e furono giustamente soprannominati "i Rothschild americani". Tuttavia, in questo periodo emersero altre importanti famiglie bancarie ebraiche, tutte satelliti della dinastia Rothschild.

Secondo Stephen Birmingham, che scrive in *Our Crowd: The Great Jewish Families of New York:* "Se Joseph Seligman ha praticamente inventato l'attività bancaria internazionale in America, è stato Jacob Schiff a prendere quell'invenzione, a perfezionarla e a trasformarla in un'arte"... "Al suo apice, Schiff 'dominava tutte le figure finanziarie di Wall Street'".

Schiff, che nel 1875 aveva sposato la figlia di uno dei fondatori della banca Kuhn-Loeb, assunse presto il controllo del potente impero. Il matrimonio di Schiff gli permise di entrare a far parte di un'élite legata non solo economicamente, ma anche maritatamente. Come ha osservato un giornalista, riferendosi alla famiglia di banchieri Warburg - un'altra famiglia di banchieri ebrei del gruppo "La nostra folla" - i Warburg erano dei nullatenenti finché non sposarono gli Schiff, e Schiff era un nullatenente finché non sposò i Loeb.

Oggi questa alleanza comprende la famiglia dell'ex vicepresidente Al Gore, la cui figlia Karenna ha sposato Drew Schiff, un membro della famiglia Schiff. Quindi, sebbene Gore abbia dichiarato alla Convention nazionale democratica del 2000 che lo ha candidato alla presidenza: "Ho fatto tutto da solo", il suo rapporto con il clan Schiff - e quindi con l'impero Rothschild - suggerisce il contrario.

Nel 1881, osserva Birmingham, "la finanza americana era entrata nella grande era di Schiff". Tuttavia, solo la famiglia Schiff aveva ampi legami con i Rothschild che risalivano a generazioni addietro. Secondo Birmingham:

> Nel XVIII secolo, gli Schiff e i Rothschild condividevano una doppia casa... finché uno degli Schiff, già abbastanza ricco da trasferirsi a Londra, vendette il resto della casa al primo Rothschild per fare fortuna. Se sollecitati, gli Schiff ammettono in genere che, pur non essendo collettivamente ricchi come i Rothschild, la loro famiglia è la più augusta. I Rothschild erano noti solo come grandi banchieri.

> L'albero genealogico degli Schiff non comprendeva solo banchieri di successo, ma anche eminenti studiosi e membri del rabbinato. Così, nel XVII secolo, appartenevano alla famiglia Schiff Meir ben Jacob Schiff, compositore di notevoli commenti al Talmud, e David Tevele Schiff, che divenne rabbino capo della Grande Sinagoga d'Inghilterra alla fine del XVIII secolo.

> Gli Schiff possono anche dimostrare di essere una famiglia molto più antica dei Rothschild. Il pedigree degli Schiff, accuratamente descritto nell'Enciclopedia Ebraica, è il più lungo di qualsiasi famiglia ebraica esistente: gli Schiff di Francoforte risalgono al XIV secolo.

> In realtà Jacob Schiff ha fatto risalire la sua ascendenza ancora più indietro, fino al X secolo a.C., a nientemeno che il re Salomone, e da lì a Davide e Betsabea, dove ha scelto di fermarsi. Jacob Schiff prendeva sul serio la sua discendenza dal re d'Israele...

L'industriale americano Henry Ford, da parte sua, notò che Schiff, nei suoi primi anni di vita, aveva fatto apprendistato nell'ufficio del padre, che era un agente dei Rothschild. Come ha notato Ford, Schiff divenne

> "uno dei principali canali attraverso i quali il capitale tedesco-ebraico è affluito negli affari americani, e la sua attività in questo campo gli ha dato un posto in molti importanti dipartimenti degli affari americani, in particolare ferrovie, banche, compagnie assicurative e telegrafiche".

Nella rivista *Truth* del 16 dicembre 1912, George R. Conroy rivelò che i legami tra Rothschild e Schiff si estendevano fino al XX secolo

> Schiff è a capo della grande banca privata Kuhn, Loeb & Co, che rappresenta gli interessi dei Rothschild su questa sponda dell'Atlantico. È stato descritto come uno stratega finanziario ed è stato per anni il ministro delle finanze della grande potenza impersonale nota come Standard Oil [che, ovviamente, era pubblicamente identificata con la famiglia Rockefeller]. Lavorò fianco a fianco con gli Harriman, i Gould e i Rockefeller in tutte le loro imprese ferroviarie e divenne il potere dominante nel mondo ferroviario e finanziario americano.

Nel 1912, infatti, una commissione del Senato, nota come commissione Pujo dal nome del suo presidente, indagò sui trust monetari dell'epoca. La commissione rivelò che Kuhn, Loeb - nonostante la sua alleanza con J. P. Morgan - era principalmente alleata con la National City Bank controllata da Rockefeller. Tuttavia, Jacob Schiff era stato a lungo direttore di questa entità Rockefeller, e Schiff era quindi coinvolto nei due principali blocchi finanziari operanti sul territorio americano, che non erano quindi così "indipendenti" come il pubblico di avrebbe potuto pensare. In entrambe le influenze erano coinvolti interessi "ebraici".

Secondo Stephen Birmingham, il comitato Pujo ha scoperto che Jacob Schiff era a capo *dei due* principali interessi finanziari: "Il gruppo Morgan-Baker-First National Bank e il gruppo Rockefeller-Stillman-National City Bank formavano il circolo interno. Le potenze erano l'acciaio e il petrolio, ognuna con la sua massiccia banca. Contrariamente a quanto tutti avevano ipotizzato, non emerse alcuna "rivalità" tra queste [fazioni]. Kuhn, Loeb, decise che il comitato, in modo piuttosto vago, si qualificava solo come un alleato del gruppo interno". Mentre alcuni si chiedevano che cosa significasse, altri, in particolare alcuni membri della stampa, dedussero che Jacob Schiff aveva contatti privilegiati con i due maggiori poteri di Wall Street [e] persino [Schiff] ammise che era così".

Quindi la vecchia leggenda, propagandata da molti scrittori americani "patriottici", secondo cui ci sarebbe stata una "lotta" tra i Rockefeller e l'élite bancaria ebraica, cade a fagiolo. In ogni caso, i Rockefeller erano poco più che scagnozzi ben pagati, satelliti dell'impero Rothschild.

Per quanto riguarda la famiglia Rockefeller, va notato che non ci sono informazioni solide in ambito pubblico che indichino la loro origine ebraica, sebbene ci siano state molte speculazioni per oltre un secolo.

Contrariamente a quanto si crede, la "prova" spesso citata che "i Rockefeller sono ebrei" non è affatto una prova.

La voce che i Rockefeller siano ebrei deriva in gran parte dal fatto che il già citato Stephen Birmingham - nel suo libro del 1971 di Harper & Row, *The Grandees*, un profilo della storia dell'élite ebraica sefardita americana (discendente da famiglie ebree spagnole e portoghesi) - menziona che il nome "Rockefeller" si trova in un raro studio genealogico del 1960, *Americans of Jewish Descent*, di Malcolm H. Stern.

Sebbene alcuni si siano basati su questa informazione e abbiano iniziato a far circolare la storia che questa fosse la "prova" che "i Rockefeller sono ebrei", una lettura attenta dell'*intero* libro mostra che - per quanto documentato in questo libro - i Rockefeller che *hanno* sangue ebraico provengono dalla linea di Godfrey Rockefeller che sposò una certa Helen Gratz, che era ebrea. I loro figli ed eredi sono stati cresciuti nella Chiesa episcopale e hanno avuto poco a che fare con gli affari ebraici o israeliani.

Godfrey Rockefeller proveniva infatti da *una linea separata della famiglia Rockefeller*, discendente da uno dei fratelli di John D. Rockefeller, Sr. e cugino di secondo grado dei famosi fratelli Rockefeller - Nelson, David, Laurence e John D. III. Quindi la famosa storia dell'ebreità dei Rockefeller - almeno quella citata così spesso - si basa su una lettura errata di ciò che è effettivamente apparso nel tanto citato libro di Birmingham.

Non è un grande piacere distruggere il mito popolare secondo cui "i Rockefeller sono ebrei", diffuso da molte persone benintenzionate, ma i fatti sull'origine di questa diceria parlano da soli. Con questo non si vuole ovviamente insinuare che nelle vene della famiglia Rockefeller non scorra sangue ebraico (da generazioni), ma ogni accusa in tal senso dovrebbe basarsi sui fatti e non sull'interpretazione errata di un riferimento passeggero in un libro.

Tuttavia, nonostante questi fatti - che si possono scoprire facendo riferimento al libro di Birmingham, da cui ha *avuto origine* la versione più recente della diceria *secondo cui "i Rockefeller sono ebrei"* - poche persone consultano il libro stesso e preferiscono tramandare la leggenda.

Ma molte famiglie americane di spicco che non sono ebree (per quanto ne sappiamo) si sono mescolate ai nuovi farisei dell'impero Rothschild sulle coste americane.

Considerando, come già detto, che la famiglia dell'ex vicepresidente Al Gore aveva da tempo stretti legami con Armand Hammer, l'industriale ebreo americano noto per i suoi legami con l'élite bolscevica - e che era figlio di un padre fondatore del Partito Comunista Americano - ha senso che i suoceri di Gore, la famiglia Schiff (e i loro associati, i Rothschild), abbiano svolto un ruolo importante nel finanziamento della rivoluzione bolscevica in Russia nel 1917.Inizialmente, secondo il professor Gore, la famiglia Schiff ha svolto un ruolo importante nel finanziamento della rivoluzione bolscevica in Russia.

Albert S. Lindemann, in *Le lacrime di Esaù*

> Il nemico più ostinato della Russia zarista fu Jacob H. Schiff [che] giocò un ruolo cruciale non solo nel negare ai russi le obbligazioni che cercavano sul mercato internazionale per finanziare la [guerra russo-giapponese], ma anche, in modo ancora più decisivo, nel fornire sostegno finanziario al Giappone, che poi sconfisse la Russia in modo così umiliante [...] Schiff si rallegrò del modo in cui lui e altri ebrei erano stati in grado di contribuire all'umiliazione del grande Impero russo. Si vantava che dopo l'umiliazione nella guerra russo-giapponese, la Russia aveva capito che "l'ebraismo internazionale è finalmente una potenza".

In seguito, di concerto con i Rothschild e altri interessi bancari ebraici, Schiff finanziò personalmente la presa di potere bolscevica della Russia cristiana e l'assassinio di milioni di cristiani, finanziando Leon Trotsky e gli altri macellai che presero il potere e si installarono al Cremlino.

La storia completa del ruolo degli Schiff nella tragedia che ha contribuito a spianare la strada alla Seconda guerra mondiale, alla Corea, al Vietnam e a tutte le altre crisi della "guerra fredda" è nota solo a pochi, ma fa parte della leggenda dell'impero Rothschild e del suo ruolo nella manipolazione degli affari mondiali. Alla fine, sebbene la dinastia Schiff sia stata una forza importante a sé stante, resta il fatto che faceva parte dell'impero Rothschild.

A questo punto, dopo aver esaminato il ruolo degli intrighi dell'impero Rothschild in America, è essenziale riconoscere il ruolo dei Rothschild nella creazione del sistema della Federal Reserve negli Stati Uniti.

Sebbene si sia scritto molto sulla Federal Reserve e sulla realtà di ciò che è - un monopolio monetario privato e controllato dalle banche - il fatto che la famiglia Rothschild sia stata la forza principale dietro l'istituzione del sistema sul suolo americano non è un fatto pienamente compreso.

Ad esempio, poiché non c'era nessuno di nome "Rothschild" alla famosa riunione al largo della costa della Georgia, a Jekyll Island, in cui fu stabilita la struttura della Federal Reserve, c'è chi vorrebbe dissociare la famiglia Rothschild da tutte le circostanze. Tuttavia, la bella mano dei Rothschild era effettivamente presente, rappresentata da Paul Warburg della Kuhn, Loeb Company che, come abbiamo notato, era sotto il controllo di Jacob Schiff, un socio di lunga data dei Rothschild.

Discendente da un'altra grande famiglia di banchieri ebrei tedeschi, Warburg fu il principale artefice del sistema della Federal Reserve, creato nel 1913, che consolidò il controllo del sistema monetario americano da parte dell'impero Rothschild e della finanza ebraica internazionale.

La discussione di Henry Ford su quella che definiva "l'idea ebraica di una banca centrale per l'America" riguardava la Federal Reserve. Ford scrisse

> Quello che il popolo degli Stati Uniti non capisce e non ha mai capito è che mentre il Federal Reserve Act era governativo, l'intero Federal Reserve System è privato. È un sistema bancario privato creato ufficialmente.
>
> Chiedete alle prime 1.000 persone che incontrate per strada e 999 di loro vi diranno che il Federal Reserve System è uno strumento con cui il governo degli Stati Uniti è entrato nel settore bancario a beneficio del popolo. Credono che, come l'ufficio postale e l'ufficio doganale, la Federal Reserve faccia parte dell'apparato ufficiale del governo...
>
> Le enciclopedie classiche non contengono imprecisioni, ma non dicono nemmeno che il Federal Reserve System è un sistema bancario privato; al lettore profano rimane l'impressione che sia parte del governo.
>
> Il sistema della Federal Reserve è un sistema bancario privato, la creazione di un'aristocrazia bancaria all'interno di un sistema aristocratico già esistente, con il quale è stata persa una grande indipendenza bancaria e con il quale è stato reso possibile ai finanzieri speculatori di centralizzare grandi somme di denaro per i loro scopi, che siano benefici [per il popolo degli Stati Uniti] o meno.

Affrontando la questione dei legami tra la Federal Reserve e quelli che ha definito "i piani economici degli ebrei internazionali", Ford ha giustamente affermato che

> "La forza del denaro ebraico sta nel suo internazionalismo. Estende una catena di banche e centri di controllo finanziario in tutto il mondo e li fa giocare dalla parte del gioco che favorisce Giuda".

Ford ha affermato che le banche ebraiche isolate in un determinato Paese non rappresenterebbero una minaccia. In quanto semplici banchieri nel proprio Paese, non desterebbero preoccupazione. Ford ha sottolineato che nel settore bancario commerciale convenzionale gli ebrei di non hanno predominato e che le banche di deposito tradizionali non fanno quasi parte della rete finanziaria ebraica.

"I Rothschild non sono mai stati banchieri nel vero senso della parola; erano prestatori di denaro alle nazioni di cui avevano corrotto i rappresentanti per indurli a chiedere prestiti. Facevano affari proprio sul modello dell'usuraio di strada che seduce il figlio del ricco a prendere in prestito una grossa somma, sapendo che il padre pagherà. Non è una vera e propria attività bancaria. Cervelli del genere possono "ottenere" denaro, ma non "fare" denaro.

Per questo motivo, secondo Ford, è necessario esaminare la portata internazionale del potere bancario ebraico. Questo sistema, ha detto, non richiede che una banca ebraica sia la più importante potenza finanziaria in un determinato Paese. Non sono la ricchezza e l'importanza di una singola banca, ma, al contrario, la ricchezza e l'importanza della catena mondiale di diverse banche ebraiche a dare forza al potere monetario internazionale.

Ad esempio, Ford ha citato Paul Warburg della Kuhn, Loeb & Company, che fu uno dei principali artefici della creazione del sistema della Federal Reserve negli Stati Uniti. L'azienda di Warburg non era certo la banca più potente degli Stati Uniti, ma grazie ai suoi legami internazionali - che erano, come disse Ford, "tutti ebraici" - assunse un nuovo aspetto in termini di impatto sulla vita americana.

Il dossier dimostra che è stata la creazione della Federal Reserve nel 1913 a fornire il quadro per l'espansione del controllo dei Rothschild sulla finanza e sull'industria americana.

Gli americani, ovviamente, ne capirono poco. Lo scrittore americano E. C. Knuth ha notato che nel 1945, nel suo libro *The Empire of "The City"*, il senatore Edward Hall Moore dell'Oklahoma aveva reso pubblico il fatto che "il governo britannico" possedeva grandi partecipazioni in 80 delle più grandi aziende industriali americane, tra cui la General Motors e la Standard Oil dell'Indiana. Il fatto che la Standard Oil fosse una di queste potrebbe sorprendere gli americani ingenui che hanno a lungo creduto che la famiglia Rockefeller, che sembrava dominare la Standard Oil, fosse in qualche modo "reale" in termini americani, mentre in realtà l'influenza dei Rothschild si estendeva anche ai ranghi di una così famosa azienda "americana".

In realtà, l'impero Rockefeller, per molti versi, è sempre stato una filiale dell'impero Rothschild, ricca e potente, ma pur sempre una filiale di Rothschild. E come vedremo più avanti in queste pagine, molte istituzioni tradizionalmente considerate parte della sfera d'influenza "Rockefeller" sono ora saldamente nelle mani di agenti dell'impero Rothschild.

Knuth ha detto bene

> "L'opinione pubblica americana è stata ciecamente condotta al macello, come tante pecore condotte sulla rampa di lancio, con anni infiniti di rovina e paura davanti a sé per milioni di persone".

Si riferiva al fatto che il "denaro intelligente dell'Europa" aveva, di fatto, spietatamente provocato il grande crollo del mercato azionario del 1929 e, attraverso questo, aveva acquisito un potere assoluto sull'economia americana.

Ma tra il popolo americano c'erano alcuni leader nazionalisti che si opponevano al sistema. Ad esempio, James J. Hill, il grande costruttore ferroviario americano, mise in guardia dal crescente debito nazionale e dal pericolo che la nazione cadesse nelle mani degli usurai:

> Non c'è bisogno di ricordare che il credito pubblico, per quanto vasto, non è inesauribile... Di tutte le risorse, questa deve essere conservata con la massima cura, innanzitutto perché non possiamo mai sapere in anticipo quando si esaurirà.

> La terra e i suoi prodotti ci danno una chiara indicazione di ciò che possiamo aspettarci da loro in futuro, ma il credito è apparentemente illimitato in un momento e crolla in quello successivo.

> L'unica regola sicura è quella di non imporgli alcun peso che possa essere evitato e di conservarlo per i giorni di maggior bisogno.

Hill ha lanciato un avvertimento ai suoi concittadini americani:

"Non servirà a nulla conservare ciò che resta delle grandi risorse nazionali che sono state proprietà di questo continente, se non preserviamo il credito nazionale, che è più prezioso di tutte queste risorse. Quando sarà esaurito, il cuore della nazione cesserà di battere."

Negli anni che precedettero la Seconda guerra mondiale e nei primi giorni della guerra che seguì, altri parlarono. Tuttavia, la maggior parte di questi leader nazionalisti furono alla fine cacciati dalle loro cariche o messi a tacere. Come ha detto Knuth

"Il destino di coloro che hanno trasgredito i piani dei "globalisti" [è stato] da allora duro e sfortunato".

Con il nuovo sistema internazionale imposto dopo la Seconda Guerra Mondiale dalla Banca Mondiale e dal Fondo Monetario Internazionale - tutti progetti del potere monetario internazionale dell'impero Rothschild - Knuth dichiarò che gli Stati Uniti erano stati "intrappolati in una posizione di pericolo illimitato e . Le nazioni straniere [continuerebbero] ad approfittare della loro posizione spuria chiedendo senza vergogna e con insolenza enormi sussidi sotto forma di prestiti, che in realtà non sono altro che un ricatto ai politici americani, certi di perdere la loro voce nella politica mondiale [come fece] Woodrow Wilson dopo la prima guerra mondiale, se non continueranno a dare".

Naturalmente, nei suoi scritti, Knuth ha sottolineato che il sistema americano, apparentemente indipendente dopo la Rivoluzione americana, era in realtà dominato da lontano, dal momento che molte fortune americane erano legate a quelle dei Rothschild e dei loro colleghi del potere monetario internazionale che ruotavano intorno alla "City" di Londra. Knuth ha detto

Milioni di uomini [negli Stati Uniti] stanno influenzando il destino e la vita o la morte dei loro concittadini con un'organizzazione che è sovversiva dello spirito e della lettera della Costituzione degli Stati Uniti, un'organizzazione di cui non uno su mille dei loro concittadini ha mai sentito parlare.

Lo scopo di questi uomini è interamente legato alla dipendenza delle loro fortune, sempre ingenti, dalle operazioni della City, la cittadella della finanza internazionale. Non solo questi uomini esercitano collettivamente un'influenza pianificata di immenso peso nella massima segretezza, ma lo fanno con il sostegno di immensi fondi forniti da Cecil Rhodes e Andrew Carnegie.

E come abbiamo notato, Rhodes fu uno strumento dell'impero Rothschild dal momento in cui entrò nel mondo della finanza e dell'industria globale. Lo stesso si può dire di Carnegie, per quanto titanico fosse.

L'"organizzazione" a cui Knuth si riferisce specificamente, in questo caso, è la "Pilgrim Society", che promuove la fratellanza britannico-americana. La Pilgrim Society fu fondata a Londra nel 1902, quattro mesi dopo la morte di Cecil Rhodes e, naturalmente, come abbiamo visto, il concetto di Rhodes era quello di riportare gli Stati Uniti sotto il controllo diretto e aperto dell'Impero britannico. Molti americani ricchi e influenti erano attivi in questa organizzazione.

Il Council on Foreign Relations con sede a New York (strettamente legato alla Pilgrim Society), come abbiamo già sottolineato, non era altro che una filiale americana, un cugino minore, per così dire, del Royal Institute of International Affairs (RIIA) con sede a Londra, a sua volta braccio della politica estera dell'Impero Rothschild, che utilizzava il RIIA come base operativa per dirigere le imprese estere ufficiali dell'Impero "britannico". Il RIIA aveva sede nella City di Londra.

Sottolineando che il capitale "britannico" [leggi ebreo, leggi Rothschild] aveva giocato un ruolo importante nell'innescare il Grande Crollo del 1929 e notando che l'inflazione diffusa che causò il crollo avrebbe potuto essere controllata e fermata in qualsiasi punto del suo percorso da quello che Knuth chiamò il "grande pendolo del credito mondiale" dominato dai Rothschild, Knuth ne descrisse le conseguenze:

> Non c'è dubbio che l'enorme crollo e la perdita di titoli americani servirono non solo a danneggiare e paralizzare il più grande concorrente della Gran Bretagna dell'epoca, ma anche a disciplinare un'amministrazione recalcitrante e ostile. Non c'è nemmeno dubbio che miliardi di dollari di oro straniero siano stati trasferiti fuori dagli Stati Uniti durante l'anno elettorale del 1932 per screditare ulteriormente l'amministrazione Hoover e influenzare così le elezioni.

> Né sembra esserci alcun dubbio sul fatto che una quantità simile e massiccia di oro straniero, per un totale di 1.139.672.000 dollari, sia stata trasferita negli Stati Uniti nel 1935 al fine di influenzare le elezioni [imminenti del 1936], ricreare "fiducia" e preparare l'investitore americano a un nuovo taglio nel 1937.

In breve, non c'è dubbio che la Casa Rothschild abbia fatto soldi nei grandi crolli della storia e nelle grandi guerre della storia, proprio nei periodi in cui altri hanno perso i loro soldi.

In breve, come disse uno degli scagnozzi dei Rothschild, il visconte Reginald Esher, "la posizione dei Rothschild negli affari dei Paesi del mondo è indispensabile per tutti, ma non è responsabile per nessuno di loro".

Guardando a tutto questo da una prospettiva americana, guardando a come il potere monetario internazionale ha influenzato il corso degli affari mondiali, Knuth ha detto degli americani:

> Molti si rendono conto che questa situazione mistificante, in cui una nazione presumibilmente democratica e autonoma è di fatto controllata contro la volontà del suo popolo negli affari esteri, indica chiaramente che deve esistere un'organizzazione segreta molto potente e ben finanziata che pianifica e dirige gli affari esteri americani e, in mancanza di un'identificazione più specifica, questa presunta organizzazione segreta viene comunemente chiamata "i Finanziatori Internazionali".

Ma, naturalmente, come Knuth ha chiarito in modo inequivocabile, questi "finanzieri internazionali" erano in realtà membri della famiglia Rothschild e loro agenti accuratamente piazzati in tutta Europa e altrove e, addirittura, sul suolo americano. E mentre l'influenza dei Rothschild cresceva in tutto il mondo, sempre più patrioti riconoscevano i pericoli che le loro nazioni correvano per mano di questi avvoltoi plutocratici predatori.

Il professor Carroll Quigley dell'Università di Georgetown ha scritto in *Tragedia e speranza* su ciò che vedeva come l'opportunità per gli interessi finanziari internazionali di dominare la politica americana. Ha dichiarato con franchezza

> Il problema principale della vita politica americana è stato a lungo quello di come rendere i due [partiti al Congresso] più nazionali e più internazionali. L'argomentazione secondo cui i due partiti dovrebbero rappresentare ideali e politiche opposte, uno, magari, di destra e l'altro di sinistra, è un'idea sciocca, tranne che per i dottrinari e gli accademici. Al contrario, i due partiti dovrebbero essere quasi identici, in modo che il popolo americano possa "buttare fuori i mascalzoni" a ogni elezione senza alcun cambiamento profondo o diffuso nella politica.

Quigley ha affermato che le politiche dell'élite internazionale che considerava "vitali e necessarie per l'America" non erano più oggetto di un significativo disaccordo, ma erano "contestabili solo su dettagli di procedura, priorità o metodo". Ha elogiato le politiche internazionaliste e ha dichiarato che "qualsiasi partito nazionale americano che speri di vincere le elezioni presidenziali deve accettare queste cose".

Tuttavia, ha aggiunto,

> "L'uno o l'altro partito al potere diventa, col tempo, corrotto, stanco, poco intraprendente e privo di vigore. Dovrebbe allora essere possibile sostituirlo, se necessario ogni quattro anni, con l'altro partito, che non sarà nulla di tutto ciò, ma che perseguirà con nuovo vigore più o meno le stesse politiche di base."

È chiaro che con l'ascesa dell'impero Rothschild negli affari americani, i funzionari eletti negli Stati Uniti sono diventati rapidamente strumenti al servizio di questi interessi predatori. Democratici e repubblicani sono entrati in scena, sostenendo politiche che hanno fatto avanzare l'agenda dell'élite globale - portando l'obiettivo di un Nuovo Ordine Mondiale un passo avanti.

L'ascesa di Adolf Hitler in Europa, in barba ai Rothschild e alla finanza ebraica internazionale, aprì la strada a quella che divenne la Seconda Guerra Mondiale. Negli Stati Uniti, Franklin Delano Roosevelt lavorò instancabilmente per portare gli Stati Uniti in guerra contro la Germania. Basti dire che il ruolo di FDR in questa tragedia è stato oggetto di molti eccellenti libri di eminenti storici revisionisti come Harry Elmer Barnes, Charles Beard, Charles Callan Tansill e altri.

Nessuno studente onesto di quell'epoca può fare a meno di concludere che la Seconda guerra mondiale fu una guerra che l'America non aveva bisogno di combattere e che non avrebbe dovuto combattere. Non ha portato "bene" al mondo o all'America. Al contrario, ha gettato le basi per le guerre future e ha creato un quadro postbellico sul quale la spinta per un nuovo ordine mondiale è progredita più che mai.

Per quanto riguarda la famiglia Roosevelt, le informazioni ampiamente pubblicate suggeriscono che la famiglia Roosevelt aveva antenati ebrei, che il cognome originale era "Rossocampo", un nome portato dagli ebrei sefarditi che erano tra quelli espulsi dalla Spagna nel 1620, e che è stato poi cambiato quando i diversi rami della famiglia si sono stabiliti altrove in Europa. Ma non ci sono prove certe che questa storia spesso citata sia un fatto assoluto.

Sappiamo che i discendenti dei membri della famiglia di origine olandese - che ovviamente si chiamavano Rosenvelt - emigrarono negli Stati Uniti e che il nome alla fine divenne il "Roosevelt" che conosciamo oggi. Alcuni sostengono che i Rosenvelt fossero originariamente ebrei, indipendentemente dal fatto che fossero o meno di origine sefardita.

Nel frattempo, sappiamo che nel corso di diverse generazioni i Roosevelt sposarono altre persone che non erano affatto ebree e che quando Franklin ed Eleanor Roosevelt - cugini che sarebbero diventati marito e moglie - erano giovani e ricchi membri dell'élite americana, non erano noti per praticare la religione ebraica.

Durante l'era Roosevelt, una carta genealogica della famiglia Roosevelt, che circolava sia in Europa che negli Stati Uniti, accusava un altro ceppo familiare ebraico - quello della linea "Samuels" - di essere stato introdotto nella linea Roosevelt risultante.

Per quanto questa informazione possa essere stata eccitante all'epoca per i detrattori di FDR, la sua provenienza è a dir poco oscura. Anche se molti volevano crederci, il nome "Samuels" è spesso un nome ebraico, ma non sappiamo con certezza che fosse ebreo.

Tuttavia, per una fonte forse più immediata di dati relativi a una possibile eredità ebraica nella famiglia Roosevelt - secondo una fonte ebraica - possiamo rivolgerci al numero del 5 febbraio 1982 del *London Jewish Chronicle* che conteneva un articolo intitolato "FDR 'had Jewish great-grandmother'". L'articolo, scritto da Leon Hadar, recita come segue

> Il defunto presidente degli Stati Uniti Franklin Delano Roosevelt aveva una bisnonna ebrea, ha dichiarato la scorsa settimana Philip Slomovitz, direttore del *Detroit Jewish News*, che ha pubblicato una lettera inviatagli 45 anni fa dal defunto rabbino Steven Wise, ex presidente del World Jewish Congress.
>
> Nella sua lettera, il rabbino Wise descrive un pranzo che sua moglie ha avuto con la signora Eleanor Roosevelt, moglie del defunto Presidente (e una sua lontana cugina), che gli ha detto: "Spesso io e nostra cugina Alice diciamo che il cervello della famiglia Roosevelt proviene dalla nostra bisnonna ebrea", il cui nome era Esther Levy.
>
> La lettera aggiunge che la signora Roosevelt ha detto a [Mrs. Wise] che "ogni volta che nostra cugina Alice o io menzioniamo la nostra bisnonna ebrea, la madre di Franklin si arrabbia e dice: "Sai che non è così". Perché lo dici?". Secondo il rabbino Wise, la signora

Roosevelt disse anche alla moglie: "Non devi usarlo. Penso che sia meglio lasciar perdere la questione ora".

In una lettera separata al signor Slomovitz, Franklin Roosevelt, di cui quest'anno si celebra il centenario all'indirizzo , ha scritto che i suoi antenati "potevano essere ebrei, cattolici o protestanti". Il rabbino Wise, che era molto vicino al presidente Roosevelt, ha dichiarato che la sua lettera al signor Slomovitz era "strettamente privata e confidenziale".

Ironia della sorte, sia Franklin che Eleanor Roosevelt erano noti per i loro commenti antiebraici in privato, pur essendo di origine ebraica. Nonostante ciò, entrambi sono diventati icone della visione del mondo ebraica. Tuttavia, questo fenomeno sembra essersi affievolito negli ultimi anni del XX secolo e nei primi anni del XXI, in quanto aggressivi scrittori ebrei sostengono oggi che FDR - nonostante la sanguinosa guerra mondiale contro Hitler - "non fece abbastanza per fermare l'Olocausto".

Comunque sia, vale la pena notare che l'autore ricorda di aver letto molti anni fa sulla rivista *American Heritage* che un ricercatore aveva trovato informazioni che dimostravano che gli antenati materni di FDR nella famiglia Delano erano di origine ebraica, un dettaglio interessante se si considera che la stessa madre di FDR era nota per i suoi commenti antiebraici.

Il fatto che FDR fosse ebreo (o parzialmente ebreo) è quindi irrilevante per il quadro generale. Resta il fatto che moltissimi politici americani non ebrei sono stati - o sono oggi - sostenitori dell'agenda ebraica, promuovendo l'avvento di un nuovo ordine mondiale, l'utopia ebraica.

La conclusione è la seguente: Nel corso del XX secolo, gli Stati Uniti d'America sono diventati il principale meccanismo di controllo nelle mani dell'impero Rothschild. Il sangue e il tesoro americani sono diventati il mezzo con cui il Nuovo Ordine Mondiale è avanzato a passi da gigante.

Il controllo ebraico dei media e di quasi tutte le forme di istruzione e comunicazione è cresciuto in modo esponenziale, consentendo ai Rothschild e alle moderne dinastie ebraiche che operano nella loro sfera di influenza di esercitare un maggiore controllo politico sugli affari americani.

Nei prossimi capitoli esamineremo la natura del potere ebraico in America, rivedendo i suoi parametri e rivelando i nomi e gli intrighi dei nuovi farisei che stanno portando avanti l'agenda Rothschild: l'istituzione di un imperium ebraico globale.

Sopra: questa vignetta del XIX sul "Monopolio delle notizie" - che suggerisce il controllo elitario della stampa americana - è ancora più rappresentativa della situazione odierna dei media americani, con una manciata di famiglie ebraiche e di interessi finanziari all'interno della sfera d'influenza dei Rothschild che controllano i principali mezzi di comunicazione, la cui influenza è completata da un numero straordinario di redattori e giornalisti ebrei che operano nelle industrie radiotelevisive ed editoriali. Inoltre, un'ampia gamma di "think tank" e gruppi di pressione controllati dagli ebrei rafforzano la morsa dell'impero Rothschild sui media.

L'immagine antiebraica (a sinistra) - "Such a Bisiness" - che deride l'acume commerciale ebraico, potrebbe essere giustamente applicata alla moderna industria dei media e agli intrighi predatori e corrotti degli elementi ebraici di Wall Street che hanno portato l'economia americana, un tempo prospera, sull'orlo della distruzione.

CAPITOLO VIII

Sì, gli ebrei controllano i media: il meccanismo di dominio politico dei Rothschild

In definitiva, non si può parlare del corso degli affari moderni, nazionali o internazionali, senza riconoscere il ruolo preminente dei moderni media (influenzati dai Rothschild) nel dettare le politiche pubbliche e nel determinare la selezione dei presidenti americani e dei politici eletti dal popolo a tutti i livelli. Per affrontare in modo corretto e accurato la questione del potere dei media, dobbiamo riconoscere il fatto che gli ebrei esercitano un controllo sostanziale sui mass media, in particolare in America. Questo è un fatto essenziale che non può essere negato.

Nel 1993, in *Tribù*, l'autore ebreo Joel Kotkin affermò che sebbene, nella sua posizione, gli ebrei "non controllassero i media e le arti, come alcuni antisemiti suggeriscono", il fatto era questo

> Gli ebrei esercitano chiaramente un'influenza sproporzionata su cinema, editoria, pubblicità e teatro. Nei media, secondo un'indagine condotta negli anni '70, un quarto delle personalità di spicco era di origine ebraica, una percentuale più che decuplicata rispetto alla popolazione generale.

Lo scrittore ebreo Norman Cantor, in *La catena sacra*, si esprime così sull'influenza dei media ebraici negli Stati Uniti

> Come a Berlino e Vienna prima di Hitler, gli ebrei giocarono un ruolo importante nell'editoria. Nel 1950, le famiglie ebraiche possedevano due dei tre giornali più influenti degli Stati Uniti, *il New York Times* e il *Washington Post*. Inoltre, entrambe le famiglie erano direttamente coinvolte nella gestione quotidiana dei giornali e nella definizione della loro politica editoriale.

J. J. Goldberg - un altro scrittore ebreo - nel suo libro del 1996, *Jewish Power: Inside the American Jewish Establishment*, ha riconosciuto

> È vero che gli ebrei sono rappresentati nel settore dei media in numero molto sproporzionato rispetto alla loro quota di popolazione. Alcuni studi hanno dimostrato che mentre gli ebrei

rappresentano poco più del 5% della stampa nazionale - appena più della loro quota di popolazione - essi costituiscono un quarto o più dei redattori, degli editori e dei produttori dei "media d'élite" americani, tra cui le divisioni giornalistiche dei network, i principali settimanali e i quattro maggiori quotidiani (*New York Times, Los Angeles Times, Washington Post, Wall Street Journal*).

Nel mondo in rapida evoluzione delle megacorporazioni mediatiche, gli ebrei sono ancora più numerosi. In un articolo di *Vanity Fair* dell'ottobre 1994, intitolato "The New Establishment" (Il nuovo establishment), che tracciava il profilo dei protagonisti dell'élite dei nuovi media, poco meno della metà delle due dozzine di imprenditori presi in considerazione erano ebrei.

Secondo i redattori della rivista, si tratta della vera élite americana, "uomini e donne dei settori dell'intrattenimento, delle comunicazioni e dell'informatica, le cui ambizioni e la cui influenza hanno reso l'America l'unica vera superpotenza dell'era dell'informazione".

E in alcuni settori chiave dei media, in particolare tra i dirigenti degli studios di Hollywood, gli ebrei sono così numerosi che dire che queste aziende sono controllate da ebrei è poco più di un'osservazione statistica.

"Se c'è un potere ebraico, è il potere della parola, il potere degli editorialisti e degli opinionisti ebrei", afferma Eugene Fisher, direttore delle relazioni cattolico-ebraiche della Conferenza nazionale dei vescovi cattolici e uno dei più accaniti difensori della comunità ebraica nei circoli religiosi cristiani. "La comunità ebraica è altamente istruita e ha molto da dire. E se si può influenzare l'opinione, si possono influenzare gli eventi.

Goldberg ha aggiunto che

Il peso combinato di così tanti ebrei in una delle industrie più lucrative e importanti d'America dà agli ebrei di Hollywood un grande potere politico...

Ma lo stesso si potrebbe dire, in misura molto maggiore, di altri settori di attività in cui vi sono significative concentrazioni di ebrei: Wall Street, il settore immobiliare di New York o l'industria dell'abbigliamento.

In ognuno di questi settori, gli ebrei costituiscono un blocco significativo - una minoranza significativa a Wall Street, una quasi maggioranza nell'abbigliamento e nelle proprietà commerciali - e hanno tradotto la loro influenza in una presenza visibile sulla scena politica.

Lo scrittore ebreo Steven Silbiger ha scritto nel 2000 nel suo libro *The Jewish Phenomenon*, un catalogo virtuale dell'influenza ebraica, che

> "L'influenza ebraica è altrettanto pronunciata in televisione quanto nel cinema. Nelle notizie televisive, gli ebrei sono stati molto visibili davanti alla telecamera. In quanto giornalisti, le loro convinzioni religiose e culturali personali non influiscono sui loro servizi, ma il loro potere è significativo perché influenzano il modo in cui noi americani vediamo il mondo e modellano le nostre opinioni.... I produttori di notizie sono ancora più influenti dei giornalisti, poiché decidono quali storie saranno trasmesse, in quale ordine e per quanto tempo. Un numero sproporzionato di loro è anche ebreo...

> Negli anni '80, i produttori esecutivi dei tre notiziari serali erano ebrei.

> Inoltre, come sottolinea *Jewish Power* [di J. J. Goldberg, citato altrove-Ed.], mentre gli ebrei rappresentano "il 5% della stampa nazionale - appena più della loro quota di popolazione - essi costituiscono un quarto degli scrittori, dei redattori e dei produttori dei 'media d'élite' americani, comprese le divisioni giornalistiche dei network, i principali settimanali e i quattro maggiori quotidiani".

> La percentuale notevolmente alta di ebrei in televisione è durata per generazioni, forse perché si tratta di una comunità relativamente piccola e affiatata.

> In un sondaggio condotto tra i creatori televisivi, il 59% ha dichiarato di essere stato educato da ebrei, mentre il 38% [di questo gruppo] si identifica ancora come ebreo.

Nel suo libro *La catena sacra*, anche lo scrittore ebreo Norman Kantor ha notato la predominanza dell'influenza ebraica nel lucroso mondo dello sport professionistico. Anche se Cantor non *lo* afferma, il fatto è che il controllo ebraico dell'arena sportiva è direttamente collegato al potere mediatico ebraico, nella misura in cui le trasmissioni sportive sono diventate parte integrante dei mass media , portando in gran parte - a causa dell'ossessione americana per lo sport - gli americani a essere fuorviati e quindi incapaci di concentrarsi sui veri problemi che devono affrontare:

> Negli anni Novanta, i miliardari ebrei dimostrarono di aver raggiunto l'apice dell'abilità sociale e dell'importanza culturale acquistando squadre sportive professionistiche, fino ad allora

appannaggio di WASP e magnati irlandesi. Nel 1993, i New York Giants - il nome più onorato dello sport professionistico - altre due squadre della National Football League e due franchigie della Major League Baseball erano in mani ebraiche.

Uno di questi proprietari ebrei aveva così tanto potere sugli altri proprietari che fece in modo che il commissario del baseball venisse licenziato e assunse il ruolo di commissario ad interim, rappresentando i proprietari davanti a una commissione del Congresso.

Negli anni Trenta, gli ebrei americani pensavano di fare la cosa giusta producendo due campioni di boxe.

Gli ebrei non avevano più bisogno di mostrare i loro corpi sudati, erano i padroni delle squadre.

Lo scrittore ebreo Charles Silberman, scrivendo nel 1985 in *A Certain People*, ha esposto la propria valutazione del potere mediatico ebraico, in particolare nel campo del giornalismo e della gestione dell'informazione, sia nella carta stampata che nelle trasmissioni

Nel complesso, il giornalismo è diventato una professione intellettualmente eccitante, ragionevolmente ben pagata e prestigiosa, in cui gli ebrei svolgono un ruolo sempre più importante.

Nel 1982, ad esempio, gli ebrei costituivano poco meno del 6% della stampa nazionale nel suo complesso, ma il 25-30% dell'"élite dei media" - coloro che lavoravano per il *New York Times*, il *Washington Post* e il *Wall Street Journal, Time, Newsweek* e *U.S. News & World Report*, nonché le divisioni giornalistiche della CBS, della NBC, della ABC, del Public Broadcasting System e delle sue principali stazioni. (Secondo uno studio del 1971, il numero di ebrei nell'élite dei media è pari al 25%). Se consideriamo le posizioni decisionali chiave, il ruolo degli ebrei sembra ancora maggiore.

Gli ebrei sono altrettanto influenti, anche se meno conosciuti, nella gestione delle notizie televisive. Sono i corrispondenti del canale, naturalmente, che sono diventati nomi noti, tra cui gli ebrei ...

Tuttavia, la maggiore concentrazione di ebrei si trova tra i produttori, che decidono quali argomenti saranno trasmessi, la loro durata e l'ordine in cui saranno presentati.

Nel 1982, prima di un cambio di assegnazione, i produttori esecutivi dei tre telegiornali serali erano ebrei, così come i produttori esecutivi di 60 Minutes della CBS e 20/20 della ABC.

Sono quasi altrettanti gli ebrei che ricoprono le posizioni di "senior producer" e "programme producer", oltre a quelle dirigenziali.

Un altro scrittore ebreo, Barry Rubin, scrivendo in *Assimilation and Its Discontents*, ha notato solo un esempio di come le "notizie" e le "informazioni" orientate agli ebrei siano costantemente presentate dalla stampa tradizionale:

> La sezione recensioni del *Washington Post* del 18 ottobre 1992 è piena di libri scritti da ebrei o su ebrei: sullo sport e l'esperienza ebraica americana; una biografia di Bill Graham, sopravvissuto all'Olocausto e grande impresario di rock & roll; la storia di una famiglia dell'alta borghesia newyorkese infettata dall'antisemitismo; il ritratto di gruppo di una donna sudafricana del suo gruppo di amici ebrei; il libro di una coppia di ebrei sugli investimenti stranieri in America, che analizza i problemi della lealtà multipla e dell'influenza straniera insieme alle questioni dell'assimilazione; e il libro di un autore ebreo sulla politica dell'istruzione superiore, che discute il multiculturalismo in termini tratti dall'integrazione degli ebrei nella società americana.

Tutto questo per non parlare dell'incredibile gamma di redattori e scrittori ebrei (di solito virulentemente pro-Israele) che contribuiscono a una vasta gamma di giornali "indipendenti" di varie convinzioni politiche - dal "conservatore" *Weekly Standard* all'apparentemente "liberale" *New Republic* - e a una vasta gamma di altre pubblicazioni intermedie, tutte allineate con la promozione delle richieste globali dell'impero Rothschild e la sua spinta a stabilire un nuovo ordine mondiale. Allo stesso modo, l'influenza di Internet non ha bisogno di essere menzionata. La verità sull'influenza dei media ebraici non può essere negata.

Ripubblicare un elenco di tanti nomi e pubblicazioni significherebbe ripetere il punto, ma il fatto è che i giornalisti e le pubblicazioni che cercano di sfidare il potere del denaro ebraico internazionale e di mettere i bastoni tra le ruote all'utopia ebraica sono emarginati e costretti a cercare mezzi indipendenti per sfidare questo disastro imminente.

Fortunatamente esistono pubblicazioni come *American Free Press* (americanfreepress.net) e *The Barnes Review* (barnesreview.com), oltre a siti internet indipendenti come Republic Broadcasting (all'indirizzo republicbroadcasting.org) - e una miriade di altre risorse - ma la loro influenza è (purtroppo) offuscata dalla cacofonia mediatica diretta dai più alti ranghi dell'impero Rothschild.

È sorprendente notare che l'influenza ebraica sui media non è un fenomeno del XX secolo, che non è apparsa con l'ascesa delle grandi compagnie radiotelevisive nazionali (e ora internazionali) o dei grandi settimanali di informazione.

Come abbiamo visto in diverse occasioni in queste pagine, il fatto è che, come dimostra la storia, l'influenza ebraica sui mezzi di comunicazione di massa nelle nazioni occidentali è stato uno dei fattori principali dietro le critiche agli "ebrei" e coloro che si sono alzati per criticare il potere ebraico sui mezzi di comunicazione hanno puntato singolarmente in direzione del potere monetario internazionale, personificato dall'impero Rothschild in Europa in tutte le principali capitali.

Il problema dei media non è quindi una novità. L'*American Free Press,* con sede a Washington, ha dichiarato apertamente che "i media sono il nemico". È una questione che non può essere affrontata senza riconoscere la sostanziale influenza ebraica sui media.

Continuando a esaminare l'influenza dell'Impero Rothschild sulle coste americane, vedremo che questo potere si estende ben oltre i soli media. Per molti versi, l'America è diventata davvero la forza trainante dell'Impero Rothschild e della sua spinta a stabilire un imperium ebraico, un'utopia ebraica, un nuovo ordine mondiale.

Questa grande celebrazione, nella New York del XIX secolo, della festa ebraica centrale di Purim commemora il libro dell'Antico Testamento di Ester, che celebra il genocidio di 75.000 persiani - antenati degli odierni iraniani (che sono ancora una volta il bersaglio dell'utopismo ebraico). Nessun'altra festa ebraica - tutte quelle che celebrano la sconfitta e la distruzione dei non ebrei - illustra meglio di Purim il sogno del Nuovo Ordine Mondiale. I non ebrei conoscono poco gli orribili insegnamenti che sono alla base dell'ebraismo.

CAPITOLO IX

Il "nuovo establishment ebraico"

Se pensate che gli Stati Uniti siano governati da un'élite bianca anglosassone protestante (WASP), come alcuni ancora sostengono, ripensateci. La realtà è molto diversa, secondo una rivista americana della vecchia scuola che era la voce del cosiddetto establishment WASP.

Vanity Fair, l'elegante mensile ora di proprietà della famiglia miliardaria sionista Newhouse, pubblica ogni anno un elenco delle 100 persone più potenti d'America, quelle che *Vanity Fair* chiama il "Nuovo establishment".

Questo sorprendente elenco (pubblicato per il 2007) rivela una realtà che molti troveranno difficile da accettare: Il "Nuovo establishment" americano è dominato in modo preponderante da figure ebraiche o da persone al soldo o dipendenti da famiglie e interessi finanziari ebraici che finanziano la potente lobby di Israele in America. Questa conclusione, per quanto possa sembrare "scioccante" o "controversa" ad alcuni, è ineluttabile.

L'elenco di *Vanity Fair* del 2007 va da 1 a 100, ma in realtà i nomi presenti nell'intero elenco sono 108, con otto casi in cui sono presenti due nomi (a volte uno o entrambi i nomi sono ebrei, in altri casi no).

Quindi, sebbene 62 delle 108 persone presenti nell'elenco siano ebree (il che significa che il 57% delle persone presenti nell'elenco sono ebree), il numero totale di nomi ebraici occupa in realtà il 62% delle posizioni di potere dell'elenco, su una base di 1 a 100.

E poiché secondo alcune fonti (non necessariamente affidabili, va notato) ci sono almeno quattro persone che potrebbero essere ebree, potremmo estrapolare e dire che il *possibile* totale di nomi ebraici sulla lista è in realtà 66 su 108 - il che significa che il 61% delle persone sulla lista sono ebree e occupano il 65% dei posti di potere (sulla base di 1-100).

Ci sono anche voci sull'ascendenza ebraica di almeno una persona dell'elenco, ma poiché non ci sono prove in tal senso, non l'abbiamo indicata come ebrea. Ciò significa, ovviamente, che se questa persona è di origine ebraica, la percentuale di nomi e influenze ebraiche (in relazione a questo elenco) aumenterà.

In ogni caso, date le informazioni solide di cui disponiamo - a prescindere dalle voci e dalle accuse - comunque le si calcoli, non c'è alcun dubbio che i membri più potenti del "Nuovo establishment" - come percepito da *Vanity Fair* - siano ebrei.

Va notato che la valutazione di *Vanity Fair* ciò che costituisce il "New Establishment" è una valutazione che i critici difficilmente potrebbero contestare.

La rivista non è mai stata accusata di promuovere "teorie cospirative" o "odio antiebraico" in alcun modo. Anzi, la rivista è considerata "alla moda" e una lettura obbligata per chi vuole essere alla moda

Il fatto che una pubblicazione ebraica abbia pubblicato i nomi di questi broker ebrei (senza menzionare specificamente la loro eredità etnica e religiosa) è interessante, soprattutto perché il prestigioso quotidiano israeliano *Jerusalem Post* ha annunciato la pubblicazione della lista l'11 ottobre 2007, con il titolo "Il potere ebraico domina la lista [di *Vanity Fair*]". Il giornalista del *Post*, Nathan Burstein, ha osservato: "Questa è una lista di "persone più influenti": è una lista delle "persone più potenti del mondo", 100 banchieri e magnati dei media, editori e creatori di immagini che influenzano la vita di miliardi di persone. Si tratta di un club esclusivo e insulare, la cui influenza si estende su tutto il globo ma è strategicamente concentrata nelle sfere più alte del potere. Più della metà dei suoi membri, almeno secondo un calcolo, sono ebrei.

In altre parole, si tratta di un elenco che avrebbe fatto saltare di gioia le precedenti generazioni di ebrei, in quanto richiama l'attenzione sulla loro influenza sproporzionata nella finanza e nei media.

L'identità del gruppo che ha stilato la lista, che non è una frangia di antisemiti ma una delle più diffuse e prestigiose pubblicazioni in edicola, non farebbe che peggiorare la situazione agli occhi di molti. L'elenco sembra essere conforme a tutti gli stereotipi tradizionali sui luoghi in cui gli ebrei sono sovrarappresentati.

Sebbene i media americani "mainstream" non abbiano notato la presenza degli ebrei nell'elenco - che si può a ragione definire predominante, dato che gli ebrei sarebbero meno del 3% della popolazione americana - la notizia dell'elenco è stata ampiamente commentata nelle pubblicazioni della comunità ebraica americana.

Joseph Aaron, editore del *Chicago Jewish News*, ha detto che i suoi lettori dovrebbero "sentirsi molto, molto bene" per il fatto che i loro correligionari sono così potenti in America. Nell'elenco di *Vanity Fair*, qui riprodotto e annotato con dettagli fattuali sui nomi presenti nella lista, i nomi ebraici appaiono in corsivo. Sebbene sia possibile che altri nomi ebraici compaiano nella lista, non ci sono ricerche *solide* che *lo confermino*.

Vale la pena notare, ad esempio, che il barone dei media Rupert Murdoch - che figura in cima alla lista - è citato come ebreo, anche se non lo è "ufficialmente".

Questo merita una spiegazione. Si dice spesso che Murdoch derivi la sua eredità ebraica dalla madre, il cui nome da nubile era Green. Coloro che sostengono che Murdoch sia ebrea citano il suo cognome come "prova" della sua origine ebraica, poiché il nome Green è spesso ebraico. Tuttavia, la fonte di questo autore sulla questione dell'ascendenza ebraica di Murdoch - un uomo d'affari internazionale che in passato ha avuto stretti legami con Murdoch - ha indicato che l'ascendenza ebraica di Murdoch deriva effettivamente dalla madre, ma che il sangue ebraico non deriva dal nome Green stesso (come molti credono).

Non importa. *A prescindere dal suo background etnico*, Murdoch è stato uno dei principali sostenitori di Israele e della causa sionista globale, il che non sorprende se si considera che i suoi principali finanziatori nella sua ascesa al potere sono state le potenti famiglie Rothschild, Bronfman e Oppenheimer, tutte indiscutibilmente ebraiche. (Un resoconto dell'ascesa e degli intrighi mediatici di Murdoch si trova nel precedente libro di questo autore, *Le capre di Giuda*). Dopo la pubblicazione della lista, diverse fonti internet hanno affermato che molti altri nomi della lista (non elencati qui come ebrei) sono ebrei; tuttavia, la nostra ricerca non indica che questo sia il caso. Su , la preponderanza dei nomi è indiscutibilmente ebraica, indipendentemente dal fatto che i nomi contestati lo siano o meno.

È anche importante notare che il 45-50% circa dei nomi sulla lista che non sono definitivamente noti come ebrei o che sono chiaramente non ebrei sono nomi di individui che sono direttamente legati a famiglie e interessi finanziari ebraici per il loro potere e privilegio. Rupert Murdoch è forse il più noto di questo gruppo.

Il secondo in classifica è Warren Buffett, al sesto posto. Sebbene non sia ebreo, è stato a lungo associato all'impero Rothschild ed è una delle forze principali dietro la potente combinazione mediatica *Washington Post-Newsweek*.

Sebbene il *Post* sia conosciuto soprattutto come la roccaforte della famiglia ebraica Meyer-Graham, con sede negli Stati Uniti, le prove suggeriscono che i principali investitori dietro le quinte che finanziano l'influente impero del *Post* hanno sempre operato nell'ambito degli interessi bancari legati ai Rothschild che operano sul territorio statunitense. La famiglia Meyer/Graham è a sua volta legata ai miliardari ebrei di San Francisco che possiedono l'impero dell'abbigliamento Levi Strauss, che a sua volta è una forza importante nei ricavi pubblicitari globali.

Diciassette di loro sono attori, intrattenitori, personaggi televisivi e dei media che, sebbene siano diventati ricchi grazie alla loro fama, devono la loro notorietà (e la loro ricchezza) al patrocinio dei proprietari dei media che hanno reso questi 17 personaggi dei nomi familiari: ad esempio, individui come l'agitatore di Fox News Bill O'Reilly e Steven Colbert, tra gli altri.

Tre di loro, Pinault (29°), Gagosian e Pigosi (84° e 86°), sono figure del mondo dell'arte, notoriamente dominato da interessi ebraici.

Altri otto, come Bernard Arnault (8°), Giorgio Armani (37°), Miuccia Prada (44°), Karl Lagerfeld (52°), Martha Stewart (54°), Oscar de la Renta (53°), Diego Della Valle (63°) e Donatella Versace (81°) sono figure dell'industria della moda e dei profumi, entrambe totalmente dipendenti dalla produzione di abbigliamento (dominata quasi esclusivamente da famiglie e interessi finanziari ebraici), dalla distribuzione dei grandi magazzini e dall'industria pubblicitaria, anch'essa dominata dagli stessi elementi.

Due di loro - Bill Clinton e il suo ex vicepresidente Al Gore - sono solo politici - si noti il "solo" - che sono stati entrambi insediati nelle loro posizioni di potere grazie al patrocinio di interessi finanziari sionisti. Si noti che la figlia di Gore, Karenna, ha sposato il pronipote del plutocrate ebreo Jacob Schiff, un satellite della potente famiglia Rothschild. Gli studenti di storia informati sapranno che Schiff ha svolto un ruolo chiave nel finanziamento della rivoluzione bolscevica in Russia.

Molti altri sono dirigenti di giganti dei media dominati da interessi finanziari ebraici, che fungono da "facciata" ben pagata per i controllori dietro le quinte. Ad esempio, Richard Parsons, afroamericano, figura al 18° posto, ma non è altro che un prestanome di Time-Warner.

Chi conosce la storia di Time-Warner sa che questo impero mediatico è stato dominato, almeno dalla fine degli anni Sessanta, da elementi legati alla criminalità organizzata del gangster ebreo Meyer Lansky (che lavorava a stretto contatto con il Mossad israeliano) e all'impero dei liquori di Sam Bronfman, a lungo a capo del World Jewish Congress (WJC), e di suo figlio Edgar Bronfman, che si è recentemente ritirato dalla carica di capo del WJC legato a Lansky.

È stato ampiamente sostenuto che l'idea che le famiglie e gli interessi finanziari ebraici fossero molto potenti fosse "una vecchia storia di mogli", una "ridicola frottola antisemita senza alcuna base nella realtà", il prodotto di una "falsificazione zarista screditata". Tuttavia, la nuova valutazione di *Vanity Fair* suggerisce il contrario e rafforza il tema del precedente libro di questo autore, *La nuova Gerusalemme*, che aveva già documentato in dettaglio ciò che *Vanity* Fair ha ora confermato: "Il potere sionista in America".

Nell'elenco di *Vanity Fair* che segue, le persone di cui si conosce l'origine ebraica sono indicate in *corsivo*. I nomi di tre persone di cui non si conosce l'origine - ma che sono state dichiarate ebree da alcune fonti Internet che hanno adottato questo elenco per il loro uso - sono in grassetto. Le persone di cui non si sa se siano ebree o di origine ebraica sono in carattere normale.

Le descrizioni delle persone non erano originariamente incluse nell'elenco di *Vanity Fair*, ma sono annotazioni dell'autore, Michael Collins Piper. L'elenco delle persone è il seguente.

1. *Rupert Murdoch*, barone miliardario dei media globali finanziato dagli imperi Rothschild, Bronfman e Oppenheimer. (La controversia su relativa alle apparenti origini ebraiche di Murdoch è stata discussa in precedenza).

2. *Steve Jobs*, CEO del conglomerato informatico globale Apple.

3. *Sergey Brin* e *Larry Page*, fondatori del gigante di Internet Google.

4. *Stephen Schwarzman* e Pete Peterson, fondatori del Blackstone Group, un gigante degli investimenti finanziari che rappresenta oscure cricche di predatori plutocratici.

5. *Warren Buffett*, da sempre satellite americano della famiglia europea Rothschild e uno dei proprietari del gruppo editoriale *Washington Post*.

6. *Bill Clinton*, ex presidente degli Stati Uniti.

7. *Steven Spielberg*, produttore e regista di Hollywood, forse l'uomo più potente dell'industria cinematografica.

8. *Bernard Arnault*, industriale francese il cui crescente impero produce beni di lusso come Louis Vuitton, Christian Dior e Dom Pérignon, tra gli altri.

9. *Michael Bloomberg*, sindaco miliardario di New York e potenziale candidato alla presidenza, che ha fatto fortuna nel settore dell'informazione finanziaria.

10. *Bill e Melinda Gates*, la coppia che gestisce il colosso informatico Microsoft.

11. *Carlos Slim Helú*, secondo la rivista *Fortune*, questo miliardario messicano di origine libanese è l'uomo più ricco del mondo. Controlla 200 aziende che rappresentano il 7% del prodotto interno lordo del Messico.

12. *H. Lee Scott*, presidente e amministratore delegato di Wal-Mart (Nota: alcune versioni Internet di questo elenco hanno suggerito che Scott è ebreo, ma non abbiamo trovato prove definitive di ciò, quindi pecchiamo di cautela e NON lo indichiamo come ebreo).

13. *Ralph Lauren*, magnate dell'industria della moda.

14. Oprah Winfrey, personaggio televisivo molto promosso.

15. *Barry Diller* e *Diane von Furstenberg* (marito e moglie). Diller è una figura hollywoodiana che oggi svolge un ruolo importante nell'industria delle televendite. Sua moglie è un'importante stilista di moda.

16. *David Geffen*, partner commerciale di Steven Spielberg a Hollywood e figura di spicco dell'industria cinematografica.

17. *Howard Stringer*, CEO di Sony.

18. *Richard Parsons*, frontman afroamericano, amministratore delegato e presidente del consiglio di amministrazione dei leader sionisti dell'impero mediatico Time-Warner (Al Gore, ex vicepresidente degli Stati Uniti e suocero di un erede della fortuna bancaria internazionale Schiff che finanziò la rivoluzione bolscevica).

20. *Larry Ellison*, CEO di Oracle, il gigante del software per database noto per il suo sostegno alle cause israeliane.

21. *Herb Allen*, a capo dell'influente società di private equity Allen & Co, convoca un conclave annuale di industriali d'élite a Sun Valley, nell'Idaho.

22. *Jeff Bewkes*, recentemente nominato amministratore delegato dell'impero mediatico Time-Warner (da tempo sotto l'influenza della famiglia Bronfman e di altri elementi sionisti).

23. *Jeff Bezos*, fondatore del gigante di Internet Amazon.com, specializzato in libri e video.

24. *Peter Chernin*, che gestisce Fox News per Rupert Murdoch e gli sponsor di Murdoch dietro le quinte.

25. *Leslie Moonves*, capo della CBS, roccaforte della famiglia Sarnoff.

26. *Jerry Bruckheimer*, produttore hollywoodiano di grandi film e programmi televisivi settimanali.

27. *George Clooney*, star del cinema e sostenitore di cause liberali.

28. *Bono*, rockstar e attivista contro la povertà globale.

29. *François Pinault*, re dei marchi di lusso e collezionista d'arte

30. *Roman Abramovitch*, petroliere e finanziere russo.

31. *Ronald Perelman*, miliardario a capo del monopolio dei sigari e del gigante dei cosmetici Revlon.

32. *Tom Hanks*, attore/produttore

33. *Jacob Rothschild*, magnate bancario mondiale e membro della nota famiglia sionista, che esercita una grande influenza dietro le quinte degli Stati Uniti attraverso collaboratori come Warren Buffett, che non è ebreo.

34. *Robert DeNiro*, attore/produttore la cui madre è ebrea.

35. *Howard Schultz*, fondatore della catena di caffè Starbucks.

36. *Robert Iger*, capo del conglomerato mediatico Walt Disney.

37. Giorgio Armani, stilista e magnate dell'abbigliamento.

38. *Jeffrey Katzenberg*, socio di Spielberg e Geffen.

39. *Ronald Lauder* e *Leonard Lauder*, capi dell'impero cosmetico Estee Lauder; figure di spicco del Congresso ebraico mondiale.

40. *George Lucas*, produttore di Hollywood (noto soprattutto per i film di Guerre stellari e per il suo impero di gadget di marketing).

41. *Harvey Weinstein* e *Bob Weinstein*, importanti produttori di Hollywood.

42. *Diane Sawyer* e *Mike Nichols* (marito e moglie). Sawyer è un personaggio televisivo; Nichols, un influente produttore e regista di Hollywood.

43. *Bruce Wasserstein*, direttore della potente società di investimenti sionista Lazard e proprietario della rivista *New York*.

44. *Miuccia Prada*, famosa icona della moda e designer di borse.

45. *Steven Cohen*, gestore di hedge fund presso SAC Capital Advisers.

46. *Tom Cruise*, attore/produttore. (*Si dice che* Cruise abbia sangue ebraico, ma non lo includiamo in questo elenco).

47. *Jay-Z*, rapper/imprenditore

48. *Ron Meyer*, capo degli Universal Studios, ora sotto il controllo dell'impero della famiglia Bronfman.

49. *Frank Gehry*, architetto.

50. *Arnold Schwarzenegger*, attore diventato governatore della California, strettamente legato a Warren Buffett, membro della famiglia Rothschild (vedi sopra).

51. *Henry Kravis*, re dei leveraged buyout presso Kohlberg, Kravis & Roberts; sua moglie è una figura di spicco del Council on Foreign Relations, il ramo newyorkese del Royal Institute of International Affairs della famiglia Rothschild con sede a Londra.

52. *Karl Lagerfeld*, capo dell'impero dei profumi Chanel.

53. *Oscar e Annette de la Renta*, stilisti.

54. *Martha Stewart*, popolare personaggio televisivo e magnate dell'arredamento.

55. *Mickey Drexler*, direttore dell'azienda di moda J. Crew.

56. *Michael Moritz*, finanziere precedentemente associato a Google ed ex giornalista che è stato capo ufficio a San Francisco per la rivista *Time* controllata da Bronfman. Ha una partecipazione in Pay Pal e Yahoo.

57. *Brian Roberts* dirige Comcast, il più grande operatore via cavo del Paese e il secondo fornitore di servizi Internet.

58. *Roger Ailes* dirige Fox News per conto di Murdoch e dei suoi associati.

59. *Vivi Nevo*, magnate israeliano degli investimenti internazionali con partecipazioni importanti in Time-Warner, Goldman Sachs e Microsoft (uno dei suoi principali collaboratori è il trafficante d'armi israeliano Arnon Milchan, uno dei principali finanziatori del programma segreto di sviluppo di armi nucleari di Israele). 60. Mick Jagger, rockstar.

61. *Jeff Skoll*, produttore cinematografico.

62. *Vinod Khosla*, di origine indiana e con sede negli Stati Uniti, è un importante investitore in tecnologie "verdi" come l'energia solare, il carbone pulito, le celle a combustibile e l'etanolo cellulosico, oltre che nelle tecnologie dell'informazione e della comunicazione.

63. *Diego Della Valle*, figura di spicco dell'industria della moda degli accessori di lusso, in particolare dell'azienda di calzature Tod's.

64. *Stacey Snider*, co-direttrice di DreamWorks, il gruppo Spielberg-Geffen-Katzenberg di Hollywood.

65. *Brian Grazer* e Ron Howard, importanti produttori di Hollywood.

66. John Lasseter, Disney-Pixar Studios.

67. *George Soros*, famoso uomo d'affari internazionale.

68. *Philippe Dauman* gestisce il gigante dei media Viacom per conto del magnate sionista Sumner Redstone (che controlla anche la CBS).

69. *John Malone*, capo di Liberty Media (Discovery Channel, USA network, ecc.); in precedenza associato alla Jerrold Electronics, fondata da Milton Shapp, un fervente sionista che è stato governatore della Pennsylvania per due mandati.

70. *Sumner Redstone*, proprietario del gigante dei media Viacom/CBS.

71. *Paul Allen*, direttore della società di investimenti Vulcan e cofondatore, con Bill Gates (vedi sopra), dell'impero Microsoft.

72. *Eddie Lampert*, gestore di fondi per l'élite mondiale; membro della confraternita segreta Skull & Bones di Yale.

73. *Leon Black*, un importante investitore che esercita un'influenza decisiva su Telemundo, il canale televisivo in lingua spagnola, sull'impero dei casinò Harrah's e su Realogy, che controlla società immobiliari come Coldwell Banker e Century 21.

74. *Jann Wenner*, proprietario della rivista *Rolling Stone*.

75. *Eric Fellner* e Tim Bevan Working Title Films, Londra (Nota: alcune versioni Internet di questo elenco hanno suggerito che Bevan è ebreo, per cui pecchiamo di cautela e NON lo indichiamo come ebreo).

76. *Jerry Weintraub*, produttore di Hollywood.

77. *Donatella Versace*, a capo di un impero della moda.

78. *Thomas L. Friedman*, editorialista *del New York Times*.

79 *Tim Russert*, commentatore del telegiornale della NBC (ora deceduto).

80. *Charlie Rose*, commentatore di notizie e conduttore di talk show sulla televisione PBS.

81. *Joel Silver*, produttore cinematografico di Hollywood.

82. *Frank Rich*, commentatore/autore *del New York Times*

83. *Jonathan Ive*, designer di iPod, iMac e iPhone. (Nota: alcuni hanno suggerito che Ive sia ebreo, ma non abbiamo trovato prove definitive di questo fatto, quindi pecchiamo di cautela e NON lo indichiamo come ebreo).

84. *Larry Gagosian*, proprietario di gallerie d'arte a New York, Londra e Los Angeles, strettamente associato a miliardari sionisti come David Geffen e S. I. Newhouse Jr.

85. *Charles Saatchi*, proprietario della famosa Saatchi Gallery e figura di spicco nel settore delle relazioni pubbliche.

86. *Jean Pigozzi*, collezionista d'arte e stretto collaboratore della famiglia Rothschild.

87. *Stephen Colbert*, autore di satira politica e presentatore televisivo.

88. *Bill O'Reilly*, conduttore di talk show conservatori su Fox.

89. *Jon Stewart*, personaggio televisivo.

90. *Steve Bing*, produttore cinematografico.

91. *Eli Broad*, investitore miliardario e patrocinatore di cause sioniste.

92. *Michael Milken*, predatore di Wall Street, ex detenuto e fervente sostenitore di Israele.

93. *Arthur Sulzberger Jr*, proprietario dell'impero mediatico del *New York Times*.

94. *Ron Burkle*, magnate dei supermercati e dei media (in particolare *Motor Trend* e *Soap Opera Digest*).

95. *Scott Rudin*, produttore di Hollywood

96. *Jimmy Buffett*, cantante e musicista, ha iniziato a investire.

97. *Steven Rattner*, investitore di private equity e hedge fund, ex giornalista *del New York Times*.

98. *Arianna Huffington*, scrittrice e personaggio televisivo.

99. *Doug Morris* gestisce la Universal Music per conto dei suoi proprietari, la famiglia sionista Bronfman e il suo vasto impero.

100. *Jimmy Iovine*, capo della Interscope Records e strettamente associato al già citato magnate sionista della musica David Geffen (Nota: molte fonti internet suggeriscono che Iovine sia ebreo. Tuttavia, esiste un giro di criminalità italiana, la famiglia Iovine. A causa di queste ambiguità, abbiamo scelto di essere prudenti e di non considerare Iovine come ebreo. Resta il fatto che è strettamente legato al magnate ebreo David Geffen e, naturalmente, , è possibile che Iovine sia in parte di origine ebraica). Per la cronaca: una versione di questo elenco originariamente annotata dall'autore, Michael Collins Piper, è stata pubblicata in vari luoghi su Internet, ma le versioni di questo elenco contenevano una serie di errori.

Questa versione, così come appare in queste pagine, deve essere considerata l'opera definitiva dell'autore sull'argomento.

Eventuali errori sono miei e solo miei.

Va inoltre notato che una versione successiva della lista del "Nuovo establishment" di *Vanity Fair*, relativa al 2008, aveva un tono significativamente diverso. Sono stati aggiunti alcuni nomi "nuovi" - tra cui almeno un ricco arabo musulmano - e altri sono stati rimossi.

Era chiaro che *Vanity Fair* stava cercando di togliere il disturbo dopo che la preponderanza di nomi definitivamente ebraici che comparivano nella lista del 2007 (descritta sopra) era stata notata dai critici del potere ebraico - forse troppo spesso - su Internet.

Ma la lista di *Vanity Fair*, in definitiva, non è affatto una prova assoluta del potere ebraico che opera nella sfera della famiglia Rothschild. Al contrario, l'insieme di altre solide prove di denaro e influenza ebraica provenienti da un'ampia varietà di fonti - la maggior parte delle quali ebraiche - conferma proprio le conclusioni di base che si potrebbero trarre dalla "divertente" lista compilata dall'elegante mensile.

L'America è diventata davvero la nuova Babilonia e il veicolo attraverso il quale il sogno di un'utopia ebraica - il Nuovo Ordine Mondiale - viene utilizzato per realizzare l'agenda talmudica dei nostri moderni farisei.

Nelle pagine che seguono, esploriamo in profondità i nomi, i volti, l'incredibile ricchezza e il potere dei satelliti dell'impero Rothschild che operano oggi in America, dettando il corso del futuro di questa nazione e il percorso stesso degli affari mondiali.

Al Capone (sopra), il famigerato mafioso di Chicago, non era altro che un prestanome del sindacato criminale ebraico che comprendeva il defunto Sam Bronfman (a sinistra), fondatore del Congresso ebraico mondiale, e il figlio di Bronfman, Edgar (a destra), oggi a capo della famiglia Bronfman, uno dei principali ingranaggi americani dell'impero globale dei Rothschild.

CAPITOLO X

La banda Bronfman: la famiglia reale degli ebrei americani - i "padrini" di Al Capone e John McCain

Definita "la Rothschild del Nuovo Mondo", la famiglia Bronfman - anche se ufficialmente ha sede in Canada - è certamente la proverbiale "famiglia reale" dell'establishment ebraico americano, poiché la sua influenza è saldamente radicata negli Stati Uniti, da New York a Hollywood e tutto il resto. Il sindacato Bronfman ha annoverato tra i suoi protetti, sia diretti che indiretti, molti personaggi potenti e noti, da Al Capone al senatore americano John McCain (R-Ariz.).

Sebbene sia nota soprattutto per il controllo dell'impero dei liquori Seagram, questa leggendaria e sinistra famiglia controlla molto di più. Per certi versi, incarna la "storia di successo ebraica per eccellenza".

Rappresentano praticamente tutto ciò che c'è di veramente sbagliato - nel senso classico del termine - nel potere e nell'influenza ebraica in America. Anche se tecnicamente non sono la famiglia ebraica più ricca d'America - ce ne sono altre molto, molto più ricche - i Bronfman hanno un certo livello di influenza e di rilievo che poche altre famiglie possono vantare. Dopo tutto, Edgar Bronfman, il patriarca della famiglia, è stato a lungo a capo del Congresso ebraico mondiale. E questo è un titolo che ha un certo peso.

Già nel 1978, il biografo della famiglia Bronfman Peter Newman stimava in *The Bronfman Dynasty* che il patrimonio totale detenuto dai vari rami della famiglia ammontava a circa 7 miliardi di dollari. Egli cita la rivista *Fortune*, che all'epoca disse

> "La fortuna dei Bronfman rivaleggia con quella di tutte le famiglie nordamericane, tranne una manciata, alcune delle quali hanno acquisito il loro potere nel XIX secolo, in un'epoca in cui le tasse non incidevano più di tanto sulla ricchezza".

Da allora, naturalmente, i Bronfman hanno aumentato la loro ricchezza e la loro influenza in proporzione.

In origine, si dice, il clan Bronfman è immigrato in Canada sotto la sponsorizzazione - come molti altri - delle varie associazioni di beneficenza ebraiche che fanno capo alla famiglia europea Rothschild, la grande casa finanziaria che regna dietro le quinte da generazioni.

Tuttavia, l'impero Bronfman come lo conosciamo oggi è stato fondato da Sam Bronfman, un uomo d'affari dal fiuto spietato che, insieme ai suoi fratelli, ha guadagnato milioni nel commercio di liquori, e ancora di più spedendo i suoi liquori negli Stati Uniti dove venivano consumati illegalmente durante il Proibizionismo. In questo modo, la famiglia strinse i primi legami con il sindacato criminale americano gestito congiuntamente da Meyer Lansky, ebreo di origine russa con sede a New York, e dai suoi soci italiani, Charles "Lucky" Luciano e Frank Costello.

In effetti - e questo è probabilmente un piccolo sporco segreto che è meglio non menzionare - non c'è quasi città di confine nelle regioni settentrionali degli Stati Uniti - dal Maine allo Stato di Washington - in cui non si trovino belle fortune familiari accumulate da residenti (non sempre ebrei, ma molti lo sono) che facevano parte della rete di contrabbando dei Bronfman e dei Lansky.

E nelle grandi città, un "legame" con la rete Lansky-Bronfman era un "must" per chiunque volesse avere successo. Infatti, persino il principe del crimine italo-americano di Chicago, Al Capone, dovette la sua ascesa al potere alla relazione con Bronfman - un altro fatto poco noto che è stato ampiamente oscurato dai media statunitensi.

Per tutto il clamore mediatico sul presunto "dominio" di Capone su Chicago, egli non controllò mai più di un quarto dei racket della Windy City. Inoltre, come ha sottolineato il famoso scrittore indipendente di cronaca nera Hank Messick nel suo classico studio *Secret File* (G. P. Putnam's Sons, 1969), Capone, per quanto potente, non ha mai avuto un titolo più alto di "capo" (o "capitano") - leader di una banda di dieci persone - nei ranghi della rete criminale italo-americana ufficialmente organizzata di Chicago.

Un altro punto spesso dimenticato nella leggenda della "Mafia" è che Capone fu in realtà autorizzato a diventare un membro ufficiale della Mafia solo dopo che i boss del crimine italo-americano di Chicago allentarono le regole di appartenenza alla Mafia per permettere a selezionati non siciliani come Capone (che era nato a Napoli, sul continente italiano) di entrare a farne parte.

In realtà, Capone rispondeva, dietro le quinte, a boss molto più grandi e segreti che avevano sede "a est", parte del gruppo "d'élite" che circondava il famigerato boss del crimine ebreo Meyer Lansky di New York (che alla fine trasferì le sue operazioni a Miami e, per un breve periodo, molti anni dopo, in Israele).

Fu il gruppo Lansky, che comprendeva il suo socio ebreo Benjamin "Bugsy" Siegel e i suoi soci di origine italiana Costello e Luciano, a mandare Capone (un lontano cugino di Luciano) a Chicago.

Nella loro notevole biografia di Lansky, *Meyer Lansky: Mogul of the Mob* (Paddington Press, 1979), scritta in collaborazione con Lansky, gli scrittori israeliani Dennis Eisenberg, Uri Dan ed Eli Landau colmano alcuni degli elementi mancanti lasciati dai biografi di Capone.

Lo stesso Lansky disse ai suoi biografi israeliani che "fu Bugsy Siegel a conoscerlo bene quando Capone viveva e lavorava nel Lower East Side... [Era] un amico abbastanza intimo da nasconderlo con una delle sue zie" quando Capone finì nei guai per omicidio. [Era un amico abbastanza intimo di Capone da nasconderlo con una delle sue zie" quando Capone finì nei guai per omicidio. [Era un amico abbastanza intimo di Capone da nasconderlo con una delle sue zie" quando Capone finì nei guai per omicidio.

Per tenerlo fuori dal mirino delle forze dell'ordine, Lansky mandò Capone a Chicago per giocare d'anticipo con la banda di Johnny Torrio, un newyorkese che era "andato a ovest" e stava cercando di detronizzare suo zio, il gangster di lunga data "Big Jim" Colosimo, come capo della mafia italo-americana a Chicago.

Torrio era essenzialmente lo scagnozzo di Lansky a Chicago e Capone salì rapidamente di grado fino a diventare il braccio destro di Torrio.

Messick, autore specializzato in criminalità organizzata, osserva che la posizione di Capone "ha fatto piacere" ai sostenitori di Lansky "perché Capone era proprio il loro uomo".

Anche se Capone finì per diventare il padrone di se stesso a Chicago, gestendo decine di racket [...], la sua lealtà verso gli amici di New York era così salda che Lansky e [Luciano] sapevano di poter sempre contare su di lui".

Va inoltre notato che Torrio, l'immediato "capo" di Capone a Chicago, era anche il contatto di Chicago per gli interessi dell'impero Bronfman con sede in Canada, che spediva i suoi prodotti legali oltre il confine per il consumo illegale da parte dei bevitori americani dell'era del proibizionismo. Sam Bronfman e la sua famiglia lavorarono a stretto contatto con il sindacato di Lansky fin dall'inizio. Il legame Torrio-Capone ha quindi chiuso il cerchio.

Nel frattempo, il boss di Chicago Colosimo non fa nulla per accattivarsi il favore di Bronfman, Lansky e Siegel, che definisce "sporchi ebrei".

Colosimo disse che non riusciva a capire perché Luciano avesse rapporti così stretti con Lansky e Siegel, dichiarando: "A volte sospetto che debba avere sangue ebraico nelle vene", un sospetto che - alla luce del destino successivo di Luciano, come vedremo - è altamente improbabile.

Inoltre, Colosimo sosteneva che "non c'era futuro nel settore degli alcolici" e non mostrava alcun interesse a rifornire i Bronfman di alcolici. Colosimo voleva concentrarsi su droga, prostituzione e usura. Il suo boicottaggio dei Bronfman stava tagliando i profitti del sindacato di Lansky.

Inutile dire che, al momento opportuno, Lansky (tramite Torrio e Capone) diede la caccia a Colosimo, che fu ucciso da un gangster ebreo di New York inviato per il lavoro. Al sontuoso funerale di Colosimo, la corona di fiori più grande recava un biglietto che recitava: "Dai giovani ebrei addolorati": "Dai giovani ebrei addolorati di New York". In breve tempo, l'alcol dei Bronfman si riversò a Chicago, grazie allo scagnozzo di Lansky, Torrio, e al suo braccio destro, Capone, che presto sarebbe diventato la figura "mafiosa" preferita dai media.

Quindi, se guardiamo alle forze che stanno dietro al più famoso gangster italo-americano del XX secolo, vediamo che le sue radici sono profonde nel campo dei Bronfman (e dei sionisti). E questa è già di per sé una notizia.

Come abbiamo visto, l'attuale capo della famiglia Bronfman è Edgar Bronfman che, oltre alle sue numerose imprese commerciali internazionali, è stato anche per molti anni presidente del Congresso ebraico mondiale, una posizione dalla quale ha esercitato una notevole influenza politica.

Bronfman, ovviamente, è stato il principale protagonista del recente (e tuttora in corso) tentativo di estorcere miliardi di dollari alle banche svizzere per il loro presunto coinvolgimento nel riciclaggio dell'"oro ebraico", presumibilmente rubato dai nazisti, e per la confisca, su , delle ricchezze di alcuni individui ebrei in Europa che avevano nascosto le loro ingenti fortune nelle banche svizzere prima della Seconda Guerra Mondiale.

La questione di come sia stata accumulata questa immensa ricchezza non è mai stata spiegata dai media, anche se il coinvolgimento della famiglia Bronfman nella controversia potrebbe fornire una parte della chiave.

Sappiamo che i Bronfman hanno acquisito gran parte della loro fortuna iniziale, prima della Seconda Guerra Mondiale, nel commercio illegale di alcolici, in collaborazione con il criminale americano Meyer Lansky, le cui attività si estendevano ben oltre le coste americane.

È anche noto che Lansky era una delle figure chiave del sindacato criminale nell'uso dei conti bancari svizzeri per riciclare il denaro criminale. È quindi certo che alcune delle persone arrestate dal Terzo Reich e i cui conti bancari furono confiscati erano in realtà agenti del sindacato Lansky-Bronfman e quindi impegnati in attività illegali. Gli ebrei "perseguitati" erano all'epoca criminali comuni.

Il figlio di Bronfman, Edgar Jr, potrebbe essere potente quanto il padre, anche se da una prospettiva diversa. Il giovane Bronfman ha assunto il controllo degli Universal Studios e di tutte le filiali di intrattenimento che ora fanno parte dell'impero Bronfman. Edgar Jr. è uno dei principali attori di Hollywood e della produzione musicale e cinematografica, e si dice che abbia mandato all'aria un importante investimento di famiglia quando ha legato la famiglia alla società francese Vivendi, ma nessun membro della famiglia Bronfman è stato visto chiedere l'elemosina per le strade di New York, Beverly Hills o Montreal al momento in cui scriviamo.

Il figlio di Edgar, Matthew, meno conosciuto, è molto attivo negli affari ebraici e ricopre il ruolo di Presidente del Comitato del Programma e di Presidente del Comitato del Bronfman Centre for Jewish Life. Nel 2007 è stato eletto presidente del Consiglio di amministrazione del World Jewish Congress , che era stato a lungo guidato da suo padre. È anche presidente del Comitato per il bilancio e le finanze del Congresso ebraico mondiale e membro del suo Comitato esecutivo.

È a capo di una società di investimenti con sede a New York, la BHB Holdings, ed è anche azionista di maggioranza di una delle maggiori banche israeliane, la Israel Discount Bank, e di SuperSal, la più grande catena di supermercati israeliana. Un'altra delle sue imprese è il controllo del franchising IKEA in Israele, dove possiede anche importanti proprietà immobiliari, oltre a quelle negli Stati Uniti.

Tra le precedenti posizioni di Mathew Bronfman figurano quella di presidente e amministratore delegato di Candle Acquisitions Company, un'azienda produttrice di candele speciali, e quella di presidente di Sterling Cellular Holdings, una società di telefonia cellulare. Nei suoi primi anni di vita è stato coinvolto in altre partecipazioni di Bronfman. Ha lavorato anche per la banca internazionale Goldman Sachs, dimostrando ancora una volta l'intreccio di forze ebraiche globali dell'impero Rothschild.

Seagrams è costantemente tra i maggiori finanziatori politici di entrambi i principali partiti politici americani. Questo dato è di per sé interessante, perché quando, durante la campagna presidenziale del 1996, Bill Clinton attaccò il suo avversario del Partito Repubblicano, Bob Dole, per aver accettato contributi dall'industria del tabacco, sembra che il fatto che entrambi i principali partiti ricevessero sostanziali contributi dall'industria dell'alcol - in particolare dall'impero dei Bronfman - sia stato ampiamente trascurato.

Un'istituzione "americana" eminente come Du Pont, ad esempio, è passata sotto il controllo dei Bronfman. Nel 1981, la Du Pont, all'epoca la settima azienda più grande degli Stati Uniti, fu presa di mira dalla famiglia Bronfman per un'acquisizione. In realtà, a quel tempo, i Bronfman possedevano già il 20% di Du Pont - una quota di per sé sostanziale, perché nel mondo aziendale anche una quota di appena il 3% delle azioni di una società dà al suo proprietario il controllo effettivo dell'azienda.

Sebbene il tradizionale nome americano "Du Pont" continui a comparire sui documenti dell'azienda e sui prodotti Du Pont venduti ai consumatori americani, il vero potere dietro le quinte è quello dell'impero Bronfman.

In realtà, la famiglia Du Pont - pur essendo ancora molto ricca, avendo accumulato le proprie risorse finanziarie nel corso di diverse generazioni - aveva poca influenza all'interno dell'azienda che portava il nome della famiglia. Alla fine, i Bronfman vendettero ufficialmente la loro partecipazione in Du Pont, ma utilizzarono le loro risorse per estendere la loro ricchezza e i loro tentacoli altrove.

Oggi i Bronfman sono parte integrante dell'establishment plutocratico, non solo negli Stati Uniti, ma in tutto il mondo.

Altre partecipazioni dei Bronfman nel corso degli anni includevano aziende tradizionalmente "americane" come Campbell Soup, Schlitz Brewing, Colgate-Palmolive, Kellogg, Nabisco, Norton Simon, Quaker

Oats, Paramount Pictures e Warrington Products (produttori di stivali Kodiak e scarpe Hush Puppies). Inoltre, i Bronfman detenevano anche una partecipazione nella Ernest W. Hahn Company (che all'epoca gestiva 27 centri commerciali regionali in California e progettava di aprirne altri 29) e nella Trizec Corp, una delle maggiori società di sviluppo immobiliare del Nord America.

I Bronfman detengono anche notevoli attività in luoghi "inaspettati" e "fuori dai sentieri battuti". Ad esempio, la Cadillac Fairview, controllata dai Bronfman, che sviluppa proprietà commerciali in affitto, ha sviluppato un centro commerciale a Hickory, nella Carolina del Nord, e (nel 1978) era in procinto di crearne altri due. Un'altra impresa di Bronfman è lo Shannon Mall di Atlanta e la Galleria di Westchester, New York.

Inoltre, una società controllata dai Bronfman deteneva opzioni per lo sviluppo di un centro commerciale nel Mississippi e di un altro nel Connecticut. Le società Bronfman controllavano anche parchi industriali a Los Angeles e dintorni, torri per uffici a Denver e San Francisco e lottizzazioni in Nevada , California e Florida. I Bronfman hanno anche assunto il controllo del capitale azionario della General Homes Consolidated Cos. Inc. con sede a Houston, che costruisce case e sviluppa terreni e le cui attività si estendono fino al Mississippi e all'Alabama.

Per molti anni, la famiglia - anche se non era molto conosciuta - ha controllato grandi appezzamenti di terreno nei sobborghi della Virginia che circondano Washington, D.C., terreni redditizi che negli ultimi anni la famiglia ha ceduto con grande profitto.

Come promemoria, le varie partecipazioni statunitensi della famiglia Bronfman qui elencate non sono assolutamente una panoramica completa del loro portafoglio . Inoltre, non sono comprese le partecipazioni dei Bronfman solo in Canada, ad esempio, o altrove.

Tutto questo potere finanziario costituisce anche un significativo potere politico nei vari Stati e località in cui si è stabilita l'influenza dei Bronfman.

A questo proposito, l'influenza nascosta della famiglia Bronfman nello Stato dell'Arizona - un avamposto considerato nella mente della maggior parte degli americani come un paradiso di cowboy, cactus e ampi spazi aperti, un bastione conservatore apparentemente incontaminato dalla corruzione e dagli intrighi che si trovano in grandi città come New York, Miami, Chicago e Los Angeles - è di particolare interesse. In effetti, l'Arizona è tra le grandi capitali del crimine. Questa dubbia distinzione è direttamente collegata all'influenza della famiglia Bronfman in Arizona.

L'influenza della famiglia Bronfman in Arizona è così forte che si può dire che i Bronfman siano niente meno che i "padrini" della carriera politica del più noto "riformatore" americano, il senatore dell'Arizona John McCain. Ecco la storia:

Nel 1976, Don Bolles, un giornalista impegnato di Phoenix, fu assassinato da un'autobomba dopo aver scritto una serie di articoli che denunciavano i legami con la criminalità organizzata di un gran numero di personalità dell'Arizona strettamente associate a un certo Jim Hensley.

Cinque anni dopo, "Honest John" McCain arrivò in Arizona come nuovo marito della figlia degli Hensley, Cindy. "Secondo Charles Lewis del Center for Public Integrity, "dal momento in cui McCain è sbarcato a Phoenix, gli Hensley sono stati i principali sponsor della sua carriera politica". Ma il fatto è che le persone dietro la fortuna degli Hensley sono ancora più interessanti e controverse.

Mentre è di dominio pubblico che il suocero di McCain era il proprietario di Anheuser-Busch in Arizona - uno dei maggiori distributori di birra del Paese - i media mainstream non hanno detto nulla sulle origini della fortuna di Hensley che ha finanziato l'ascesa al potere di McCain. La fortuna degli Hensley non è altro che una propaggine regionale del vasto impero del contrabbando e del racket della dinastia Bronfman che, a sua volta, era uno dei principali attori - come abbiamo già detto - del sindacato criminale guidato da Meyer Lansky e dai suoi soci, sia negli Stati Uniti che all'estero.

Il suocero di McCain ha iniziato come tirapiedi di un certo Kemper Marley che, per circa quarant'anni fino alla sua morte nel 1990 all'età di 84 anni, è stato l'indiscusso boss politico dell'Arizona dietro le quinte. Ma Marley era molto più di una macchina politica. Infatti, era anche l'uomo forte del sindacato criminale di Lansky in Arizona, il protetto del luogotenente di Lansky, il giocatore d'azzardo di Phoenix Gus Greenbaum, che nel 1941 creò una rete nazionale di allibratori. Dopo che Lansky ordinò l'omicidio del suo partner di lunga data, "Bugsy" Siegel, che stava rubando denaro dal casinò Flamingo di Las Vegas - finanziato in parte da prestiti di una banca dell'Arizona presieduta da Marley - Greenbaum mise Marley a capo della rete, mentre Greenbaum prese il posto di Siegel per curare gli interessi di Lansky a Las Vegas.

Nel 1948, Greenbaum fu assassinato in un "colpo" di mafia che scatenò una serie di guerre tra bande a Phoenix, ma Marley sopravvisse e prosperò, così come Jim Hensley, che sponsorizzò l'ascesa al potere di McCain.

Durante questo periodo, Marley stabilì un monopolio sulla distribuzione di alcolici in Arizona. Secondo Al Lizanitz, da sempre responsabile delle pubbliche relazioni di Marley, fu la famiglia Bronfman a far entrare Marley nel business degli alcolici.

Il suocero di McCain era il luogotenente di punta di Kemper Marley, l'agente di punta del sindacato di Lansky in Arizona, che a sua volta fungeva da prestanome per la famiglia Bronfman, elemento chiave del sindacato di Lansky.

Durante il proibizionismo, i Bronfman, con sede in Canada, fornivano - e quindi controllavano - il "rubinetto" dell'alcol destinato ai membri del sindacato Lansky negli Stati Uniti, tra cui Al Capone a Chicago. Dopo il proibizionismo, i soci di Lansky-Bronfman, come Marley, assunsero il controllo di gran parte della distribuzione di alcolici (e birra) in tutto il Paese. Al Lizanitz, da sempre addetto alle pubbliche relazioni di Marley, ha rivelato che furono proprio i Bronfman a far entrare Marley nel business degli alcolici.

Nel 1948, 52 dipendenti della Marley (tra cui Jim Hensley, amministratore delegato della Marley) furono perseguiti per violazione delle leggi federali sugli alcolici. Hensley ricevette una condanna a sei mesi di carcere con la condizionale e suo fratello Eugene una condanna a un anno di carcere.

Nel 1953, Hensley e (questa volta) Marley furono perseguiti dai procuratori federali per aver falsificato i registri degli alcolici, ma il giovane avvocato William Rehnquist agì come loro "portavoce" (come vengono chiamati gli avvocati della mafia) e i due uomini ne uscirono indenni. Rehnquist è poi diventato Presidente della Corte Suprema e ha presieduto ai "brogli" che hanno permesso a George W. Bush di diventare Presidente in un'elezione giustamente contestata.

Gli addetti ai lavori dell'Arizona sostengono che Hensley abbia "preso il posto" di Marley nel 1948 e che Marley abbia ripagato Hensley avviandolo alla propria attività di distribuzione di birra. Sebbene, durante la campagna presidenziale del 2008, *Newsweek* abbia suggerito che l'attività di Hensley fosse un'operazione "familiare" di grande successo, la vera storia si trova nel profondo della storia della criminalità organizzata ai massimi livelli.

Il suocero di McCain si dedicò anche alle corse dei cani e aumentò la sua fortuna vendendo la sua pista a un individuo legato alla famiglia Jacobs di Buffalo, un ingranaggio chiave della rete di Lansky durante l'epoca del proibizionismo come distributore di liquori Bronfman.

Cresciute nel corso degli anni, acquistando piste da corsa e sviluppando concessioni di cibo e bevande negli stadi, le società di Jacobs sono state descritte come la più grande copertura quasi legittima per il riciclaggio di denaro della criminalità organizzata negli Stati Uniti.

Nel 1976, il mentore di Hensley, Marley (all'apice del suo potere), fu il principale sospettato dell'omicidio del giornalista Don Bolles, che stava indagando sulla mafia in Arizona, ma Marley non fu mai perseguito.

Sebbene John McCain non possa essere ritenuto personalmente responsabile delle malefatte del defunto suocero - la cui fortuna è passata alla figlia Cindy McCain, moglie di John - il fatto è che il "riformatore" McCain deve la sua fortuna politica e finanziaria alle grazie dei più grandi nomi della criminalità organizzata. Non sorprende quindi che oggi l'industria del gioco d'azzardo di Las Vegas sia uno dei principali benefattori finanziari di John McCain.

Questa panoramica è solo la punta dell'iceberg, ma dice molto su McCain e sull'ambiente politico che lo ha generato, soprattutto alla luce della posizione di rilievo di McCain come uno dei principali sostenitori di Israele negli Stati Uniti.

Ironia della sorte, come già detto, durante la campagna presidenziale del 2008, McCain è stato appoggiato da un membro americano della famiglia Rothschild e ha beneficiato di una raccolta fondi organizzata per suo conto dai Rothschild a Londra. Edgar Bronfman ha scelto di sostenere pubblicamente Barack Obama anziché McCain, evidentemente "deluso" dalla compagna di corsa fanatica e cristiana di McCain, Sarah Palin.

Questo va notato anche per la storia della famiglia Bronfman: alla luce del libro dell'autore sull'assassinio del Presidente John F. Kennedy, il libro *Giudizio finale*,[3] *che* sostiene che il servizio segreto israeliano, il Mossad, ha svolto un ruolo importante insieme alla CIA nell'assassinio del Presidente Kennedy, proprio a causa dell'ostinata opposizione di JFK alla volontà di Israele di costruire armi nucleari di distruzione di massa, le impronte di Sam Bronfman sono tutte sulla cospirazione dell'assassinio di JFK.

Non solo Louis Bloomfield, scagnozzo di Bronfman da lungo tempo, era presidente della Permindex, sponsorizzata dal Mossad (tra i cui direttori figurava nientemeno che l'uomo d'affari di New Orleans Clay Shaw, incriminato dall'ex procuratore di New Orleans Jim Garrison per il suo coinvolgimento nell'assassinio di JFK), ma nuove prove indicano che la figura della mafia di Dallas Jack Ruby era in realtà sul radar di Bronfman.

Inoltre, mentre un altro socio dei Bronfman a Dallas, il petroliere Jack Crichton, si aggirava intorno alla vedova di Lee Harvey Oswald dopo l'assassinio di JFK, un altro funzionario dei Bronfman - il "superavvocato" John McCloy - faceva parte della Commissione Warren. McCloy era direttore - e Crichton vicepresidente - dell'Empire Trust, una società finanziaria in parte controllata dalla famiglia Bronfman.

E sebbene Sam Bronfman sia noto soprattutto per il suo impero degli alcolici Seagrams, ciò che molti ricercatori di JFK che puntano il dito contro i "baroni del petrolio texani" non notano è che Sam Bronfman era egli stesso un barone del petrolio texano, dal momento che acquistò la Texas Pacific Oil nel 1963. Già nel 1949, Allen Dulles, poi direttore della CIA licenziato da JFK e membro della Commissione Warren, agì come avvocato negli affari privati della figlia di Bronfman, Phyllis.

Chi è interessato alla storia completa dovrebbe fare riferimento a *Giudizio Finale*, ora nella sua sesta edizione di 768 pagine completamente documentata. In definitiva, l'assassinio di JFK è indiscutibilmente, e senza dubbio, l'evento centrale che ha permesso all'influenza segreta ebraica di raggiungere nuove vette nella struttura del potere americano.

---

[3] *Giudizio finale - L'anello mancante nell'assassinio di JFK*, tradotto e pubblicato da Omnia Veritas Ltd, www.omnia-veritas.com.

Da ogni punto di vista, i Bronfman sono la "prima famiglia" - anzi, diremmo la "famiglia reale" - dell'establishment ebraico e sionista americano, ma sono certamente secondari rispetto ai "Re dei Re": i Rothschild.

Per molti versi, tuttavia, si potrebbe dire che in termini di criminalità organizzata vecchio stile - in contrapposizione alle operazioni di "alto livello" dell'impero Rothschild - i Bronfman sono certamente la famiglia reale del sindacato criminale ebraico, in virtù della loro ritrovata rispettabilità, essendo cresciuti in ricchezza e prestigio fin dai primi anni come soci del "non rispettabile" Meyer Lansky.

Intorno alla dinastia Bronfman gravitano, come satelliti, una vasta gamma di altre potenti famiglie che, a loro volta, hanno le loro famiglie satellite e i loro interessi finanziari. Sono i nuovi farisei che lavorano per realizzare il sogno talmudico del Nuovo Ordine Mondiale.

Nei capitoli che seguono, incontriamo i nomi e le famiglie più importanti dei nuovi farisei, le cui immense fortune finanziano e corrompono i politici americani (e quelli di tutto il mondo) che eseguono gli ordini dell'impero Rothschild nella loro ricerca di un'utopia ebraica.

Mentre si credono aristocratici, nobili e dame, cavalieri moderni, principi e principesse, la verità è che molti di loro sono, come David Ben-Gurion, padre fondatore di Israele, ha descritto con franchezza molti sopravvissuti all'Olocausto, "persone dure, meschine ed egoiste". Incontriamo quindi questi futuri leader del mondo.

La verità sull'antisemitismo ...

Questa caricatura ottocentesca dei plutocrati ebrei all'esterno del palazzo del Monopolio dimostra che l'opposizione agli ebrei spesso deriva dal riconoscimento pubblico della loro storia di ricerca del potere assoluto.

Anche il famoso storico Albert Lindemann, in *Les larmes d'Ésaü (Le lacrime di Esaù)*, l'ha detto senza mezzi termini:

> "La tendenza a liquidare l'antisemitismo come una bizzarra allucinazione è indubbiamente giustificata in alcuni casi: La tendenza a liquidare l'antisemitismo come una bizzarra allucinazione, una fantasia di menti malate, è indubbiamente giustificata in alcuni casi, ma spesso è stata anche esagerata e quindi ha ostacolato la comprensione, perché gli ebrei sono stati odiati per molte ragioni da una varietà molto ampia di persone normali, molte delle quali non erano né emotivamente instabili né intellettualmente non sofisticate, e alcune delle quali erano ... di grandi capacità (Wagner, Barrès o T.S. Eliot, per esempio). È troppo facile, persino rassicurante, descrivere gli antisemiti come squilibrati mentali o moralmente difettosi sotto ogni aspetto. La misura in cui l'antisemitismo era "normale" richiede ... un'indagine più seria e aperta.... L'ostilità verso gli ebrei, individualmente o collettivamente, non si è sempre basata su visioni fantastiche o chimeriche di loro, o su proiezioni non legate a nessuna realtà palpabile".

CAPITOLO XI

I "duchi e le duchesse" della corte americana dei Rothschild: le trenta famiglie ebraiche più potenti

Quella che segue - in ordine alfabetico - è la nostra stima dei 30 individui più potenti (tutti ebrei tranne uno e praticamente tutti con sede negli Stati Uniti) che costituiscono - insieme alla famiglia Bronfman - il livello più alto di coloro che operano come forze chiave per conto dell'Impero Rothschild. Sono davvero i nuovi farisei.

SHELDON ADELSON, nonostante l'età avanzata, si è recentemente affermato come uno dei grandi leader della ricchezza ebraica. Nato a Boston, è oggi una figura di spicco nell'industria dei casinò di Las Vegas, dominata dagli ebrei. Sebbene all'inizio lavorasse nel settore delle sale computer, nel 1988 ha acquistato con i suoi soci il Sands Hotel di Las Vegas e ora ha esteso le sue partecipazioni a Macao, nella Repubblica Popolare Cinese, città del gioco d'azzardo che è stata una colonia portoghese fino alla fine del 1999. Sta anche sviluppando un casinò a Singapore. Considerato la terza persona più ricca degli Stati Uniti, con un patrimonio di 26,5 miliardi di dollari, è un amico devoto di Israele e nel 2006 ha fondato un giornale in quel Paese, dal quale si è poi ritirato. Da allora, tuttavia, ha fondato un nuovo quotidiano in Israele, un giornale gratuito, chiamato *HaYom*. A dimostrazione del suo immenso interesse per Israele, ha anche cercato, senza successo, di acquisire una quota di maggioranza del noto quotidiano israeliano *Maariv*. Adelson è anche uno dei principali finanziatori di Birthright Israel, che consente ai giovani ebrei di recarsi nella Palestina occupata. L'orientamento politico di Adelson si riflette anche nel fatto che ha finanziato un gruppo chiamato Freedom's Watch, che sostiene le posizioni neoconservatrici della linea dura dell'amministrazione corrotta di George W. Bush.

ISRAEL HOWARD "IZZY" ASPER, morto nel 2003, è stato il fondatore della CanWest Global Communications Corporation, oggi di proprietà dei figli Leonard, Gail e David. Nato in una famiglia ebrea di Manitoba, in Canada, Asper si iscrisse al Partito Liberale ed era noto - nonostante il nome del partito - per le sue tendenze "conservatrici", che probabilmente riflettevano il fatto che Asper era un sionista convinto. Sionista convinto, Asper era un ammiratore del noto "nazista ebreo" Vladimir Jabotinsky, la cui filosofia guida il pensiero del partito israeliano Likud (e del suo partito "rivale", Kadima). Avvocato di professione, Asper è entrato nel mondo dei media nel 1975, quando è diventato proprietario della stazione televisiva CKND di Winnipeg. Nei 25 anni successivi, CanWest ha assunto il controllo del *National Post*, di e di oltre 60 altri giornali canadesi, oltre che della rete televisiva Global. Questa famiglia di sionisti convinti ha esteso la sua influenza negli Stati Uniti acquistando il controllo della famosa rivista *New Republic* da Martin Peretz, un altro sionista convinto noto per il suo rapporto personale insolitamente stretto e di lunga data con l'ex vicepresidente Al Gore (che è stato allievo di Peretz quando quest'ultimo insegnava ad Harvard). Gore, come abbiamo notato in queste pagine, è ora legato alla potente famiglia bancaria Schiff (un ingranaggio chiave dell'impero Rothschild) attraverso il matrimonio della figlia di Gore, Karenna, con un erede della fortuna degli Schiff.

SAMUEL BELZBERG, fondatore di un altro ricco impero commerciale ebraico con sede in Canada, che opera accanto alla più nota (e più influente) famiglia Bronfman descritta in dettaglio nel capitolo precedente, ha creato ed è presidente e amministratore delegato della First City Financial Corporation, Ltd, un'istituzione finanziaria a servizio completo, ed è ora presidente della Gilbralt Capital Corporation, una società di investimenti privati. Una delle sue figlie, Lisa, è sposata con Matthew Bronfman, figlio di Edgar Bronfman, e si ritiene che sia stata l'amante dell'ex presidente Bill Clinton. Un'altra figlia, Wendy, è sposata con l'imprenditore Strauss Zelnick. Sam Belzberg è stato uno dei principali finanziatori del Centro Simon Wiesenthal di Los Angeles, che è diventato uno dei principali attori della propaganda ebraica globale e delle operazioni di intelligence con il pretesto di "combattere l'odio".

ELI BROAD (che tra l'altro si pronuncia come "road"), nato a Detroit e ora residente a Los Angeles, è stato amministratore delegato di Sun America, un impero immobiliare, ed è classificato come la 42a persona più ricca d'America, con un valore di 5,8 miliardi di dollari. Lui e la moglie , ferventi sostenitori di Israele, hanno investito gran parte della loro fortuna in istituzioni educative e sono quindi attori di primo piano nella direzione dell'istruzione americana, così come nel mondo dell'arte, che è stato a lungo controllato istituzionalmente da interessi ebraici.

WARREN BUFFETT, considerato da *Forbes* la persona più ricca del mondo al 5 marzo 2008 - con un valore sbalorditivo di 62 miliardi di dollari - non è ebreo, ma è uno dei principali (e ovviamente ben pagati) scagnozzi dell'impero Rothschild. È un amico particolarmente stretto di Lord Jacob Rothschild di Londra. È una perfetta "facciata" per i Rothschild, con il suo patrimonio del Nebraska, il suo stile familiare e l'identificazione con le camicie della Berkshire Hathaway, nota per le sue pubblicità colorate, con modelli maschili (spesso celebrità) che indossano bende e camicie della Berkshire Hathaway. Sebbene la Berkshire Hathaway di Buffett sia identificata con le sue camicie, l'azienda è ora un'enorme holding per un'ampia gamma di attività sotto il controllo di questa figura di spicco dei mercati azionari statunitensi e mondiali, che rappresenta gli interessi dei Rothschild. Sebbene molti identifichino il potente quotidiano *Washington Post* come la roccaforte familiare della dinastia Meyer-Graham a Washington, il fatto è che Buffett (insieme ad altre istituzioni finanziarie con legami con Rothschild) detiene una partecipazione sostanziale nella Washington Post Company, editrice *del Washington Post* e anche (fino alla fine del 2010) editrice della rivista *Newsweek* e proprietaria, inoltre, di numerosi giornali e interessi radiotelevisivi in tutta l'America. Tra parentesi, vale la pena notare che l'impero editoriale della famiglia Meyer è stato creato da Eugene Meyer, un profittatore di guerra dell'epoca della Prima Guerra Mondiale che è poi diventato presidente del Consiglio dei Governatori della Federal Reserve controllata dai Rothschild e successivamente, in modo appropriato, capo della Banca Mondiale. Il suo acquisto a prezzi stracciati del *Washington Post* nel 1933 fu quasi un ripensamento, anche se cruciale, che radicò saldamente l'influenza dei Rothschild nella Washington ufficiale. Meyer era anche imparentato con la famiglia Haas (eredi del gigantesco impero dell'abbigliamento Levi-Strauss con sede a San Francisco) e con il rabbino capo di Francia. (Per saperne di più sulla storia di Meyer-Graham, si veda *The New Jerusalem di* questo autore, Michael Collins Piper). Ad ogni modo, Warren Buffett possiede anche il 7% della Coca-Cola Company, un investimento di per sé piuttosto redditizio. E ciò che molti ignorano è che la Coca-Cola (nonostante la sua identificazione come produttore di bibite) è stata anche profondamente coinvolta in vasti intrighi politici internazionali del più alto (e basso) ordine, come documentato nel libro difficile da trovare *The Cola Wars*, di J. C. Louis e Harvey Z. Yazijian. La tradizione "americana" della Coca Cola è quindi più complessa di quanto molti pensino e Warren Buffett, l'asset Rothschild, ne è il fulcro. Buffett sta attualmente trasferendo gran parte del suo patrimonio alla fondazione del magnate della Microsoft Bill Gates, che si ritiene sia di origine ebraica, ma non lo riconosce.

RONALD BURKLE. Questo operatore ebreo di Los Angeles, con un patrimonio di oltre 3,5 miliardi di dollari, è un amico intimo di Bill Clinton (che ha contribuito ad arricchire) e, nonostante la giovane età (è nato nel 1952), è uno dei principali investitori nei settori della vendita al dettaglio, della produzione e della distribuzione. È membro del consiglio di amministrazione di Occidental Petroleum, la compagnia petrolifera del defunto Armand Hammer, figlio di una figura ebraica di spicco del Partito Comunista degli Stati Uniti, dominato dagli ebrei, all'inizio del XX secolo. (Hammer era anche un amico intimo della famiglia dell'ex vicepresidente Al Gore, la cui figlia Karenna, come abbiamo notato, è sposata con la famiglia di Jacob Schiff, il satellite newyorkese dell'impero Rothschild che finanziò la rivoluzione bolscevica). Burkle è stato anche presidente e azionista di maggioranza di Alliance Entertainment, Golden State Food, Dominics, Fred Meyer, Ralph's e Food4Less. È anche membro del Consiglio di amministrazione di Yahoo, l'impero di Internet.

LESTER CROWN, principale erede del finanziere ebreo di Chicago Henry Crown, morto nel 1990, è a capo delle aziende di famiglia costruite sulla fortuna della società di produzione di armi General Dynamics, di cui Henry Crown prese il controllo nel 1959. Oggi, la famiglia Crown controlla Maytag, Hilton Hotels, Alltel, Aspen Skiiing Company e il Rockefeller Center di New York - sì, anche il gioiello della corona Rockefeller (per saperne di più sui veri leader dell'impero Rockefeller, vedere MAURICE GREENBERG). Crown controlla anche la squadra di basket dei Chicago Bulls e ha una partecipazione nella squadra di baseball dei New York Yankees. Importante benefattore della comunità ebraica americana all'indirizzo , Crown fa anche parte del Consiglio di amministrazione dell'Università di Tel Aviv ed è membro del Comitato americano del Weizmann Institute of Science (con sede in Israele). È stato anche direttore della Trans World Airlines e della Continental Illinois Bank. Negli anni '50, la famiglia Crown deteneva una quota di maggioranza dell'Empire State Building di New York. Una delle sue figlie, Susan Crown, è presidente della Shoah Foundation, un'azienda del settore dell'Olocausto. La famiglia ha un valore complessivo di oltre 4 miliardi di dollari ed è particolarmente influente in Israele, dove ha finanziato il programma di sviluppo delle armi nucleari di Israele. Lester Crown ha anche presieduto il Chicago Council on Global Affairs, una propaggine del Council on Foreign Relations di New York, il ramo ufficiale statunitense del Royal Institute of International Affairs dell'impero Rothschild con sede a Londra. La famiglia Crown, insieme a un'altra famiglia ebraica di Chicago, i Pritzker (vedi NICHOLAS J. PRITZKER), fa parte della "cerchia ristretta" di Barack Obama, il politico di Chicago scelto come Presidente degli Stati Uniti nelle elezioni del 2008.

Nel 2000, **LARRY ELLISON** era l'uomo più ricco del mondo. Nel 2005, con un patrimonio netto di 18,4 miliardi di dollari, era solo il nono uomo più ricco del mondo. Sebbene non sia un nome noto, è comunque una figura di spicco a livello mondiale in quanto fondatore e CEO di una grande azienda di software nota come Oracle Corporation. L'aspetto interessante è che prima della sua ascesa al potere, Ellison ha lavorato negli anni '70 per la società AMPEX e all'epoca uno dei suoi progetti era un database per la Central Intelligence Agency, che ha chiamato Oracle. Vale la pena di notare che, secondo *Forbes*, Ellison valeva 26 miliardi di dollari nel 2007, un aumento piuttosto consistente rispetto al suo patrimonio netto del 2005. Noto per il suo stile di vita sgargiante, Ellison possiede il quinto yacht più grande del mondo, numerose auto esotiche e molti aerei privati, compresi i caccia! È interessante notare che questo ex agente coinvolto in operazioni di database della CIA, a un certo punto, dopo la tragedia terroristica dell'11 settembre, ha proposto di donare al governo degli Stati Uniti un software che avrebbe creato e mantenuto un database di identificazione nazionale dal quale sarebbero state emesse carte di identità nazionali, un meccanismo di sorveglianza e controllo della popolazione americana da parte dell'impero Rothschild.

JEFFREY EPSTEIN, il cui nome è poco noto al pubblico americano, è uno degli uomini più ricchi d'America e, sebbene abbia solo cinquant'anni, è molto influente nella sfera d'influenza dei Rothschild.

La sua società, inizialmente chiamata J. Epstein & Company, poi Financial Trust Company, gestisce gli affari finanziari di miliardari ebrei. *Il 1° luglio 2008 il New York Times* [ha] riportato che l'attività di Epstein è "un po' un mistero". Dice di gestire i soldi dei miliardari, ma l'unico cliente di cui parla è Leslie H. Wexner, il fondatore di Limited Brands... Come spiega Epstein, fornisce una forma specializzata di consulenza finanziaria di alto livello. Fornisce consulenza su tutto, dalle tasse ai trust, dagli accordi prematrimoniali alle cause di paternità, e dà persino consigli di interior design per jet privati. Fonti del settore affermano che si fa pagare onorari annuali fissi che vanno da 25 a oltre 100 milioni di dollari". Chiaramente, uno dei ruoli del giovane Epstein nell'impero Rothschild è, come altri nomi alla moda nei circoli finanziari ebraici, quello di governare istituzioni da tempo associate al nome della famiglia Rockefeller. Epstein è membro del Consiglio di Amministrazione della Rockefeller University ed è stato anche membro della Commissione Trilaterale, fondata da David Rockefeller, e del Consiglio per le Relazioni Estere, ampiamente conosciuto come un'istituzione "Rockefeller", ma che, come abbiamo notato in diverse occasioni, è in realtà una propaggine dell'entità Rothschild con sede a Londra nota come Royal Institute of International Affairs.

Uno dei principali interessi di Epstein sembra essere stato il campo della scienza. A questo proposito, Epstein è stato il benefattore di numerosi scienziati di alto livello, molti dei quali sono a loro volta ebrei. Il denaro di Epstein è stato utilizzato per finanziare ricerche di fisica in Sudafrica e in India, nonché esperimenti di microbiologia in Bangladesh. Una delle amiche intime di Epstein è Ghislaine Maxwell, figlia del defunto e corrotto intrallazzatore ebreo di origine ceca, noto al mondo come "Robert Maxwell" in Gran Bretagna, dove era una potenza mediatica mentre era impegnato in attività di spionaggio di alto livello sia per il Mossad israeliano che per il KGB sovietico. Negli ultimi anni, Epstein è stato anche un amico intimo dell'ex presidente Bill Clinton. Per certi versi sembra appropriato: Epstein si è recentemente dichiarato colpevole presso il tribunale penale dello Stato della Florida di comportamenti inappropriati con diverse giovani donne. È stato condannato a 18 mesi di carcere.

Tra gli avvocati di Epstein in questa vicenda c'erano il famoso avvocato ebreo Alan Dershowitz, uno dei più virulenti giudeo-suprematisti di oggi, e Kenneth Starr, che ha il merito di essere stato il principale tormentatore dell'amico di Epstein, Bill Clinton. Nonostante questa battuta d'arresto, Epstein rimane potente e tornerà presto al centro dell'élite ebraica globale.

STEPHEN FEINBERG. Descritto dal quotidiano israeliano *Ha'aretz* come "un ebreo di New York con un tocco d'oro", Feinberg controlla la holding Cerberus Global Investments, con sede a New York, che nel 2006 ha acquistato la partecipazione del governo israeliano nella Bank Leumi, la seconda banca di Israele. Il giornale israeliano ha dichiarato che i proventi dell'acquisto di Feinberg sarebbero stati utilizzati per "pagare il pesante debito nazionale di Israele". In realtà, l'attività di Cerberus di Epstein è piuttosto grande. L'edizione del 3 ottobre 2005 di *Business Week* ha descritto Cerberus come "più grande" anche di noti colossi commerciali come McDonald's, 3M, Coca-Cola e Cisco

Systems e ha osservato che Cerberus controlla circa 226 ristoranti Burger King, le catene di noleggio auto National e Alamo, il produttore di prodotti per l'edilizia Formica Corp. e gli ex Warner Hollywood Studios (che, tra l'altro, sono passati di mano in mano tra vari interessi ebraici - principalmente elementi del vero e proprio crimine organizzato - per diverse generazioni). Un altro attore importante nelle operazioni di Feinberg è il finanziere ebreo di New York Michael Steinhardt (vedi MICHAEL STEINHARDT). Particolarmente interessante è il fatto che due potenti figure politiche americane siano strettamente associate alle operazioni di Feinberg: l'ex vicepresidente Dan Quayle e l'ex segretario alla Difesa Donald Rumsfeld. Quayle è l'uomo di punta di Feinberg, in qualità di presidente del consiglio di amministrazione di Cerberus e, secondo *Ha'aretz*, Feinberg è un "timido ragazzo prodigio".

Si fa notare dai fotografi e manda i suoi sottoposti, come il presidente della Cerberus Dan Quayle, a firmare i suoi contratti". Per quanto riguarda Rumsfeld, ciò che dovrebbe preoccupare gli americani è che Rumsfeld (mentre era Segretario alla Difesa) ha investito nella Cerberus di Epstein già nel 2001, ben prima dell'invasione statunitense dell'Iraq (di cui Rumsfeld era uno dei più accaniti sostenitori), dopo la quale Cerberus ha tratto profitto dalla creazione di campi base militari in Iraq.

MAURICE GREENBERG. Sebbene il famoso nome "Rockefeller" abbia rappresentato una ricchezza e un'influenza considerevoli in America (e in tutto il mondo) sin dalla fine del XIX secolo, il fatto è che, nel corso delle generazioni di Rockefeller, la ricchezza della famiglia è diminuita notevolmente man mano che veniva distribuita alle generazioni più giovani. Inoltre, ciò che non è generalmente noto è che un miliardario ebreo con sede a New York, Maurice R. "Hank" Greenberg, si è affermato come la vera forza trainante dei resti dell'impero Rockefeller in vari settori, insieme a suo figlio Jeffrey Greenberg, ex presidente e amministratore delegato di Marsh & McClennan Company, e all'altro figlio, Evan G. Greenberg, presidente e amministratore delegato di Ace Limited. Queste società, insieme a quella del padre, American International Group (che un tempo si diceva fosse la più grande società di servizi assicurativi e finanziari del mondo), controllano di fatto gran parte del settore assicurativo.

L'aspetto interessante è che Greenberg senior, che è direttore onorario e vicepresidente del Council on Foreign Relations (CFR) - a lungo considerato il principale organismo di politica estera sponsorizzato da Rockefeller - è in realtà il principale potere all'interno del CFR oggi, anche se naturalmente David Rockefeller, ormai avanti con gli anni, rimane una figura nominale del CFR. Greenberg è anche attivo nella Commissione Trilaterale, un altro gruppo di pressione di politica estera fondato da David Rockefeller.

Greenberg è uno stretto collaboratore di lunga data dell'ex Segretario di Stato Henry A. Kissinger. Kissinger, la cui ascesa alla ribalta è avvenuta sotto il patrocinio di David Rockefeller e dei circoli che circondano il CFR che, come abbiamo visto in precedenza, non è altro che un "cugino minore" con sede a New York del Royal Institute of International Affairs, il braccio di politica estera dell'impero Rothschild, attraverso il quale la dinastia Rothschild dava direttive al Ministero degli Esteri britannico per la promozione degli interessi Rothschild nel mondo.

La relazione tra Greenberg e Kissinger era così stretta che a un certo punto Kissinger fu presidente del comitato consultivo internazionale di AIG. Non sorprende che questo principe ebreo immensamente potente, Greenberg, sia stato presidente, vicepresidente e direttore della Federal Reserve Bank di New York e, quindi, che sia stato anche coinvolto ad alti livelli in diverse istituzioni fondate dalla famiglia Rockefeller, tra cui l'Asia Society, la Rockefeller University e il Museum of Modern Art. Greenberg è attualmente presidente di C.V. Starr & Company ed è interessante notare che Greenberg fu costretto a dimettersi da presidente e amministratore delegato di AIG in seguito alle accuse penali mosse contro di lui da Elliot Spitzer, allora procuratore generale dello Stato di New York. In seguito, naturalmente, Spitzer è stato eletto governatore di New York in gran parte sulla base della sua reputazione di "killer dei giganti", ma, naturalmente, nella primavera del 2008 è stato "cacciato" dalla carica, dopo che anche il prestigioso giornale ebraico *Forward* ha sottolineato che, nonostante le sue origini ebraiche, Spitzer non si era mai identificato con gli interessi degli ebrei ed era visto come distante dalla comunità ebraica in generale, il che forse spiega in qualche modo perché questa potente figura pubblica ebraica sia stata "giustiziata" cerimonialmente. Comunque sia, se Spitzer è caduto, Greenberg rimane uno degli ebrei più potenti del pianeta e forse, per certi versi, uno che potrebbe essere descritto come l'amministratore principale dell'impero Rothschild dei circoli e delle sfere di influenza americane che circondano i resti delle attività della famiglia Rockefeller. Nell'autunno del 2008, poco prima delle elezioni presidenziali americane, gli intrighi di Greenberg sono finiti sotto la lente dell'opinione pubblica. Il suo feudo di lunga data, l'AIG, è stato al centro dei giganteschi scandali finanziari (in gran parte legati agli ebrei) che hanno scosso l'economia americana, minacciando di far crollare un altro avamposto dell'Occidente, gli Stati Uniti, ricordando il suggerimento provocatorio del filosofo e storico ebreo Max Dimont secondo cui il popolo ebraico ha l'abitudine di sopravvivere al crollo delle civiltà e alla fine regnerà supremo sul pianeta. A questo proposito, qualcuno potrebbe chiedersi se il crollo di Wall Street - sotto il dominio ebraico - non sia parte del capitolo finale, una manovra deliberata per far avanzare, in un certo senso, l'obiettivo di stabilire l'utopia ebraica.

LA FAMIGLIA HAAS è erede della fortuna dell'abbigliamento Levi-Strauss e, nel complesso, i suoi membri sono certamente tra i più ricchi degli Stati Uniti. È anche imparentata con la famiglia Meyer, che è una delle figure principali dietro la Washington Post Company, e con il prestanome della famiglia Rothschild, Warren Buffett, che non è ebreo (vedi WARREN BUFFETT). La famiglia Haas è relativamente discreta, ma molto potente grazie alla sua ricchezza combinata che supera quella di molti altri americani non ebrei.

HENRY R. KRAVIS e GEORGE R. ROBERTS. Kravis, figlio di un ingegnere petrolifero ebreo di Tulsa, Oklahoma, e suo cugino Roberts si unirono a New York con Jerome Kohlberg, Jr. per formare la Kohlberg, Kravis & Roberts and Company, da cui divennero noti a livello internazionale per il loro coinvolgimento nei leveraged buyout. Sono stati soprannominati "i re dei titoli spazzatura". Kohlberg ha lasciato la società, ma Kravis e Roberts rimangono figure di spicco dell'istituzione. Sono noti soprattutto per l'acquisizione con leva di RJR Nabisco, che è stata oggetto di un libro e di un film, *Barbarians at the Gate*. Tra le aziende a cui Kravis è stato associato, che ha acquistato o venduto nel corso degli anni, vi sono: First Data Inc : First Data Inc, Toys R Us, Duracell Batteries, Safeway, Beatrice Foods, Playtex, Texaco e HCA Inc, azienda sanitaria. La moglie di Kravis, Marie-Josée, era un'editorialista e personaggio televisivo canadese che, insieme al marito, era attiva nell'Hudson Institute "neo-conservatore" (cioè sionista convinto) negli Stati Uniti e nota per il suo coinvolgimento negli affari del Partito Repubblicano. Entrambi i coniugi Kravis sono membri attivi del Council on Foreign Relations e hanno partecipato alle riunioni del Gruppo Bilderberg, che si riunisce annualmente sotto l'egida dell'impero Rothschild e dei suoi satelliti della famiglia Rockefeller. Lo stesso Kravis è vicepresidente della Rockefeller University, il che lo colloca nel gruppo di ebrei che hanno soppiantato i Rockefeller in molte delle istituzioni originariamente sponsorizzate da quella famiglia.

RONALD LAUDER ha un valore stimato di 3 miliardi di dollari. Lui e suo fratello Leonard sono gli eredi della fortuna dei cosmetici Estee Lauder. Lauder è stato a lungo legato agli affari del Partito Repubblicano, avendo ricoperto durante l'amministrazione Reagan la carica di Assistente Segretario alla Difesa per la politica europea e della NATO al Pentagono. Successivamente, il Presidente Reagan lo ha nominato ambasciatore degli Stati Uniti in Austria. A un certo punto ha tentato senza successo di diventare sindaco di New York, ma è stato sconfitto da Rudy Giuliani, uno dei principali sostenitori degli interessi ebraici, che non era ebreo, alle elezioni primarie del Partito Democratico statunitense (GOP). Particolarmente coinvolto negli intrighi ebraici, Lauder dirige la Ronald S.

Lauder, che si occupa di questioni ebraiche nell'Europa centrale e orientale. Ha inoltre investito nei media dell'Europa orientale e nella televisione israeliana. È coinvolto in numerose organizzazioni ebraiche come la Anti-Defamation League, il Seminario Teologico Ebraico e, nel 2007, è stato eletto Presidente del Congresso Ebraico Mondiale. Va inoltre ricordato che la figlia di Lauder, Jane, è sposata con Kevin Warsh, membro del Consiglio dei governatori della Federal Reserve.

S. I. NEWHOUSE e suo fratello **DONALD NEWHOUSE** sono gli eredi della fortuna editoriale creata dal loro defunto padre. Nel 2007, *Forbes* ha classificato Newhouse e suo fratello al 37° posto tra gli americani più ricchi, con un patrimonio stimato di 8 miliardi di dollari. Il loro defunto padre, Sam Newhouse, aveva legami di lunga data con la criminalità organizzata. Il patrimonio mediatico di Newhouse è talmente vasto che vale la pena elencarlo

GIORNALI NEWHOUSE :

Alabama

- *Notizie di Birmingham*

- *La stampa mobile*

- *Il registro della stampa mobile*

- *Il registro mobile*

Louisiana

- *Il New Orleans Times-Picayune*

Michigan

- *Notizie di Ann Arbor*

- *Il Flint Times*

- *La stampa di Grand Rapids*

- *La Gazzetta di Kalamazoo*

- *Il notiziario di Saginaw*

- *Il Times* (Bay City)

Mississippi

- *La stampa del Mississippi* (Pascagoula)

- *Il Mississippi Press Register* (Pascagoula) **New Jersey**

- *Il giornale di Jersey* (Jersey City)

- *Lo Star-Ledger* (Newark)

- *Il Times* (Trenton)

New York

- *L'Herald-American* (Syracuse)

Ohio

- *The Plain-Dealer* (Cleveland)

Oregon

- *L'Oregonian*

Pennsylvania

- *Il Patriot-News* (Harrisburg)

- *La Sentinella di Juniata*

- *Perry County Times*

- *Il registro di Duncannon*

- *Il News-Sun* (Contea di Perry)

RIVISTE NEWHOUSE :

- *American City Business Journals (28 giornali economici settimanali locali)*

- La rivista *Parade* (il famoso supplemento domenicale)

- *Allure*

- *Il New Yorker*

- *Architettura Digest*

- *Conde Nast Traveler*

- *Bon Apetit*

- *Signorina*

- *Sposato*

- *Vanity Fair*

- *Maggiori dettagli*

- *Vogue*

- *Glamour*

- *Trimestrale per gentiluomini*

- *Gourmet*

RONALD PERELMAN. Probabilmente conosciuto soprattutto come capo dell'impero dei cosmetici Revlon, Perelman era un tempo considerato l'uomo più ricco d'America. Nel 2007, tuttavia, la rivista *Forbes* lo ha retrocesso al 28° posto tra gli americani più ricchi (e all'87° posto tra le persone più ricche del mondo), con un patrimonio di circa 9 miliardi di dollari. La sua principale operazione di facciata è MacAndrews & Forbes Holdings (senza alcun legame, a quanto pare, con la già citata casa editrice *Forbes*). Certo, sembra una società di investimento anglosassone protestante di vecchio stampo, ma non è niente di tutto questo. Perelman è un ebreo molto devoto, con tendenze ortodosse, ed è un forte sostenitore di molti enti di beneficenza ebraici. Dedica tre ore alla preghiera ogni sabato ebraico e mantiene anche una casa kosher. Una delle sue organizzazioni benefiche preferite è il gruppo Chabad Lubavich, una delle sette ebraiche più intransigenti. L'aspetto notevole di Perelman è l'ampiezza dei suoi investimenti. Innanzitutto, proviene da una famiglia relativamente ricca. La famiglia paterna controllava l'American Paper Products e poi acquistò la Belmont Iron Works, un'azienda produttrice di acciaio strutturale, nella quale Perelman imparò a lavorare. Si è poi specializzato in affari e ha conseguito un master in commercio presso la prestigiosa Wharton School dell'Università della Pennsylvania. Da uomo d'affari qual è, Perelman si è avventurato in molti settori. Ha acquistato canali televisivi e società di intrattenimento come Genesis Entertainment. Ha anche acquisito grandi quantità di azioni della famosa società Sunbeam, anche se poi è fallita. È stato anche uno dei principali proprietari di

Consolidated Cigars, una holding che possiede diversi marchi di sigari. Si dice anche che Perelman abbia guadagnato tra i 600 milioni e gli 1,2 miliardi di dollari tuffandosi nella crisi delle cooperative di credito e acquistando una serie di società insolventi per poi ristrutturarle a proprio vantaggio. Perelman possiede il gruppo Marvel Entertainment, che produce fumetti e tutti gli espedienti di marketing che li accompagnano. Ha anche acquistato Skybox International e Fleer Corporation, che producono figurine di baseball, e il Gruppo Panini, un produttore italiano di figurine che produce articoli sportivi. Anche se di solito non ci pensiamo, il fatto è che l'industria dei fumetti è un importante sbocco per la propaganda politica. Perelman è, a suo modo, una forza importante nella sfera d'influenza dei Rothschild.

NICHOLAS J. PRITZKER è oggi a capo della fortuna della famiglia Pritzker di Chicago (da tempo legata al crimine organizzato ebraico) e presidente della catena alberghiera Hyatt Development Corporation, di proprietà della sua famiglia. La famiglia controlla anche il Trans-Union Credit Bureau (un'importante fonte di dati "interni" su milioni di persone ad uso dell'impero Rothschild) e Caribbean Cruise Lines. I Pritzker, insieme alla già citata famiglia Crown di Chicago (vedi LESTER CROWN), sono tra coloro che vengono descritti come parte della "cerchia ristretta" del neoeletto Presidente degli Stati Uniti Barack Obama.

SUMNER REDSTONE, nato a Boston, è figlio di Michael Redstein, proprietario della Northeast Theater Corporation, poi diventata National Amusements. Anche se inizialmente Redstone esercitava la professione di avvocato e lavorava per il Dipartimento di Giustizia degli Stati Uniti a San Francisco, scelse di unirsi alla società del padre, dove iniziò a investire in società di produzione cinematografica e studios come Columbia Pictures, Twentieth Century Fox, Orion Pictures e Paramount Pictures. Alla fine, Redstone assunse il controllo di Viacom International, spin-off della CBS. In seguito, attraverso Viacom, Redstone ha assunto il controllo delle società cinematografiche sopra citate. Oggi Viacom è una delle maggiori società di media al mondo. Oggi Viacom è una delle maggiori società di media al mondo. Le sue partecipazioni includono Blockbuster Entertainment e ora la stessa CBS, che Redstone ha acquistato nel 2000. Redstone è considerato l'86° persona più ricca del mondo, con un valore di 9 miliardi di dollari.

SAMUEL REICHMANN, immigrato ebreo dall'Ungheria, è il fondatore di un'altra leggendaria fortuna ebraica con sede in Canada, che è stata particolarmente influente negli affari nordamericani. Si tratta della famiglia Bronfman, con sede a Montreal (per maggiori informazioni su questa famiglia si veda il capitolo precedente). Gli eredi di Reichmann sono i figli Paul, Ralph, Albert, Louis ed Edward (emigrato in Israele e ora deceduto) e la figlia Eva. La principale fonte di ricchezza dei Reichmann fu l'edilizia e lo sviluppo immobiliare. Furono responsabili della costruzione del First Canadian Place, l'edificio più alto del Canada, e le loro proprietà si estesero all'estero, in particolare a New York e Tokyo; a un certo punto furono i più grandi promotori immobiliari del mondo. Sebbene il loro impero Olympia & York sia poi fallito, i Reichmann sono molto ricchi e rimangono influenti negli affari mondiali. Sono noti per la loro immensa devozione nei confronti del loro patrimonio ebraico ortodosso, tanto che anche durante lo sviluppo dei loro edifici e di altri progetti immobiliari, la costruzione si fermava nei giorni sacri ebraici. Sono stati associati in partnership internazionali con uomini d'affari ebrei come George Soros e Laurence Tisch, tra gli altri (vedi GEORGE SOROS e LAURENCE TISCH).

HAIM SABAN, che vale più di 3 miliardi di dollari, è un ebreo di origine egiziana la cui famiglia è emigrata in Israele nel 1956. Attualmente vive a Beverly Hills e in Israele ed è considerato da *Forbes* la 102esima persona più ricca d'America. Originariamente produttore televisivo, Saban ha unito le forze con la News Corporation di Rupert Murdoch, prestanome dei Rothschild, e ha venduto Fox Family Worldwide alla Walt Disney Company. La vendita della rete, da allora ribattezzata ABC Family Channel, è stata la più grande transazione tra un'azienda e un privato nella storia, e Saban ha ottenuto un profitto di 1,6 miliardi di dollari. Attualmente è uno dei direttori del gruppo di investimento che ha preso il controllo di Univision, la più grande società di media in lingua spagnola degli Stati Uniti, all'indirizzo . Ciò fa di questo cittadino egiziano con doppia nazionalità americana e israeliana una figura di spicco nella direzione dei media in lingua spagnola, Ciò gli conferisce una grande influenza politica sulla popolazione di lingua spagnola, che i gruppi ebraici e i loro portavoce hanno spesso indicato come una minaccia per gli interessi degli ebrei (soprattutto a causa dei loro legami storici con la religione cattolica romana). Saban finanzia il Saban Center for Middle East Policy presso la Brookings Institution di Washington, D.C. Una volta Saban ha candidamente ammesso al *New York Times*: "Ho un solo problema, e il mio problema è Israele".

FAMIGLIA SASSOON. Un'altra delle famiglie ebraiche di Babilonia, che in seguito si è incrociata con i Rothschild, un primo capo della dinastia Sassoon era il banchiere del governatore provinciale di Baghdad e in seguito suo figlio si stabilì a Bombay, in India. A quel punto i Sassoon si erano diffusi in Birmania, Malesia e Asia orientale. Si dice che ogni filiale delle banche Sassoon, legate al commercio dell'oppio, avesse un rabbino. La famiglia Sassoon era presente anche in Cina, con uffici a Hong Kong e Shanghai. Vale la pena ricordare che il nazionalista cinese Chang Kai Shek era sposato con la figlia di T.V. Soong, funzionario di una banca della famiglia Sassoon. I Sassoon erano un'estensione essenziale dell'impero Rothschild in Asia.

WALTER SHORENSTEIN potrebbe essere definito "il re ebreo di San Francisco". Magnate del settore immobiliare che si dice abbia un valore di circa 1 miliardo di dollari, Shorenstein è stato per molti anni il più grande operatore immobiliare commerciale di San Francisco e, secondo quanto riferito, controlla circa il 25% del centro città, dove i prezzi degli immobili sono saliti alle stelle. Ormai ottantenne, l'impero Shorenstein è gestito dal figlio Douglas. Shorenstein è noto a livello nazionale per essere stato uno dei principali finanziatori del Partito Democratico, anche se è chiaro che i democratici di base delle piccole città e delle comunità rurali americane non hanno mai sentito parlare di questo genio ebreo. Una delle principali iniziative di propaganda di Shorenstein per influenzare gli affari pubblici è il finanziamento di un'organizzazione (che prende il nome dalla sua defunta figlia) chiamata Joan Shorenstein Center on the Press, Politics and Public Policy presso la John F. Kennedy School of Government dell'Università di Harvard. Shorenstein è quindi da tempo un attore di primo piano in una grande città dove il denaro ebraico è da sempre supremo. Non è una coincidenza che Roy Bullock, il principale agente segreto della Anti-Defamation League, che da tempo prende di mira i dissidenti americani che sfidano l'influenza israeliana e il potere ebraico, operasse a San Francisco (per uno studio sull'ADL e un resoconto personale dello scrittore Michael Collins Piper dei suoi incontri con Bullock, si veda *The Judas Goats*).

GEORGE SOROS, speculatore e predatore di borsa di origine ungherese, si è presentato negli ultimi anni come una figura "liberale" negli affari politici americani. Classificato da *Forbes* come l'80° persona più ricca del mondo, con un patrimonio stimato di 8,5 miliardi di dollari, ha fatto parte del consiglio di amministrazione del Council on Foreign Relations, la filiale newyorkese dell'impero Rothschild. I suoi racket finanziari internazionali lo hanno giustamente portato sotto attacco da parte di molti dei nazionalisti più influenti del mondo, non ultimo l'allora primo ministro della Malesia, Mahathir Mohamad. In

Thailandia, i nazionalisti hanno definito Soros "un criminale di guerra economico che ha succhiato il sangue del popolo". Uno dei principali progetti di Soros è stato quello di "diffondere la democrazia" nell'Europa orientale e ha anche cercato di interferire negli affari politici della Russia di , in un momento in cui il Primo Ministro russo nazionalista Vladimir Putin stava sfidando gli intrighi dell'impero Rothschild e i suoi tentacoli tra gli oligarchi ebrei russi (molti dei quali hanno la doppia cittadinanza russo-israeliana). Soros è stato un "critico di Israele" e ha espresso preoccupazioni sull'"antisemitismo", riconoscendo che le preoccupazioni globali sul potere ebraico derivano dal disincanto per il trattamento riservato da Israele agli arabi palestinesi cristiani e musulmani. Ha riconosciuto apertamente che il sostegno degli Stati Uniti a Israele ha contribuito all'aumento dell'antisemitismo e che persone come lui, coinvolte nella comunità finanziaria globale, sono state oggetto di retorica "antisemita". A causa del suo sostanziale finanziamento di una serie di organizzazioni "liberali" che hanno sfidato l'amministrazione di George W. Bush, Soros ha effettivamente cercato di cooptare queste istituzioni e individui al fine di distogliere l'attenzione dagli intrighi ebraici, svolgendo il ruolo di "critico ebreo" dei "neo-cons".

MICHAEL H. STEINHARDT, nato a Brooklyn, è diventato una delle prime figure di spicco dell'industria degli hedge fund. Steinhardt ha ammesso di aver iniziato la sua carriera grazie ai finanziamenti del padre, Sol Frank "Red" Steinhardt, che era il primo "ricettatore" di gioielli rubati di New York, strettamente legato al capo del sindacato criminale ebraico Meyer Lansky. Steinhardt ha raccontato che suo padre gli consegnava buste piene di 10.000 dollari in contanti, qualcosa che l'americano medio della classe media non ha mai visto. Steinhardt ha persino suggerito che la sua formazione alla prestigiosa Wharton School of Business dell'Università della Pennsylvania potrebbe essere stata finanziata dal coinvolgimento del padre nel crimine organizzato. Comunque sia, Steinhardt è oggi un uomo immensamente ricco, noto per la sua devozione alle cause ebraiche, forse meglio esemplificata dal suo finanziamento del quotidiano pro-Israele e "neo-conservatore" *The New York Sun*. Questo rampollo del crimine è anche membro del consiglio di amministrazione della Fondazione per la difesa delle democrazie, che ha attivamente finanziato. Si tratta di un'idea di Clifford May, un ex giornalista diventato professore e propagandista per l'agenda globale ebraica. Steinhardt è stato anche presidente del Democratic Leadership Council, un'organizzazione cosiddetta "centrista". Ha anche presieduto la sua Fondazione Steinhardt per la vita ebraica e la Taglit Birthright Israel, che finanzia viaggi in Israele di giovani ebrei americani.

Oggi Steinhardt è presidente di WisdomTree Investments, che gestisce circa 5 miliardi di dollari e si dice cresca del 10% al mese.

ARTHUR OCHS SULZBERGER, JR. Nato nel 1951, Sulzberger è l'editore del *New York Times* e presidente della New York Times Company, erede della famiglia Sulzberger che ha reso il *Times* il primo quotidiano americano. Tradizionalmente liberale, il *Times* è anche la voce principale - forse al mondo - per gli interessi ebraici in generale e per l'impero Rothschild e le sue preoccupazioni globali. Dire di più sull'influenza di questo impero giornalistico e della sua famiglia significherebbe complicare le cose.

LAURENCE TISCH E PRESTON TISCH, i fondatori della moderna dinastia, erano comproprietari della Loew's Entertainment Corporation. I fratelli Tisch sono stati anche figure chiave nell'impero dell'intrattenimento della CBS e i loro eredi continuano ad avere un ruolo importante negli affari ebraici globali.

SANFORD I. WEILL non è un nome noto, ma è uno dei principali finanzieri ebrei. Un tempo era presidente e amministratore delegato di City Group, Inc. che sono satelliti americani delle istituzioni bancarie controllate dai Rothschild nella "City" di Londra (per un'analisi dettagliata della "City" si veda altrove in queste pagine). (Questi gruppi bancari americani con la "City" nel nome sono sempre stati estensioni delle banche Rothschild di Londra). Weill è salito alla ribalta tra la metà degli anni '60 e '70 quando ha fuso la sua azienda con altre per creare Shearson-Loeb-Rhodes, un'incarnazione moderna della vecchia società bancaria Loeb con sede a New York (da non confondere, tra l'altro, con Kuhn-Loeb, un'altra rete della "Nostra Folla") e con personale ebreo tedesco. All'inizio degli anni '80, Weill vendette la Shearson-Loeb-Rhodes all'American Express, ma nel 1993 riacquistò la sua ex società, ora nota come Shearson-Lehman (e Lehman, ovviamente, era il nome di *un'altra* istituzione bancaria newyorkese della "Nostra Folla" nell'ambito dell'impero Rothschild). Nel 1997 ha assunto il controllo della Salomon Inc, la società madre della famosa banca ebraica Salomon Brothers. Weill chiamò la sua nuova società Shearson-Lehman-The Travelers Group, che in seguito si fuse con CitiCorp, permettendo a Weill di assumere la direzione di quel gruppo. Weill, che ha un valore stimato di 1,9 miliardi di dollari, è stato anche nominato direttore di "classe A" della Federal Reserve Bank di New York. È senza dubbio un direttore chiave dell'impero Rothschild.

SAMUEL ZELL, che si dice abbia un valore di 6 miliardi di dollari e sia il 52° americano più ricco, ha iniziato la sua ascesa nel settore immobiliare. A un certo punto, la sua società Equity Residential è stata la più grande proprietaria di appartamenti negli Stati Uniti; una società collegata è stata la più grande proprietaria di uffici del Paese. Ha svolto un ruolo importante anche nel settore delle case mobili, attraverso la sua società Manufactured Home Communities. Figlio di immigrati ebrei polacchi, si è spostato anche nel settore dei media e ora è un personaggio chiave di Anixter International, il più grande distributore al mondo di prodotti per le comunicazioni e di fili e cavi elettronici. Soprattutto, nel 2007, Zell ha assunto il controllo della Tribune Company, editore di prestigiosi quotidiani americani come il *Chicago Tribune*, il *Los Angeles Times* e il *Newsday* di New York. È anche proprietario della squadra di baseball Chicago Cubs (che è di proprietà della Tribune Company). Il famoso settimanale ebraico *Forward* ha descritto Zell come un "convinto sionista". Ha fatto numerose donazioni multimilionarie a istituzioni accademiche israeliane e ha finanziato il Centro israeliano per il progresso sociale ed economico, considerato di "destra". Non sorprende che Zell abbia anche sostenuto finanziariamente l'American Jewish Committee, un organismo di estrema destra, e che sia noto per la sua tendenza a fare donazioni politiche agli interessi del Partito Repubblicano.

Tuttavia, come tutti i rappresentanti ebrei del potere, è anche disposto a fare donazioni al Partito Democratico. Di recente è stato annunciato che Zell ha mandato in bancarotta la Tribune Company, dopo aver devastato questa istituzione americana.

A quanto pare, i suoi dipendenti dovranno affrontare la perdita di gran parte dei loro fondi pensione.

KHEDORI ZILKHA è stato per molti anni il moderno patriarca di questa famiglia di ebrei le cui origini risalgono a Babilonia. Erano tra i principi ebrei che regnarono a Babilonia e vi rimasero dopo la fine dell'esilio. Zilkha è stato descritto dal giornale giudeocentrico *New York Sun* (di proprietà, in parte, dell'erede del sindacato criminale ebraico Michael Steinhardt - vedi MICHAEL STEINHARDT) come "una figura imponente che ha dominato il panorama finanziario del Medio Oriente, dell'Europa, dell'America e dell'Asia ed è diventato uno dei principali protagonisti del sistema bancario internazionale ". Ma quanti americani hanno mai sentito parlare della famiglia Zilkha? La dinastia è ora guidata da Ezra Zilkha, che afferma: "La mia famiglia era orgogliosa di far parte della comunità ebraica fondata da

Nabucodonosor. Quando la cattività babilonese finì e molti ebrei tornarono a Gerusalemme, i miei antenati rimasero indietro. Sono sempre consapevole della storia. La mia sensibilità è radicata nell'antichità". Questa famiglia è tra le forze più potenti e ricche dell'impero Rothschild, fedele alle sue radici talmudiche e al sogno del Talmud di dominare il mondo ebraico. *Il New York Sun* ha persino descritto lo stesso Ezra Zilkha come "una leggenda vivente".

MORTIMER ZUCKERMAN. Figura chiave della rete di potere ebraica, Zuckerman ha raggiunto la massima influenza grazie alla sua posizione di ex presidente della Conference of Presidents of Major American Jewish Organizations. Questa posizione da sola gli conferisce un potere significativo, non solo all'interno del movimento "sionista", ma anche all'interno della comunità ebraica nel suo complesso negli Stati Uniti e, per estensione, in tutto il mondo. Tuttavia, ha esteso il suo ruolo e la sua influenza coinvolgendo i media americani. Zuckerman, ovviamente, è conosciuto soprattutto come editore di *US News & World Report*, una delle venerabili e un tempo tradizionalmente conservatrici voci della stampa americana, a lungo considerata l'"alternativa conservatrice" ai liberali *Time* e *Newsweek*, anche se molti critici onesti dei media solleverebbero la questione di quanto *Time* e *Newsweek* fossero realmente "liberali". In ogni caso, sotto l'influenza di Zuckerman, *US News & World Report*, in particolare nei commenti di Zuckerman che appaiono sulle sue pagine, è diventato un portavoce intransigente di Israele e della sua agenda internazionale.

Zuckerman ha iniziato come costruttore e operatore immobiliare a Boston, in collaborazione con elementi della sfera familiare dei Bronfman in Canada, ed è stato grazie a questo che ha accumulato la sua fortuna iniziale.

Oggi Zuckerman controlla altre istituzioni americane come il *New York Daily News* e, fino a poco tempo fa, l'*Atlantic*. Zuckerman è stato classificato come il 188° americano più ricco. Ha svolto un ruolo attivo nell'"ufficio di New York" del Royal Institute of International Affairs dell'impero Rothschild, noto come Council on Foreign Relations, e nel Washington Institute for Near East Policy. In linea con la tradizione dell'impero Rothschild , Zuckerman ha aiutato altre fortune ebraiche a fiorire, in particolare quella del suo protetto, Daniel Snyder, meglio conosciuto come proprietario della squadra di calcio dei Washington Redskins. Snyder è un caso di studio notevole. Sostenuto da Zuckerman e attraverso la Snyder Communications, una piccola azienda a conduzione familiare, il giovane Snyder avviò operazioni di "boiler room" in tutti gli Stati Uniti, raccogliendo i nomi di americani con nomi spagnoli (legali e illegali), compilando elenchi di tali nomi, per poi commercializzarli con carte telefoniche, programmi a lunga distanza, mutui, prestiti auto e offerte di carte di credito. Questa è stata probabilmente la prima operazione di raccolta di nomi di questo tipo, che ha coinvolto la nascente popolazione latina negli Stati Uniti, e non solo ha arricchito Snyder (rendendolo miliardario!) e l'impero Rothschild, ma ha anche stabilito un particolare grado di influenza su questa entità demografica che è sempre più potente in virtù dei suoi numeri. Non è una cosa molto conosciuta, nemmeno dai latini, ma è qualcosa che devono sapere.

Questi sono i "duchi e le duchesse" - i gradi più alti - della corte Rothschild. Ora analizziamo il "terzo" livello: i "signori e le signore" che fanno parte della corte reale della dinastia Rothschild.

Un'illustre Hall of Fame - Nel 2008, il governo israeliano ha ufficialmente istituito una Hall of Shame - una "lista dei nemici" virtuale - che include lo scrittore americano Michael Collins Piper. Ecco un pantheon di personalità americane e non (passate e presenti) accusate di essere "antisemite" o non sufficientemente favorevoli a Israele. E sono solo una manciata!

- Il presidente Richard Nixon
- Il presidente John F. Kennedy
- Il presidente Jimmy Carter
- Il presidente George H.W. Bush
- Presidente Gerald Ford
- Il presidente Harry Truman
- Il senatore Robert F. Kennedy (D-N.Y.)
- Il senatore J. William Fulbright (D-Ark.)
- Il senatore J. William Fulbright (D-Ark.)
- Senatore Charles Percy (R-Ill.)
- Senatore Jim Abourezk (D-S.D.)
- Senatore Adlai Stevenson (D-Ill.)
- Il senatore Ernest F. Hollings (D-S.C.)
- Il senatore Mike Gravel (D-Alaska).
- Rappresentante Cynthia McKinney (D-Ga.)
- Rep. Paul Findley (R-Ill.)
- Rappresentante. Pete McCloskey (R-Calif.)
- Ed Zshau (R-Calif.)
- Mary Rose Oakar (D-Ohio)
- Generale George V. Strong (capo dell'intelligence militare - 1942-45)
- Colonnello Sherman Miles (capo dell'intelligence militare)
- Generale George Brown (Presidente degli Stati Maggiori Riuniti)
- Generale Pedro Del Valle (Marines degli Stati Uniti)
- Dottor Mahathir Mohamad
- Thomas Edison
- Carl Jung
- H. L. Mencken
- Theodore Dreiser
- Ernest Hemingway
- Thomas Carlyle
- Henry Adams
- George Eliot
- Jack Kerouac
- Percy Shelley
- H. G. Wells
- D. H. Lawrence
- James Russell Lowell
- Henry Miller
- Rappresentante Mervin Dymally (D-Calif.)
- Rappresentante Gus Savage (D-Ill.)
- Rep. John R. Rarick (D-La.)
- Rappresentante Steve Stockman (R-Texas)
- Rep. Jim Traficant (D-Ohio)
- Rappresentante Earl Hilliard (D-Ala.)
- Bill Scranton, ambasciatore delle Nazioni Unite
- Ambasciatore delle Nazioni Unite Andrew Young
- Governatore John B. Connally (D-Texas)
- Il Segretario alla Difesa James Forrestal
- Segretario alla Difesa Caspar Weinberger
- Segretario di Stato James Baker
- Il generale George Patton
- Il generale George C. Marshall
- Generale George Stratemeyer
- Generale Albert Wedemeyer
- Il colonnello Charles A. Lindbergh
- Generale Robert Wood
- Maggiore Generale George Van Horn Moseley (Vice Capo di Stato Maggiore dell'Esercito USA)
- Ammiraglio Thomas Moorer (Presidente degli Stati Maggiori Riuniti)
- W. A. Carto
- Walt Disney
- Henry Ford
- Truman Capote
- Lord Byron
- Nathaniel Hawthorne
- Henry James
- F. Scott Fitzgerald
- T. S. Eliot
- Washington Irving
- Gore Vidal
- Rudyard Kipling
- C. Northcote Parkinson
- Franz Liszt
- Somerset Maugham
- Eugene O'Neill
- Ezra Pound
- George Bernard Shaw
- Richard Wagner

CAPITOLO XII

I "Signori" dell'aristocrazia ebraica americana: il terzo livello delle famiglie di corte Rothschild

Le informazioni che seguono si basano in gran parte sui profili di circa 180 famiglie ebraiche nominate (e spesso collegate tra loro) pubblicati in un "numero speciale di tributo" (datato 1997-1998, vol. 21, n. 10) della rivista *Avenue* di New York - una rivista "mondana" con scarsa diffusione al di fuori della cerchia di coloro che amano leggere le mode e le manie dell'élite del potere.

Questo numero speciale, intitolato "Ritratti del successo familiare nella comunità ebraica americana", mette in evidenza i nomi e le attività delle famiglie ebraiche americane, concentrandosi su quelle che sono state attive nella comunità ebraica e nei suoi numerosi sforzi filantropici e politici.

Va notato che esistono letteralmente centinaia, se non migliaia, di organizzazioni comunitarie ebraiche e altre entità, sia a livello locale che nazionale.

Sebbene una manciata di gruppi ebraici come l'American-Israel Public Affairs Committee (AIPAC) e l'Anti-Defamation League (ADL) del B'nai B'rith appaiano frequentemente nei media tradizionali, soprattutto nel contesto delle notizie "politiche", ci sono molte altre entità di questo tipo che sono raramente menzionate se non nei giornali della comunità ebraica che, ovviamente, non sono una lettura "quotidiana" per l'americano medio.

Per quanto riguarda il termine "filantropo" - come usato qui - è usato in modo piuttosto generico, poiché molte - se non la maggior parte - delle famiglie ebraiche sono filantrope solo nei confronti di enti di beneficenza specificamente ebraici, anche se ci sono eccezioni.

L'elenco di *Avenue*, così come è stato presentato, non menziona le numerose organizzazioni benefiche, sia negli Stati Uniti (di orientamento ebraico e non ebraico) sia in Israele, che le famiglie citate hanno finanziato con grande successo sul sito . Abbiamo incluso queste informazioni solo quando una particolare famiglia era strettamente associata a una determinata "causa".

Va inoltre notato che la maggior parte delle famiglie menzionate sembra, dal rapporto di *Avenue*, aver creato una o più fondazioni di famiglia a stretto contatto, che utilizzano per sostenere una serie di cause. La maggior parte - ma non tutte - di queste cause sono di natura ebraica e, molto spesso, legate allo Stato di Israele e a varie agenzie e istituzioni israeliane. Alcuni di questi nomi sono già stati citati nell'elenco riassuntivo del capitolo precedente.

Va da sé, quindi, che i nomi qui elencati costituiscono i "più ricchi tra i ricchi" (e quindi i più potenti) dell'élite ebraica americana, ma questo non vuol dire che i nomi che compaiono qui costituiscano effettivamente un elenco ufficiale degli "ebrei più ricchi d'America". Tutt'altro! Infatti, ci sono molti altri ricchi imprenditori di origine ebraica, , per così dire, che non fanno notizia. Ci sono, ad esempio, molti ricchi criminali ebrei che preferiscono mantenere un basso profilo e non cercano di pubblicizzare se stessi o le loro donazioni alle organizzazioni filantropiche ebraiche. A questo proposito, è improbabile che la rivista *Avenue* sia disposta a rendere omaggio ai "successi" di un criminale ebreo. L'elenco di *Avenue* è quindi incompleto da questo punto di vista.

Per quanto riguarda l'elenco, notate che non troverete Henry Kissinger, per esempio. Pur essendo ricco e potente, la ricchezza e il potere di Kissinger sono sempre stati il risultato della sua evoluzione nella sfera dei ricchi e dei potenti. Kissinger è una figura politica e, in quanto tale, non è altro che un funzionario ben pagato della dinastia Rothschild.

La fama e i "successi" di Kissinger sono, per molti versi, una creazione dei media controllati dagli ebrei, ma a differenza di molti di quelli che compaiono nell'elenco della *Avenue*, egli non è uno dei proprietari dei media *in quanto tale*. Forse questa distinzione è sufficiente per escludere Kissinger dalla lista. Anche se Kissinger siede nel consiglio di amministrazione di molte aziende, compresi i media, è sempre stato più un personaggio pubblico (che si dà il caso sia ebreo) che agisce come un facilitatore per i poteri dietro le quinte, piuttosto che un vero e proprio "motore" a sé stante. Senza il patrocinio di potenti sponsor, Kissinger non sarebbe altro che un altro colorito accademico ebreo.

Inoltre, per la considerazione del lettore, c'è un altro fattore che potrebbe essere notato: Henry Kissinger si è fatto conoscere nella sfera *immediata* della famiglia Rockefeller, che ha sempre funzionato essenzialmente come un satellite dell'impero Rothschild, anche se a volte ha interessi indipendenti in gioco.

Per essere corretti nei confronti dei molti milionari - e forse miliardari - ebrei americani che non sono stati onorati dalla lista di "successi familiari" di *Avenue* e che non sono necessariamente coinvolti in atti criminali, vale la pena notare che molti di loro hanno accumulato una grande ricchezza ma non hanno cercato il plauso pubblico, il riconoscimento delle riviste mondane o l'onore della propria comunità ebraica.

Quindi ci sono sicuramente molte altre fortune ebraiche che non sono state menzionate nell'elenco compilato da *Avenue*. Ma l'elenco di Avenue è davvero molto completo e, in quanto documento dei principali attori - dal punto di vista finanziario - dell'"alta società" ebraica, è certamente un documento prezioso (francamente, l'autore non ha mai visto nulla di così completo). (È probabile che si possa affermare che, sebbene i nomi ebraici costituiscano una parte considerevole dell'elenco annuale delle 400 famiglie più ricche d'America stilato da *Forbes,* un elenco secondario di quelli che potrebbero essere chiamati "*Forbes* 800" - cioè un elenco del gruppo successivo di 400 famiglie ricche dopo le prime 400 - includerebbe senza dubbio praticamente tutti i nomi che compaiono nell'elenco di *Avenue* qui riassunto. In breve, mentre gran parte della ricchezza ebraica è accumulata ai vertici, c'è un'accumulazione ancora maggiore nella "terra di mezzo", molto più ampia, delle famiglie ricche americane.

Detto questo, diamo un'occhiata ai "signori e alle signore" dell'aristocrazia ebraica - il "terzo livello" (per così dire) della corte Rothschild

ABISSO. Miami, Florida. Controlla la City National Bank of Florida. Tra i membri figurano Leonard Abess e Allan Abess, Jr.

ALTHEIM. New York City. Philip e Barbara Altheim controllano Forest Electric, una filiale di EMCOR e la più grande società di costruzioni elettriche del mondo. I loro figli e figlie sono Marc, Jill e Gary.

ANNENBERG. Filadelfia. A lungo guidata dal defunto Walter Annenberg, che è stato ambasciatore degli Stati Uniti in Inghilterra, nominato da Richard Nixon. Impero delle Triangle Publications. Pubblica *TV Guide* e il *Philadelphia Inquirer*.

ARRESTO. Miami. Il figlio di Ted, Micky, controlla ora l'impero di famiglia, che comprende la linea di crociere, gli hotel, i resort e la squadra di basket Miami Heat. Ted Arison è tornato in Israele.

ARNOW-WEILER. Boston. Jack Weiler, di origine russa, ha unito le forze con Benjamin Swig per lo sviluppo commerciale, rilevando sette milioni di metri quadrati. Sua figlia Joan, suo marito Robert Arnow e il loro figlio David gestiscono ora l'impero. Hanno un figlio, Noah.

BARNETT. Fort Worth, Texas. Ha gestito gli hotel Hilton in Israele. Louis Barnett e sua moglie Madlyn (nata Brachman, vedi BRACHMAN) hanno un figlio, Eliot, che si occupa dello sviluppo di centri commerciali. La famiglia è anche coinvolta nel settore immobiliare, farmaceutico e petrolifero. La famiglia finanzia il Barnett Institute of Biotechnology della Northeastern University.

BELFER. New York. Rifugiati dalla Polonia, Arthur e Rochelle Belfer fondarono la famiglia oggi guidata da Robert Belfer e dalle figlie Selma Ruben e Anita Saltz. Arthur Belfer era coinvolto nel settore del petrolio e del gas, che in seguito si è evoluto nella famigerata società Enron. [Per saperne di più sulla "connessione ebraica" di Enron, si veda *The New Jerusalem* di Michael Collins Piper. Suo figlio Robert faceva parte del comitato esecutivo di Enron, ma è sfuggito all'attenzione dei media.

BELZ. Memphis. La Belz Enterprises e il Peabody Hotel Group (Memphis) fanno parte del patrimonio familiare creato da Philip Belz, che si è dedicato al settore immobiliare e alla gestione. Suo figlio Jack Belz e sua moglie Marilyn gestiscono l'azienda di famiglia. La figlia Jan, sposata con Andrew Groveman, ha iniziato a farsi un nome, attiva nel campo dell'emigrazione ebraica sovietica.

BELZBERG. Canada-New York-Israele. Sam Belzberg gestisce la Gibralter Capital. Moglie: Frances. Sua figlia Wendy (redattrice dell'influente giornale ebraico *Forward*) è sposata con Strauss Zelnick, direttore di BMG Records. Sua figlia Lisa è sposata con Matthew Bronfman (vedi BRONFMAN). La famiglia è uno dei finanziatori originali del Centro Simon Wiesenthal. Il loro ex rabbino, Marvin Heir, si è trasferito dal Canada a Los Angeles dove ha fondato il Centro.

BENARD-CUTLER. Boston. Con i suoi soci -heldon Adelson, Irwin Chafetz e Jordan Shapiro- Ted Benard-Cutler dirige il gruppo Interface, che ha progettato Comdex, una fiera mondiale per l'industria dei computer e delle comunicazioni. Comdex è stata venduta alla società giapponese Softbank nel 1995. Benard-Cutler e Chafetz gestiscono ora la GWV International, che organizza tour nel New England. Benard-

Cutler e sua moglie Joan hanno figli, Joel e Robert, e una figlia, Ellen Colmas.

BERNHEIM. New York. L'agente di cambio Leonard Bernheim fu socialmente superato dalla moglie Elinor Kridel Bernheim, attiva negli affari ebraici a New York, e dai figli Charles e Leonard.

BINSWANGER. Filadelfia. Isidore Binswanger è il fondatore del Maimonides College, il primo collegio rabbinico sulle coste americane. Suo figlio Frank ha creato una gigantesca società immobiliare internazionale con 20 uffici negli Stati Uniti e in Canada. È attivo anche in Giappone e in altri Paesi dell'Asia e dell'Europa. Frank Jr. e John Binswanger sono attivi nell'azienda di famiglia. Il figlio Robert dirige il Dartmouth College of Education.

NERO. New York. Leon Black è un ex amministratore delegato di Drexel Burnham Lambert e attualmente presidente di Apollo Advisors LP e della sua controllata Lion Advisor, LP.

BLAUSTEIN. Baltimora. Louis Blaustein iniziò vendendo paraffina, prima di fondare l'American Oil Company (AMOCO). Suo figlio ed erede Jacob è stato definito "il capo titolare della comunità ebraica americana" e ha svolto un ruolo importante nei primi anni delle Nazioni Unite. Le sorelle Fanny Thalheimer e Ruth Rosenberg. Altri membri della famiglia sono David Hirschhorn, Barbara Hirschhorn, Mary Jane Blaustein, Arthur Roswell, Elizabeth Roswell, Jeanne Blaustein Borko, Susan Blaustein Berlow.

BLOCCO. New York. Alexander Block ha fondato la Block Drugs, che ha poi prodotto Polident, Nytol e Sensodyne. Il figlio Leonard, il nipote Thomas e la nipote Peggy Danziger (moglie di Richard Danziger) sono attivi nell'azienda di famiglia.

BLOOMBERG. New York. Eletto sindaco di New York nel 2001, Michael Bloomberg ha iniziato a lavorare alla Salomon Brothers prima di creare un impero multimediale che fornisce articoli ai giornali e una rete televisiva satellitare diretta a casa 24 ore al giorno.

BLUMENTHAL. Charlotte, Carolina del Nord. Herman Blumenthal dirige la Radiator Speciality Company, che produce circa 4.000 prodotti automobilistici. Lui e sua moglie Anita hanno tre figli, Alan, Philip e Samuel, che svolgono un ruolo attivo nelle attività dell'azienda e nelle attività "filantropiche" della famiglia.

BRACHMAN. Fort Worth. Il fondatore della famiglia, Leon Brachman, ha avviato un'attività di produzione di prodotti chimici e si è diversificato creando la Computerized Business Systems, che progetta programmi per piccole imprese. Suo figlio Marshall è associato all'American-Israel Public Affairs Committee (AIPAC) di Washington. La figlia Wendy vive in Israele. Il membro della famiglia Madlyn si è sposato con la famiglia Barnett di Ft.Worth (vedi BARNETT).

BRAMAN. Miami. Norman Braman ha iniziato a Philadelphia dove ha creato i Keystone Discount Stores (38 negozi). Con la moglie Irma si è ritirato a Miami dove gestisce una catena di concessionarie di auto. Ex proprietario dei Philadelphia Eagles.

BROAD. Los Angeles. Eli Broad ha fondato SunAmerica, Inc. una società di servizi finanziari. Co-proprietario dei Sacramento Kings, è anche noto come collezionista di arte contemporanea.

BUTTENWIESER. New York. Il defunto Benjamin Buttenwieser è stato socio dell'impero bancario Kuhn-Loeb e ha ricoperto il ruolo di vice-alto commissario degli Stati Uniti in Germania dopo la seconda guerra mondiale. Sua moglie, Helen, era un membro della famiglia bancaria Lehman Brothers. Il figlio Lawrence è socio dello studio legale Rosenman & Colin di New York. Il figlio Peter è stato preside di una scuola secondaria di Filadelfia ed è legato alle attività delle Fondazioni Ford e Danforth (non ebraiche). Il figlio Paul è psichiatra e romanziere a Belmont, Massachusetts.

CARDIN. La ricchezza del defunto marito di Shoshana Cardin, il magnate del settore immobiliare Jerome Cardin, le ha permesso di salire nella comunità ebraica come prima donna presidente della Conferenza dei Presidenti delle principali organizzazioni ebraiche americane e presidente dell'United Israel Appeal. Sua figlia Nina è stata una delle prime donne ad essere ammessa come rabbino conservatore. Suo figlio Sandy dirige la Fondazione Schusterman a Tulsa, Oklahoma.

CARTER. Si dice che Victor Carter si sia "specializzato nel risanamento di aziende in fallimento", ma è noto soprattutto per aver gestito United Way, City of Hope e Israel Bonds. Sua moglie Andrea è impegnata nella Country Music Commission.

CHANIN. New York. I fratelli Irwin e Henry Chanin sono stati importanti immobiliaristi a New York all'inizio del XX secolo. Il figlio di Irwin, Marcy, e sua moglie Leona Feifer Chanin (prima vicepresidente dell'American Jewish Congress) hanno dei figli: due di loro sono avvocati, James Chanin di Oakland, California, e Ann Glazer di Los Angeles. Un'altra figlia, Nancy Sneider, vive a Boca Raton, in Florida. Il figlio di Irwin, Paul Chanin, vive ad Aspen, in Colorado, dove ha sede la fondazione di famiglia. Gestisce il famoso ristorante Pinon's come attività secondaria.

COHEN. New Orleans. Rosalie Cohen, figlia del fondatore della Universal Furniture Leon Palter, è un'importante figura della potente comunità ebraica della Crescent City.

CONE. Una grande famiglia ebrea del Sud (discendente dei primi 13 figli di Herman Cone) che divenne ricca grazie a Cone Mills, il più grande produttore di jeans del mondo.

CORWIN. Los Angeles. Bruce C. Corwin è presidente della Metropolitan Theatres Corporation, che possiede cinema e concessioni di popcorn. Sostenitori della "conservatrice" Pepperdine University di Malibu.

CORONA. Chicago. Henry Crown, ora deceduto, era strettamente legato alla criminalità organizzata di Chicago e costruì un importante impero immobiliare basato sulla Material Service Corp, un'azienda di materiali da costruzione. Nel 1959, la famiglia assunse il controllo dell'appaltatore della difesa General Dynamics. La famiglia Crown ha svolto un ruolo importante nel finanziamento del programma segreto di sviluppo di armi nucleari di Israele. Il figlio Lester è ora il capo della famiglia. Il figlio Dan gestisce i cinema Crown.

CUMMINGS. Chicago. Nathan Cummings ha fondato il conglomerato di produzione alimentare meglio conosciuto per i prodotti "Sara Lee". I suoi tre figli e dieci nipoti portano avanti la fondazione di famiglia.

DAVIDSON. Detroit. William Davidson rileva l'azienda di parabrezza dello zio, che diventa Guardian Industries, il quinto produttore di vetro al mondo. Proprietario della squadra dei Detroit Pistons. Il William Davidson Institute, finanziato da Davidson presso la School of Business Administration dell'Università del Michigan, è entrato nelle economie di recente sviluppo dell'Europa orientale.

DEUTSCH. Santa Monica. Carl Deutsch gestisce i servizi immobiliari e di gestione della famiglia.

DURST. New York. Joseph Durst e i suoi tre figli, Seymour, David e Royal, nonché i suoi nipoti Douglas, Robert, Jonathan e Joshua, hanno sviluppato ampie aree della Third Avenue e del West Side di New York.

EISNER. Los Angeles. Michael Eisner ha organizzato la fusione tra Capital Cities, proprietaria della ABC e di altre proprietà. Ha assunto il controllo della Walt Disney Company nel 1984. Nipote del cofondatore della American Safety Razor Co.

EPPLER. Cleveland-Palm Beach. Heinz Eppler, di origine tedesca, ha rilevato Miller-Whol e ha fatto crescere l'azienda fino a 420 negozi di abbigliamento femminile, venduti nel 1984 a Petrie Stores Corporation. Suo figlio David ha sede a Washington.

EVERETT. Descritti come "investitori privati di successo", Henry ed Edith Everett sono attivi in varie filantropie ebraiche. Anche il figlio David è attivo negli affari ebraici.

FEINBERG. Chicago. Rueben Feinberg è presidente della Jefferson State Bank di Chicago.

FELDBERG. Boston. Sumner e Stanley Feinberg, cugini, hanno fondato i negozi T.J. Maxx (oltre 500 punti vendita), Hit or Miss (500 punti vendita) e il catalogo Chadwick.

FELDMAN. Dallas. Jacob "Jake" Feldman, ora deceduto, ha fondato Commercial Metals, un'importante società quotata in borsa a New York. Suo figlio ed erede Robert era attivo nella comunità ebraica di Dallas.

FEUERSTEIN. Westport, Connecticut-Newport Beach, California-Los Angeles-New York City. Eredi di Aaron Feurstein, proprietario dell'impero tessile Malden Mills, che produceva tessuti Polartec da bottiglie di plastica riciclate. Il fratello di Aaron, Moses, era una figura di spicco dell'ebraismo ortodosso americano. Il figlio di Moses, Morty, è a capo della comunità ortodossa di Vancouver, in Canada.

FISHER. New York. Fondata da Zachary e Lawrence Fisher, è un'importante famiglia di promotori immobiliari di New York.

MAX FISHER. Detroit. Importante industriale petrolifero e personaggio chiave negli affari del Partito Repubblicano, Max Fisher ha una relazione d'affari di lunga data con Israele e l'intelligence israeliana. *La National Police Gazette* (dicembre 1974) lo descrive come uno dei potenti "uomini misteriosi" che hanno detto al politico repubblicano del Michigan Gerald Ford (futuro Presidente degli Stati Uniti) "cosa fare e quando farlo". (In *Final Judgment*, lo studio di questo autore sulla cospirazione per l'assassinio di JFK, abbiamo descritto il legame Ford-Fisher - e i legami di Fisher con l'intelligence israeliana - alla luce del ruolo di Ford nella Commissione Warren, che apparentemente "indagava" sull'assassinio di JFK, ma che in realtà serviva a nascondere il legame israeliano a lungo segreto con l'assassinio del Presidente).

FRIEDMAN. Mill Valley, California. Eleanor Friedman - una delle tante eredi dei miliardi di Levi Strauss - e suo marito, Jonathan Cohen, sono i fondatori del New Israel Fund, considerato una delle fondazioni "liberali" che difendono cause di sinistra in Israele, in particolare i diritti delle donne, il pluralismo religioso e il miglioramento delle relazioni con i palestinesi cristiani e musulmani.

GERBER. Chicago. Max Gerber fondò la Gerber Plumbing Fixtures Company, oggi controllata dalla figlia Harriet Gerber Lewis e dai figli Alan e Ila.

GIDWITZ. Chicago. Gerald Gidwitz è presidente dell'azienda di prodotti per la cura della persona Helene Curtis. Suo figlio Ronald è presidente della società, che è stata acquistata da Unilever nel 1996. La famiglia possiede anche la Continental Materials Corporation, che produce apparecchiature per il riscaldamento e il condizionamento dell'aria.

GODCHAUX. New Orleans. Eredi di Godchaux Sugar, un tempo il più grande produttore di zucchero della Louisiana, e dei famosi grandi magazzini Godchaux di New Orleans. I membri della famiglia sono sparsi in tutti gli Stati Uniti.

ORO. Los Angeles. Stanley Gold gestisce la Shamrock Holdings, una società di investimenti diversificati associata agli eredi Disney. È uno dei principali investitori della Koor Industries, la più grande azienda industriale israeliana. Ha un figlio, Charles, e una figlia, Jennifer.

GOLDSMITH. New York. Diversi figli di Grace, moglie dell'agente di cambio Horace Goldsmith - James, William e Thomas Slaughter - controllano la fondazione creata grazie alla generosità di Goldsmith. Anche Richard e Robert Menschel, due banchieri della Goldman Sachs che sono cugini, sono coinvolti nelle attività della famiglia.

GOLDENBERG. Filadelfia. Eredi di una fortuna nel settore dei dolciumi e delle barrette di cioccolato, che produce le Goldenberg Peanut Chew, l'unico prodotto dell'azienda. I membri della famiglia sono Carl, Ed e David.

GOTTSTEIN. Alaska. Barney Gottstein. Dirige la Carr Gottstein Foods, con sede ad Anchorage, la più grande azienda dell'Alaska, che si occupa di supermercati, alimentari all'ingrosso e immobili. È un ex vicepresidente nazionale dell'AIPAC, il gruppo di pressione israeliano, e ha fatto parte del Comitato nazionale democratico. Suo figlio Robert lavora a stretto contatto con l'evangelista cristiano pro-Israele Pat Robertson per promuovere le cause ebraiche.

GRASSO. Scranton, Pennsylvania. Alex Grass ha portato il Thrift Discount Center nel piccolo stato di Keystone City al livello successivo e ha creato più di 2.700 farmacie Rite Aid in 23 Stati, con filiali come Auto Palace (ricambi auto), Concord Custom Cleaners, Encore Books e Sera-Tec Biologicals. È stato presidente dell'Università Ebraica di Israele. Tra i suoi figli figurano i figli Martin e Roger.

ALAN GREENBERG. New York. Alan "Ace" Greenberg è stato presidente di Bear Stearns e si è impegnato in molte cause ebraiche.

MAURICE GREENBERG. New York. Conosciuto come "Hank" Greenberg, questo barone delle assicurazioni prese il controllo di American International (AIG) e fu attivo in Estremo Oriente. Svolge un ruolo importante nell'influente Council on Foreign Relations. I suoi figli sono Jeffrey, Evan, Lawrence "Scott" e la figlia Cathleen.

GRUSS. New York. Joseph Gruss è stato attivo nell'esplorazione di petrolio e gas in Texas, Oklahoma e Wyoming e ha fondato la Gruss & Company, che si occupa di fusioni e acquisizioni di petrolio e gas. Il marito della figlia Evelyn, Kenneth Lipper, avvocato, è un banchiere d'investimento ed ex vicesindaco di New York per le finanze. Il figlio Martin si occupa di corse di cavalli.

GUMENICK. Miami. Nathan Gumenick ha costruito e posseduto 10.000 appartamenti e 500 case a Miami, diventando il primo costruttore di grattacieli nella mecca ebraica dei pensionati. È stato uno dei principali sostenitori del Museo Memoriale dell'Olocausto degli Stati Uniti durante il suo sviluppo. Suo figlio Jerome è attivo nella comunità ebraica di Richmond, in Virginia.

HAAS. I membri di questa famiglia immensamente ricca sono gli eredi della fortuna dell'abbigliamento Levi-Strauss. In totale, il patrimonio combinato dei vari membri della famiglia li rende senza dubbio la famiglia più ricca del Paese.

HALPERN. Sam Halpern e suo fratello Arie - immigrati di origine polacca giunti in America - sono stati fortemente coinvolti nella costruzione dei resort in Israele. È chiaro che gli Halpern hanno accumulato la loro fortuna sul mercato nero dell'Unione Sovietica e successivamente nell'industria edilizia degli Stati Uniti.

HASSENFELD. New York-Rhode Island. Eredi dell'impero Hasbro, produttore di Mr. Potato e GI Joe, la più grande azienda di giocattoli al mondo. Tra i membri della famiglia figurano Alan e Harold.

HASTEN. Indianapolis, Indiana. Hart e Mark Hasten hanno sviluppato una catena di 1.500 centri di convalescenza e sono stati coinvolti nel settore bancario e immobiliare, compresa la holding di famiglia, Hasten Bancshares, Inc. Hart è vicino al blocco del Likud in Israele.

HECHINGER/ENGLAND. Washington, D.C. Nati dalla catena di ferramenta Hechinger nella National Capital Region, John Hechinger e Ross Hechinger. Richard England si sposò con la famiglia Hechinger. Suo figlio Richard ha fatto parte del comitato esecutivo dell'American-Israel Public Affairs Committee (AIPAC).

GOTTESFELD HELLER. Fanya Gottesfeld Heller, vedova dell'investitore Joseph Heller, rivendica la sua fama non solo per la generosità del marito, che distribuisce a cause ebraiche, ma anche per aver scritto un libro di memorie molto apprezzato sui suoi anni come "sopravvissuta all'Olocausto" di origine ucraina.

HEYMAN. New York-Connecticut. Sam Heyman e sua moglie Ronnie (entrambi laureati a Yale e Harvard) sono diventati ricchi grazie al coinvolgimento di Sam nella GAF Corporation, un'importante azienda produttrice di materiali edili e prodotti chimici. In 1991, Sam ha scorporato la divisione chimica, che ora è una società quotata in borsa nota come International Specialty Products. La signora Heyman (nata Feuerstein, vedi FEUERSTEIN) è stata compagna di corso di legge di Hillary Rodham Clinton.

HOCHBERG. New York e Chicago. Eredi di Joseph Hochberg, che gestiva Children's Bargaintown USA. Suo figlio Larry è presidente di Sportmart, una catena di articoli sportivi.

HOFFMAN. Dallas, Texas. Edmund Hoffman ha fatto fortuna come primo imbottigliatore e distributore di Coca-Cola (con sede a Dallas) nel sud-ovest del Texas. Suo figlio Richard è un medico di successo in Colorado. Suo figlio Robert è uno dei fondatori della rivista umoristica National Lampoon.

JESSELSON. New York. Michael, Daniel e Benjamin sono gli eredi di Ludwig Jesselson, che divenne amministratore delegato di Philipp Brothers, uno dei maggiori mercati mondiali per oltre 150 materie prime, tra cui acciaio, petrolio greggio, prodotti chimici e cemento.

L'azienda è stata successivamente acquisita da Salomon Brothers, Inc, banca internazionale.

KAPLAN. New York. Stanley Kaplan è il mago dell'istruzione che sta dietro ai corsi di formazione SAT che gli studenti delle scuole superiori usano per prepararsi agli esami di ammissione al college. Stanley dice di essere particolarmente interessato allo sviluppo di "leader" nelle comunità nere e ispaniche, , che per i leader neri e ispanici di base significa sviluppare personalità nere e ispaniche che eseguiranno gli ordini dell'élite ebraica americana.

KEKST. New York. Gershon Kekst è a capo della società di comunicazione aziendale e finanziaria Kekst and Company. È figlio di David e di sua moglie Carol.

KLINGENSTEIN. New York. Tra gli eredi del dottor Percy Klingenstein, primario di chirurgia al Terzo Ospedale Generale dell'esercito americano, ci sono Frederick Klingenstein, banchiere d'investimento, e John Klingenstein.

KRAFT. Boston. Robert Kraft, proprietario dei New England Patriots, ha fatto fortuna fondando la International Forest Products, una delle più grandi aziende private di carta e imballaggi del Paese.

KRAVIS. Tulsa. La fortuna della famiglia è stata creata da Raymond Kravis, un consulente per il petrolio e il gas i cui clienti includevano Joseph P. Kennedy e la Chase Bank controllata da Rockefeller. I suoi figli Henry e George si unirono al cugino George Roberts e portarono fama e fortuna internazionale alla loro società Kohlberg Kravis Roberts & Company nelle operazioni di leveraged buyout degli anni '80. Furono acquisite 36 società, tra cui RJR Nabisco. Il team Kohlberg-Kravis era strettamente legato alla politica repubblicana dell'epoca.

KRIPKE. Omaha. Buone relazioni! Myer Kripke era un rabbino di Omaha, Nebraska, la cui moglie, Dorothy, scriveva libri per bambini. Alla moglie del leggendario investitore miliardario (non ebreo) Warren Buffet, che vive a Omaha, piacquero i libri della signora Kripke e le due donne divennero amiche. Di conseguenza, i Kripke furono invitati a diventare "modesti investitori" nella società Berkshire Hathaway di Buffet e intascarono una grossa somma di denaro. Il figlio Paul è professore di filosofia a Yale.

LAUDER. New York. Leonard e Ronald Lauder sono gli eredi della fortuna dei cosmetici Estee Lauder. Ronald è stato anche ambasciatore degli Stati Uniti in Austria e presidente del Jewish National Fund. Nel 1989 si è candidato a sindaco di New York con i Repubblicani.

THOMAS H. LEE. Boston. Thomas H. Lee, operatore di leveraged buyout, ha fatto un sacco di soldi vendendo la sua azienda di bibite Snapple alla Quaker Oats. Ora, come tutti i giovani ebrei di buona famiglia, è un filantropo.

LEHMAN. Skokie, Illinois. Da non confondere con la famiglia newyorkese "Our Crowd" di banchieri internazionali ebrei-tedeschi, la famiglia Lehman - guidata da Kenneth Lehman - ha fatto i soldi grazie all'azienda di famiglia, la Fel-Pro Incorporated, produttrice di ricambi per auto. A suo merito, Lehman non è uno schiavista. La sua azienda offre ai suoi dipendenti numerosi benefit e tutti i tipi di doni finanziari e borse di studio.

PRESTATORE. Connecticut. Marvin e Murray Lender sono magnati dei bagel surgelati che hanno venduto la loro azienda e stanno dedicando la loro fortuna a cause ebraiche.

LEVENTHAL & SIDMAN. Boston. Soci di Beacon Properties, il più grande fondo di investimento immobiliare degli Stati Uniti, Edwin Sidman e Alan Leventhal hanno quotato la loro società nel 1994 e hanno esteso i loro interessi a livello nazionale. Leventhal è stato strettamente associato alle attività politiche di Bill Clinton.

LEVIN. New York. Gerald Levin, diventato amministratore delegato dell'impero Time Warner controllato dalla famiglia Bronfman, ha iniziato come luogotenente di Lewis Strauss, il capo ebreo della Commissione per l'Energia Atomica. Sebbene non vi siano documenti pubblici che lo indichino, si può scommettere che Levin e Strauss siano stati determinanti per "aiutare" Israele a dotarsi di armi atomiche. Oggi Levin è membro del Council on Foreign Relations, controllato dai Rothschild. Una figura mediatica di primo piano.

LEVINSON. New York. La vedova di Morris Levinson, Barbara, è diventata una figura di spicco nella comunità ebraica distribuendo la ricchezza accumulata da Morris come conglomerato di prodotti alimentari e cosmetici che si è fuso con Nabisco. Morris è anche uno dei fondatori del Centro per gli Studi Democratici, descritto come "il principale think tank". Suo figlio Adam risiede a Tallahassee, in Florida, ma è attivo negli affari ebraici a livello nazionale. Il figlio Joshua è professore alla Hebrew University. La figlia Judy è sposata con John Oppenheimer.

LEVY. Dallas, Texas. I fratelli Irving, Milton e Lester Levy controllano la NCH Corp. che produce e distribuisce prodotti per la pulizia a hotel, agenzie governative e aziende industriali. Anche i loro quattro figli lavorano nell'azienda di famiglia.

LEON LEVY. New York. Leader dell'élite ebraica sefardita americana (a cui Stephen Birmingham rende omaggio nel suo libro *The Grandees*), Leon Levy ha fatto fortuna come amministratore delegato della Urban Substructures, Inc. che si occupava della costruzione e dell'ingegneria di molte proprietà di rilievo a New York. Levy è stato anche presidente della Conferenza dei presidenti delle principali organizzazioni ebraiche americane. I suoi figli sono Mark, Mimi, Judy e Janet. Sua moglie Elsi è una musicista professionista.

LIPPERT. New York. Albert e Felice Lippert hanno fatto milioni di dollari aiutando milioni di persone a perdere peso. Insieme a Jean Nidetch, una corpulenta casalinga ebrea che aveva creato gruppi di sostegno alla dieta, hanno creato Weight Watchers International e venduto l'attività di successo a Heinz Foods nel 1978. Figli Keith e Randy.

ELENCO. New York. Albert List ha successo nella distribuzione di elettrodomestici, poi si diversifica e prende il controllo della Hudson Coal Company, mettendo insieme un conglomerato che comprende la catena di cinema RKO.

LOEB. New York. Carl Morris Loeb, ora deceduto, fece milioni con l'American Metal Co. e fondò la Loeb Rhoades (ora Shearon Lehman/American Express). Il figlio di Carl, John, ha sposato la figlia di Arthur Lehman di Lehman Brothers. John Loeb ha due figli, Arthur e John Jr (che è stato ambasciatore degli Stati Uniti in Danimarca), e sua figlia Ann ha sposato Edgar Bronfman, da cui ha avuto un figlio, Edgar Bronfman Jr. Questi matrimoni tra famiglie ebraiche illustrano come l'élite ebraica mantenesse la propria ricchezza "nella tribù", per così dire. Questa famiglia Loeb non deve essere confusa con la famiglia Loeb dell'impero bancario Kuhn Loeb, alleata dei Rothschild, un'altra grande fortuna ebraica.

LOWENBERG. San Francisco. William Lowenberg, sopravvissuto all'Olocausto e capo della Lowenberg Corporation, è un importante promotore immobiliare di San Francisco, uno dei principali centri di ricchezza ebraica in America. Suo figlio David porta avanti il nome della famiglia e il suo impegno negli affari ebraici.

MACK. New York. H. Bert Mack ha iniziato con le demolizioni ed è stato responsabile di importanti operazioni nei siti dove sono state costruite le Nazioni Unite, la New York World's Fair e il Triboro Bridge. Oggi la Mack Company è un importante promotore immobiliare. I suoi figli sono Earl, Bill, David e Fred.

MANDEL. Cleveland. Morton, Jack e Joseph Mandel hanno creato la Premier Industrial Corporation, che oggi è uno dei principali attori nella produzione di prodotti elettronici. Hanno fuso Premier con Farnell Electronics, un'azienda britannica, per formare Premier Farnell PLC.

MARCUS. Dallas. È la famiglia dei famosi grandi magazzini Nieman-Marcus. Sebbene la società sia stata venduta nel 1969, Stanley Marcus è rimasto nel consiglio di amministrazione per diversi anni. È stato anche presidente dell'American Retail Federation.

BERNARD MARCUS. Atlanta. L'impero di Home Depot, il più grande del Paese, è opera di Bernard Marcus, i cui figli, Fred, Morris e Suzanne, sono gli eredi della fortuna.

MERKIN. New York. Hermann Merkin ha fondato la banca d'investimento Merkin & Co. di cui fanno parte il figlio Sol e il genero Andrew Mendes. La figlia Daphne è editorialista *del New York Times*.

MEYERHOFF. Baltimora. Harvey Meyerhoff, magnate dell'edilizia e dei centri commerciali, è stato il primo presidente dell'U.S. Holocaust Memorial Museum di Washington e presidente della United Way. Suo figlio Joseph Meyerhoff II è una personalità di spicco di Baltimora, così come sua figlia Terry Rubenstein e Zoh Hieronimus, noto conduttore radiofonico.

MEYERSON. Dallas. La fama di Mort Meyerson è la sua associazione con Ross Perot, che si dice sia stato il suo "braccio destro" come Presidente di Electronic Data Systems e poi come CEO di Perot Systems Corporation.

LATTE. New York-Los Angeles. I famigerati fratelli Milken - Michael e Lowell - sono saliti alla ribalta durante gli scandali finanziari degli anni '80, ma rimangono figure di spicco nella comunità ebraica globale e sono rispettati dai "conservatori" che ammirano la pirateria di Milken.

MILLSTEIN. New York. Ira Millstein è socio dell'influente studio legale newyorkese Weil Gotshal & Menges e ha insegnato alla Yale School of Management e alla New York University School of Law. Ha fatto parte di numerose commissioni governative e della National Association of Corporate Directors.

MILSTEIN. New York. La Circle Floor Company, fondata da Morris Milstein, ha posato i pavimenti del Rockefeller Center e delle Nazioni Unite, ma i figli di Morris, Seymour e Paul, hanno sviluppato l'azienda di famiglia, la Milstein Properties, in una grande impresa immobiliare, proprietaria di hotel, uffici e appartamenti. Per un certo periodo controllarono anche l'impero internazionale United Brands e, nel 1986, acquistarono la Emigrant Savings Bank. I membri della famiglia Howard ed Edward controllano Douglas Elliman, una società di gestione e intermediazione immobiliare, e Liberty Cable Television Company.

MUSHER. New York. Sidney Musher è stato un dirigente farmaceutico che ha svolto un ruolo importante nell'apertura del mercato americano ai prodotti israeliani. I suoi figli David e Daniel sono medici.

NAGEL. Los Angeles. La Nagel Construction Company finanzia l'attività di Jack e Gitta Nagal, entrambi sopravvissuti all'Olocausto. I loro figli sono Ronnie, David e Careena, residenti a Los Angeles. La figlia Esther vive a Englewood, nel New Jersey.

NASH. New York. Con il suo socio Leon Levy (vedi LEON LEVY), Jack Nash è stato uno dei fondatori del fondo di private equity di grande successo Odyssey Partners. Suo genero è l'investitore George Rohr. La moglie di Jack, Helen, è una sofisticata autrice di libri di cucina kosher.

NASHER. Dallas. Altro membro dell'élite ebraica texana, Raymond Nasher è stato un importante sviluppatore di centri commerciali, tra cui il famoso NorthPark, uno dei suoi successi.

OFFIT. New York. Ex direttore di Salomon Brothers, Morris Offit ha poi lanciato la propria banca d'investimento, Offitbank, e la propria società di consulenza sugli investimenti, Offit Associates.

PERLA. Dallas. Stanley Pearle, optometrista, ha fatto fortuna con i famosi Pearle Vision Centers, i più grandi rivenditori di occhiali del mondo.

PECK. New York. Stephen e Judith Peck sono due personalità ebraiche di alto profilo sociale. Lui ha presieduto il consiglio di amministrazione del famoso Mt. Sinai Hospital e lei ha presieduto il consiglio di amministrazione della United Jewish Appeal-Federation. La nuora, Stephanie Rein, e il figlio, Emmanuel, sono grandi nomi dell'imprenditoria ebraica newyorkese.

PERELMAN. Nato a Philadelphia, è l'erede della Belmont Industries. Nato a Filadelfia, erede della Belmont Industries, un'azienda metalmeccanica che è diventata una holding per diverse altre società della regione, Ronald Perelman controlla oggi più di 44 società dell'impero MacAndrew & *Forbes*. Tra le sue partecipazioni più note ci sono Revlon, il gigante dei cosmetici, Coleman Co. (che produce attrezzature da campeggio), California Federal Bank e Consoli dated Cigar (che produce diverse marche di sigari). Suo figlio Steven è coinvolto nell'azienda di famiglia.

POLK. Chicago. Sam e Sol Polk hanno creato i grandi magazzini Polk Brothers, che hanno svolto un ruolo importante nell'area metropolitana di Chicago fino alla loro chiusura nel 1992, ma la famiglia rimane ricca. Tra i membri della famiglia figurano l'agente di borsa Howard Polk, la dirigente immobiliare Roberta Lewis e Bruce Bachmann.

PRITZKER. Chicago. Hyatt Hotels, Royal Caribbean Cruise Lines, Continental e Braniff Airlines, la rivista *McCall*'s e la piovra dell'intrattenimento Ticketmaster hanno fatto parte della gigantesca fortuna della famiglia Pritzker. Il capostipite della famiglia, Nicholas, era un immigrato da Kiev che fondò uno studio legale , con il quale iniziò la sua ascesa alla ricchezza e al potere. I suoi figli Harry, Jack e Abraham, nonché i figli di quest'ultimo Jay, Robert e Donald, sono i "grandi" della famiglia. Il loro Marmon Group è specializzato nell'acquisto e nella ristrutturazione di aziende in difficoltà.

RATNER. Cleveland-New York. La Buckeye Material Company della famiglia Ratner, con sede a Cleveland, è diventata la Forest City Enterprises (ora Forest City Ratner Companies), un importante promotore immobiliare nella sua città natale e a New York. Sono stati coinvolti nella riqualificazione della 42a Strada. Tra i membri della famiglia figurano Charles, James, Ronald, Albert, Leonard e Max, che è stato il fondatore della Camera di commercio israelo-americana. Mark Ratner è professore di chimica alla Northwestern University.

REDSTONE. Nato come Rothstein, Sumner Redstone rilevò la catena di cinema del padre. Nato come Rothstein, Sumner Redstone rilevò la catena di cinema del padre e la ampliò fino a raggiungere quasi 900 filiali. Nel 1987 ha orchestrato l'acquisizione con leva di Viacom, Inc. una delle principali società di media al mondo, che controlla Paramount Studios, Blockbuster Video, Simon & Schuster, Nickelodeon e MTV. Sua figlia Shari Redstone è sempre più coinvolta nell'impero del padre.

RESNICK. New York. Jack e Pearl Resnick e il figlio Burton hanno fatto fortuna nel settore immobiliare di New York, acquistando e ristrutturando uffici. La figlia Marilyn è sposata con Stanley Katz ed è attivamente coinvolta negli affari ebraici negli Stati Uniti e in Israele.

RIFKIND. New York. Avvocato di fama e socio dell'influente ed elitario studio legale Paul, Weiss, Rifkind Wharton & Garrison, Simon Rifkind è stato "consulente" del generale Dwight Eisenhower su questioni come la condizione dei sopravvissuti all'Olocausto sradicati e ha svolto un ruolo importante nell'attività di lobby per la creazione di Israele. Suo figlio Robert, socio dell'altrettanto elitario studio legale Cravath, Swaine & Moore, è stato presidente dell'American Jewish Committee.

ROSE. Nato a Gerusalemme, David Rose si trasferì a New York e creò una grande e potente società immobiliare, la Rose Associates. Nato a Gerusalemme, David Rose si trasferì a New York e creò una grande e potente società immobiliare, la Rose Associates, che costruì, possedette e/o gestì proprietà a New York, Washington, D.C., Boston, Florida e Connecticut. I suoi figli Frederick, Daniel e Elihu, nonché i suoi nipoti Adam e Jonathan, sono ora responsabili degli affari dell'impero Rose.

ROSENWALD. Chicago-New Orleans. Julius Rosenwald fece fortuna assumendo il controllo della Sears & Roebuck, il gigante dei cataloghi. Suo figlio Lessing, tuttavia, scontentò molti membri della comunità ebraica americana in quanto fervente sostenitore di cause antisioniste. Sua figlia Edith, che fu una grande sostenitrice dei "diritti civili" nel Sud, operando in una favolosa villa di New Orleans ispirata a "Tara" in *Via col vento*, si sposò con la famiglia Stern. La sua famiglia gestiva l'impero mediatico WDSU a New Orleans ed era amica personale di Clay Shaw, che fu perseguito dal procuratore distrettuale di New Orleans Jim Garrison per il suo coinvolgimento nell'assassinio di John F. Kennedy (per ulteriori informazioni sullo strano ruolo della famiglia Stern nei casi di Shaw e del presunto assassino Lee Harvey Oswald, si veda *Giudizio Finale* di questo autore, Michael Collins Piper).

RUDIN. New York. Jack e Lewis Rudin e i loro figli, tra cui i figli William ed Eric, gestiscono la Rudin Management, che amministra uffici e immobili residenziali a New York.

SAFRA. New York-Monte Carlo. Sebbene l'ebreo di origine siriana Edmond Safra sia morto diversi anni fa a Monte Carlo in un misterioso incendio (con accuse di coinvolgimento della criminalità organizzata ebraica russa nella sua morte), non c'è alcun mistero sul fatto che il suo impero bancario globale, basato sulla Republic New York Corp. e sulla Trade Development con sede in Svizzera (che si è fusa con l'American Express) fosse molto potente nel torbido mondo della finanza internazionale. L'impero di famiglia è ora controllato dai fratelli Joseph e Moise e dai loro eredi.

SAUL. New York. Joseph Saul ha fondato la catena Brooks Fashion, che ha venduto con un enorme profitto nel 1984. Ora dedica i suoi profitti a una serie di cause ebraiche, in particolare agli interessi di Israele.

SAUNDERS. Boston. La Saunders Real Estate Corp. di Donald Saunders è proprietaria del Park Plaza Hotel di Boston e di numerose altre proprietà commerciali nel Bay State. Le figlie Lisa e Pamela sono considerate eredi della fortuna. Saunders è sposato con l'attrice Liv Ullman.

SCHEUER. New York. Un'azienda di gas e carbone e proprietà immobiliari a New York sono la fonte della ricchezza di questa famiglia. Un membro della famiglia, James, è stato membro del Congresso. Walter è un gestore di investimenti e produttore di documentari. Steven è un critico dei media. Amy è psicoterapeuta. Richard ha presieduto il consiglio di amministrazione dell'Hebrew Union College e finanzia scavi archeologici in Palestina.

SCHOTTENSTEIN. Columbus, Ohio. Questo impero della vendita al dettaglio e del settore immobiliare è noto su per Schottenstein Stores Corporation, Value City Department Stores, Value City Furniture e American Eagle Outfitters. Jay Schottenstein è ora a capo dell'impero di famiglia.

SCHUSTERMAN. Tulsa, Oklahoma. Charles Schusterman gestisce la Samson Investment Company, il più grande produttore indipendente di gas dell'Oklahoma. Sua figlia Stacy è coinvolta nell'azienda di famiglia. Suo figlio Jay vive in Colorado. Il figlio Hal vive in Israele.

SELIG. Atlanta. Erede di Ben Massell, immobiliarista, S. Stephen Selig è a sua volta un importante immobiliarista di Atlanta, attraverso la Selig Enterprises. Sua figlia, Mindy Selig Shoulberg, è un'importante figura della comunità ebraica della città.

SILVERSTEIN. New York. Figlio di un mediatore immobiliare diventato un importante promotore di torri per uffici, Larry Silverstein è oggi probabilmente più conosciuto come l'operatore ebreo che ha preso il controllo dei contratti di locazione del World Trade Center poco prima della tragedia dell'11 settembre, una storia che è stata trattata in dettaglio dai giornalisti dell'*American Free Press*, il settimanale populista nazionale con sede a Washington, D.C. Da tempo circolano voci che collegano Silverstein alla CIA e alla criminalità organizzata.

SIMON. Indianapolis. Uno dei cinque maggiori imperi di centri commerciali del Paese - in realtà il secondo - è alla base della fortuna dei fratelli Melvin e Howard Simon, che hanno sviluppato 62 centri commerciali e 55 gallerie commerciali. Nel 1996, le loro partecipazioni sono cresciute ulteriormente con la fusione con la DeBartolo Realty Corp. Mel è comproprietario della squadra di basket dei Pacers e ha prodotto film scadenti come *Porky's*. Suo figlio David, che è stato banchiere d'investimento presso CS First Boston e Wasserstein, Perella, svolge ora un ruolo nell'azienda di famiglia, , che comprende il famoso Mall of America di Minneapolis, probabilmente il più grande centro commerciale d'America di un tempo.

SKIRBALL. Los Angeles. Jack Skirball era un rabbino, un promotore immobiliare e un produttore cinematografico: tre professioni che interessano tutti i bravi ragazzi ebrei, a quanto pare. La sua ricca famiglia è tuttora attiva negli affari ebraici in California.

SLIFKA. New York. La società di gestione Halcyon/Alan B. Slifka Management Company fornisce a questa famiglia il denaro necessario per rimanere attiva negli affari ebraici a New York.

CHARLES E. SMITH. Washington, D.C. Non lasciatevi ingannare dal nome. È ebreo ed è stato uno dei più grandi immobiliaristi dell'area di Washington. Robert Smith e suo cognato Robert Kogod gestiscono ora l'impero che comprende il complesso di appartamenti Crystal City ad Arlington, Virginia, e Skyline City in Virginia.

RICHARD SMITH. Boston. Con sede nel New England, la catena di cinema General Cinema si è espansa fino a prendere il controllo di Neiman-Marcus (i grandi magazzini di Dallas) e di Harcourt Brace Publishing (ora Harcourt General). General Cinema è ora nota come GC Cos. Robert Smith, figlio di Richard, ha rilevato l'azienda di famiglia. La famiglia è descritta come "molto discreta".

SONNABEND. Boston. Robert, Paul e Stephanie Sonnabend sono i direttori della Sonesta International Hotels Corporation. Possiedono 19 hotel, tra cui uno al Cairo, in Egitto.

SPERTO. Chicago. I fratelli Herman e Maurice fondarono un'azienda di produzione di telai, la Metalcraft Corporation (poi Intercraft Industries Corporation), e fecero la fortuna della famiglia.

SPIELBERG. Los Angeles. Tutti conoscono Stephen Spielberg, la leggenda del cinema responsabile di una vasta gamma di film, tra cui *Schindler's List, una* stravaganza sull'Olocausto. La sua società principale è la Dreamworks SKG. Amblin Entertainment è un'altra parte dell'impero di Spielberg.

MARY ANN STEIN. Indianapolis. Mary Ann Stein, ereditiera di banchieri e uomini d'affari, è così attiva nelle cause liberali che è diventata presidente del New Israel Fund, un'organizzazione dedicata alla promozione del "liberalismo" nella società israeliana, una causa che infiamma i sionisti della linea dura, soprattutto se si considerano i gesti amichevoli del New Israel Fund verso i palestinesi cristiani e musulmani (vedi anche FRIEDMAN).

SAM STEIN. Jacksonville, Florida. Sam Stein ha fondato il negozio Steinmart nel Mississippi e suo figlio Jay ha sviluppato una catena di 150 negozi specializzati in "merce di fascia alta fuori prezzo" in 21 Stati. La moglie di Jay, Cynthia, è insegnante d'arte e attiva negli affari ebraici di Jacksonville.

STEINBERG. New York. Saul Steinberg ha fatto fortuna con la Leasco, una società di noleggio di computer, poi ha continuato a fare fortuna con la Reliance Insurance, che ha acquistato nel 1968. Suo fratello Robert e suo cognato Bruce Sokoloff erano fortemente coinvolti nell'azienda di famiglia. Sua figlia Laura è sposata con Jonathan Tisch, del potente impero mediatico Tisch (vedi TISCH). Il figlio Jonathan è proprietario di *Financial Data*, che pubblica la rivista Individual Investor.

STEINHARDT. New York. Si dice che il gestore di fondi speculativi e magnate Michael Steinhardt abbia una "passione" per la "continuità ebraica". Sebbene sia "un ateo dichiarato", secondo *Avenue*, Steinhardt è "uno dei principali sostenitori americani delle cause ebraiche e israeliane". È uno dei finanziatori di *Forward*, l'influente settimanale ebraico con sede a New York.

STERN & LINDENBAUM. New York. Erede della fortuna di Hartz Mountain (prodotti per animali domestici), Leonard Stern è proprietario del giornale "liberale" *Village Voice* ed è coinvolto in varie iniziative immobiliari. Suo figlio Emanuel gestisce il SoHo Grand Hotel ed è sposato con l'influente famiglia Peck (vedi PECK). Anche la ricchezza della suocera di Leonard, Ghity Amiel Lindenbaum, contribuisce alla fortuna della famiglia.

PIETRA. Cleveland. Irving, Morris e Harry Stone erano gli eredi della American Greetings (card) Corporation . Il personaggio dei cartoni animati "Ziggy" è uno dei loro contributi alla cultura popolare.

STONEMAN. Boston. Samuel Stoneman è stato vicepresidente del consiglio di amministrazione della General Cinema Corporation. Le sue figlie sono Jane Stein ed Elizabeth Deknatel. Gestiscono la fondazione di famiglia.

AARON STRAUS. Baltimora. La fortuna della famiglia si basa sulla Reliable Stores Corporation. Sono i principali finanziatori di cause "buone" nell'area di Baltimora.

NATHAN & OSCAR STRAUS. New York. Eredi della fortuna dei grandi magazzini R. H. Macy e Abraham & Straus. H. Macy e dei grandi magazzini Abraham & Straus. Oscar Straus II e Oscar Straus III sono ora figure chiave della famiglia.

STRAUSS. Dallas. Ex presidente nazionale democratico e ambasciatore degli Stati Uniti in Russia, Robert Strauss è un avvocato molto influente di Akin, Gump, Strauss, Hauer & Feld. Figlio di Charles, un commerciante, Robert Strauss ha svolto un ruolo chiave nell'ascesa alla presidenza di Lyndon Johnson. La moglie di suo fratello Ted, Annette, è stata sindaco di Dallas.

STRELITZ. Norfolk, Virginia. La catena di mobili Haynes, con sede in Virginia, è la fonte della ricchezza di questa famiglia. E. J. Strelitz è l'amministratore delegato.

SWIG. San Francisco. Questa famiglia è proprietaria del Fairmont Hotel di San Francisco e di altri Fairmont in tutto il Paese. Il Plaza Hotel è uno dei gioielli della loro corona. Benjamin Swig e suo figlio Melvin hanno aperto il primo centro commerciale negli Stati Uniti. Ben era associato a Jack Weiler (vedi ARNOW-WEILER) nel settore immobiliare commerciale. Il fratello di Ben, Richard, e i figli Kent, Robert e Steven sono coinvolti nella fondazione di famiglia, così come il cognato Richard Dinner.

SYMS. New York. Syms, a capo della Syms Corp, una catena di 40 negozi che vendono griffe a prezzi scontati, ha fatto entrare nell'azienda il figlio Robert e la figlia Marcy. Marcy è un ex vicepresidente dell'American Jewish Congress. La famiglia è anche impegnata nel settore immobiliare.

TAUBER. Detroit. Joel Tauber ha fatto fortuna nell'industria manifatturiera: Key Fasteners, Key Plastics (componenti automobilistici), Keywell Corporation (rottami metallici) e Complex Tooling & Molding (componenti per computer). Suo figlio Brian è coinvolto nell'azienda di famiglia. La figlia Ellen Horing è gestore di fondi a New York. La figlia Julie McMahon lavora con bambini svantaggiati.

TAUBMAN. New York. Sviluppatore di grandi centri commerciali in tutto il Paese, Taubman ha avuto rapporti d'affari con Max Fisher di Detroit (vedi MAX FISHER) ed è stato strettamente associato a Leslie Wexner (vedi WEXNER) dei negozi The Limited. Taubman è stato coinvolto nell'acquisto e nella vendita dell'Irvine Ranch nella California meridionale. Taubman ha acquistato la casa d'aste Sotheby's ed è stato condannato a un anno di prigione per aver fissato i prezzi. Alla fine del 2002 *Vanity* Fair ha riportato che Taubman era una figura popolare tra i suoi compagni di detenzione. I figli William e Robert sono i principali protagonisti dell'impero di famiglia.

TISCH. New York. Sostenitori di spicco di Israele, oggi noti soprattutto per il loro controllo dell'impero radiotelevisivo CBS, Lawrence e Preston Tisch erano tra gli ebrei più potenti d'America, anche se Lawrence è morto di recente. Loews, CAN Financial, Lorillard e Bulova fanno tutte parte dell'impero Tisch. Lawrence aveva i figli James, Daniel, Tom e Andrew, quest'ultimo membro del comitato esecutivo dell'American Israel Public Affairs Committee. Preston, proprietario dei Giants, è un ex direttore generale delle Poste americane. Suo figlio Steve è un regista e suo figlio Jonathan è presidente dei Loew's Hotels.

TISHMAN. New York. Questa famiglia di costruttori comprende David, Norman, Paul, Louis e Alex. Molti membri della famiglia sono molto attivi negli affari ebraici. Nina Tishman Alexander e suo marito Richard Alexander, così come Bruce Diker, un altro erede della famiglia, sono tra i membri della famiglia coinvolti in varie cause.

WASSERMAN. Los Angeles. Il defunto Lou Wasserman, a lungo a capo della MCA, il conglomerato dell'intrattenimento, è stato, insieme al suo socio Jules Stein, uno dei padrini dell'ascesa (cinematografica e politica) di Ronald Reagan. Era soprannominato il "Re" di Hollywood.

WEILL. New York. Presidente e amministratore delegato del gruppo Travelers, Sanford Weill è uno dei più ricchi magnati ebrei d'America.

Suo figlio Marc è a capo di Travelers. Sua figlia Jessica Bibliowicz gestisce i fondi comuni di Smith Barney.

WEINBERG. Baltimora-Hawaii. Harry Weinberg ha iniziato a occuparsi di trasporti di massa a Baltimora, per poi espandersi alle Hawaii, dove è diventato un importante operatore immobiliare negli anni Cinquanta, quando il turismo aereo verso le isole ha avuto un boom.

WEINER. New York. Presidente e amministratore delegato della Republic National Bank of New York e della Republic New York Corporation - fondata da Edmond Safra (vedi SAFRA) - Walter Weiner è stato socio fondatore di Kronish, Lieb, Weiner & Hellman. I suoi figli sono John e Tom.

WEXNER. New York-Columbus, Ohio. Leslie Wexner sembra possedere tutto: The Limited, Express, Lerners, Victoria's Secret, Henry Bendel, Abercrombie & Fitch, Bath and Body Works e Lane Bryant. Era particolarmente interessato alla formazione di futuri leader ebrei.

WINIK. New York. Elaine Winik è stata la prima donna presidente della United Jewish Appeal-Federation e presidente della United Jewish Appeal. Sua figlia Penny Goldsmith è una figura importante dell'AIPAC e dell'ADL. I Winik hanno fatto fortuna con la produzione di borse.

INVERNO. Milwaukee. Elmer Winter ha fondato Manpower, l'agenzia di lavoro temporaneo con 1.000 uffici in 32 Paesi. Ha inoltre svolto un ruolo attivo nello sviluppo delle relazioni commerciali tra Stati Uniti e Israele ed è stato direttore nazionale dell'American Jewish Committee.

WOLFENSOHN. New York. Nato in Australia e formatosi come banchiere d'investimento a Londra, James Wolfensohn è diventato socio dirigente della Salomon Brothers di New York. Nel 1995 è stato nominato capo della Banca Mondiale, una vera e propria centrale elettrica ebraica.

WOLFSON. Miami. La Wolfson-Meyer Theater Company è diventata Wometco ed è stata acquisita nel 1984 da Kohlberg, Kravis, Roberts & Company dopo essersi affermata come pioniere delle trasmissioni cinematografiche e televisive negli anni Venti. Le società di investimento Wolfson Initiative Corporation e Novecentro Corporation fanno parte dell'impero familiare. Tra i membri della famiglia figurano

Louis III e Mitchell. Il Wolfson più noto è il famigerato Louis, che rimase coinvolto in uno spiacevole scandalo che coinvolse l'ex giudice della Corte Suprema degli Stati Uniti William O. Douglas, che riceveva denaro dalla fondazione della famiglia Wolfson.

ZABAN. Atlanta. Mandle Zaban, suo fratello Sam e suo figlio Erwin hanno creato la Zep Manufacturing da una società di manutenzione, che si è evoluta nella National Service Industries, oggi gestita da Erwin, che è stato direttore della Anti-Defamation League.

ZALE. Texas. Morris Zale ha creato una delle più grandi catene di gioielleria del mondo, ma l'azienda è stata venduta nel 1987. Gli eredi David, Marjory, Stanley e Janet sono attivi negli affari ebraici. Entrambi i figli sono ancora nel settore della gioielleria (il settore della gioielleria è sempre stato particolarmente "ebraico"). Tulsa, Oklahoma. Henry e Jack Zarrow producono parti e forniture per impianti petroliferi attraverso la Sooner Pipe and Supply Corporation.

William F. Buckley Jr. è ebreo?

Sebbene il defunto William F. Buckley Jr. fosse ampiamente riconosciuto come un devoto "cattolico irlandese", le sue origini cattoliche romane non provenivano, come generalmente si crede, dal padre scozzese-irlandese, ma piuttosto dalla madre. Sebbene la madre di Buckley fosse nata in una famiglia cattolica di New Orleans di nome Steiner (un nome tedesco che a volte è ebraico), l'editorialista *del Chicago Tribune* Walter Trohan confidò privatamente a persone intime che gli era stato detto che nella famiglia della madre di Buckley c'era sangue ebraico, ma che lei si era convertita al cattolicesimo, come fecero molte famiglie ebraiche a New Orleans durante il XVIII e il XIX secolo. In ogni caso, Buckley era un seguace del sionismo.

ZILKHA. Famiglia ebraica veramente "globale", gli Zilkhas sono gli eredi della Zilkhas International Bank, che era la più grande banca commerciale privata del mondo arabo. Dopo la creazione di Israele, la famiglia francofona di Baghdad si è trasferita a ovest. Il capofamiglia, Ezra, ha il figlio Elias e le figlie Donna Zilkha Krisel e Bettina-Louise. Sono stati protagonisti della piccola élite ebraica sefardita in America e attivi in Israele. Si dedicarono anche alla produzione di armi.

ZIMMERMAN. Boston-Atlanta-Palm Beach. Harriet Zimmerman, figlia di un magnate delle scarpe di Boston, è stata vicepresidente dell'AIPAC e si è vantata che "il più grande donatore di Israele al mondo è il Congresso degli Stati Uniti". Suo figlio Robert lavora nel Connecticut. Sua figlia Claire Marx è attiva negli affari ebraici.

Questa è una panoramica delle famiglie ebraiche più potenti d'America. Come abbiamo detto, questo elenco non è assolutamente esaustivo. Ci sono molti altri nomi che potrebbero essere aggiunti alla lista, di solito "piccoli" (per così dire) in alcune delle città più piccole del Paese. Inoltre, un numero crescente di potenti e ricche famiglie ebraiche straniere - provenienti da Israele, Iran, Russia e altrove - si sta stabilendo sulle coste americane.

Sebbene sia comodo, come colorito espediente letterario, poter dire che esistono "200" o "300" o "400" famiglie particolari - nello stile di alcuni libri di fantasia e di cospirazione o anche nello stile delle riviste *Forbes* e *Fortune* - questo tradirebbe la realtà.

Quello che abbiamo raccolto qui per il lettore, in un formato di facile lettura, basato su una fonte assolutamente "rispettabile" e simpatica, è un resoconto utile e rivelatore della vasta gamma di ricchezza e potere raccolti in un numero relativamente piccolo di mani, poche famiglie i cui volti e nomi sono in gran parte sconosciuti al grande pubblico americano (o mondiale).

Ma state certi che sono potenti e le persone dietro le quinte (e quelle che ricoprono cariche politiche) sanno bene chi sono questi mediatori d'élite. Sono in grado di creare presidenti e politici americani, e sono in grado di distruggerli. Sono davvero loro a governare l'America - o almeno a fare tutto ciò che è in loro potere per farlo.

Per concludere, cosa che potrebbe far inorridire alcuni lettori sensibili, probabilmente non è un caso che la dottoressa Miriam Rothschild, del ramo britannico della famiglia, fosse un'entomologa di fama internazionale, e si dà il caso che le pulci e altri parassiti fossero la sua specialità. Infatti, ha scritto un libro intitolato *Fleas, Flukes and Cuckoos*, che l'impero Rothschild è riuscito a trasformare in un improbabile bestseller. E probabilmente non è una coincidenza che anche David Rockefeller, il prestanome americano dell'impero Rothschild, sia affascinato dagli scarafaggi, un altro parassita che colleziona senza sosta (questi Rothschild e Rockefeller sono davvero parassiti di un certo ordine "umano", e intorno a loro hanno brulicato questi potenti compagni parassiti che vogliono consumare il mondo.

Ma possono essere fermati.

Come gli ebrei hanno preso di mira Martin Luther King

Nel 2007, l'American Civil Liberties Union (ACLU) ha pubblicato frettolosamente un "caso di studio" retrospettivo sui "pericoli dello spionaggio domestico da parte delle forze dell'ordine federali". Lo studio si concentra sull'ormai nota (ma allora completamente segreta) sorveglianza del defunto Martin Luther King Jr. da parte dell'FBI negli anni '60, che viene descritta come "un capitolo ignominioso del passato dell'America".

Sebbene il rapporto dell'ACLU abbia dimostrato i pericoli derivanti dall'uso dell'FBI per sorvegliare cittadini statunitensi a livello nazionale per scopi politici, non ha menzionato un elemento particolarmente interessante: il fatto che gran parte della "ignominiosa" sorveglianza dell'FBI nei confronti di King e di altri è stata in realtà effettuata per conto dell'FBI dalla potente agenzia ebraica nota come Anti-Defamation League (ADL) del B'nai B'rith.

L'attacco dell'ADL a King fu una sorpresa per molti, soprattutto perché l'ADL aveva spesso elogiato King, in particolare nelle sue pubblicazioni rivolte al pubblico nero. La prima rivelazione pubblica dello spionaggio dell'ADL su King avvenne nel numero del 28 aprile 1993 del *San Francisco Weekly*, *un* giornale liberale "alternativo", che riportava: "Durante il movimento per i diritti civili, mentre molti ebrei prendevano l'iniziativa nella lotta contro il razzismo, l'ADL spiava Martin Luther King e passava le informazioni a J. Edgar Hoover", ha dichiarato un ex dipendente dell'ADL.

"Era una cosa risaputa e accettata con disinvoltura", ha detto Henry Schwarzschild, che ha lavorato nel dipartimento pubblicazioni dell'ADL tra il 1962 e il 1964.

"Pensavano che King fosse una specie di elettrone libero", ha detto Schwarzschild. "Era un predicatore battista e nessuno poteva essere sicuro di quello che avrebbe fatto. L'ADL era molto preoccupata di avere un missile non guidato.

È emerso che l'ADL ha svolto un'intensa attività di spionaggio anche su altri leader neri dei diritti civili, non solo su King. La pubblicazione, nel 1995, di documenti riservati dell'FBI relativi all'assassinio del Presidente John F. Kennedy e la successiva indagine della Commissione Warren hanno rivelato ulteriori intrighi dell'ADL contro il famoso comico e attivista politico nero Dick Gregory, che, a margine del caso, era stato coinvolto come investigatore indipendente nell'assassinio di Kennedy.

CAPITOLO XIII

Tattici ebrei: Una panoramica dei principali operatori politici di alto livello dell'impero Rothschild

Sebbene esistano letteralmente centinaia, se non migliaia, di organizzazioni politiche ebraico-centriche che operano negli Stati Uniti e in tutto il mondo, le organizzazioni politiche con sede negli Stati Uniti tendono ad essere le più influenti. Esse agiscono non solo per controllare gli affari della comunità ebraica, ma molte di esse agiscono per controllare tutti gli affari dell'America, manipolando l'opinione pubblica, facendo pressione su giornali, riviste e altri mezzi di comunicazione affinché seguano la linea della propaganda ebraica, minacciando e intimidendo coloro che si oppongono all'influenza ebraica e, naturalmente, esercitando pressioni a favore di Israele.

Nel corso degli anni sono stati pubblicati diversi libri esaustivi che ripercorrono la storia (e talvolta gli intrighi) di queste organizzazioni, e sarebbe oltre lo scopo di questo libro esplorarle tutte. In questo capitolo, tuttavia, presentiamo una panoramica di alcuni dei principali tattici ebrei che operarono sul suolo americano.

L'elenco sintetico che segue non è assolutamente esaustivo, ma è rappresentativo e si concentra su quei leader particolari - che alcuni definirebbero "mascalzoni" - che agiscono come pubblicisti e opinionisti politici per la comunità ebraica e che quindi hanno un impatto sugli affari pubblici nel loro complesso.

ABRAHAM FOXMAN, nato in Polonia e giunto negli Stati Uniti nel 1950, è certamente uno degli ebrei più potenti del pianeta grazie alla sua posizione di presidente e direttore nazionale della Anti-Defamation League (ADL) del B'nai B'rith. Pur essendo laureato in legge, Foxman ha anche frequentato il Jewish Theological Seminary of America.

Tuttavia, ha dedicato la maggior parte della sua carriera agli affari dell'ADL, di cui è entrato a far parte per la prima volta nel 1965, nella divisione affari internazionali di . Tuttavia, Foxman ha guidato l'ADL come direttore nazionale dal 1987 ed è una figura familiare nei media statunitensi. Dire di più sulle attività di Foxman sarebbe esagerato. L'ADL non solo agisce come agenzia di propaganda per lo Stato di Israele, ma si impegna anche in un'ampia attività illegale di spionaggio interno su persone considerate "sospette". L'ADL è un canale noto dell'agenzia di intelligence israeliana, il Mossad. Per un'analisi approfondita della storia criminale dell'ADL, si veda *The Judas Goats* di Michael Collins Piper.

MARVIN HIER e ABRAHAM COOPER - Questi due rabbini sono come due gocce d'acqua nel mare. Hier è l'autoproclamato "decano" dell'operazione di propaganda ebraica con sede a Los Angeles nota come Centro Simon Wiesenthal, e Cooper è il suo "decano associato". Hier è stato definito "il rabbino più influente d'America" dalla rivista *Newsweek* nel 2007, che ha dichiarato che Hier "è a una telefonata di distanza da quasi tutti i leader mondiali, i giornalisti e i dirigenti degli studios di Hollywood". Hier ha vinto due Oscar per la sua partecipazione alla produzione di due documentari sull'Olocausto. Il Centro Simon Wiesenthal, che si maschera da organizzazione per i "diritti umani", è ben finanziato dai re del denaro ebraico come la famiglia Belzberg (vedi SAMUEL BELZBERG) ed è diventato molto influente. Cooper è una figura onnipresente, i cui editoriali vengono costantemente pubblicati da una parte all'altra degli Stati Uniti e in tutto il mondo. (Una volta Cooper ha definito questo autore, Michael Collins Piper, "antiamericano" per aver osato criticare il sostegno degli Stati Uniti a Israele. Da parte sua, questo autore definisce giustamente Cooper un "verme solitario"). Questi due rabbini ben pagati, Hier e Cooper, sono attori importanti della rete ebraica globale.

MALCOLM HOENLEIN, a lungo vicepresidente esecutivo della potente Conference of Presidents of Major American Jewish Organizations, è stato associato, naturalmente, a molte delle più influenti operazioni sioniste. È stato anche una figura di spicco nei ranghi del Council on Foreign Relations, il ramo americano del Royal Institute of International Affairs dell'impero Rothschild con sede a Londra. Tra le società con cui è affiliato c'è, senza sorpresa, la Bank Leumi USA, una divisione della società bancaria con sede in Israele.

MORTON KLEIN, presidente nazionale della Zionist Organization of America, è una delle figure ebraiche più potenti del mondo . Nato in un campo sfollati in Germania dopo la Seconda guerra mondiale, Klein, di professione economista, è strettamente legato a tutte le principali operazioni ebraiche e sioniste negli Stati Uniti ed è stato salutato da diverse fonti ebraiche come - non a caso - una delle voci principali della causa sionista globale.

JACQUES TORCZYNER, nato in Belgio, è arrivato negli Stati Uniti nel 1940 dove è diventato attivo nell'Organizzazione sionista d'America, ricoprendo per cinque mandati consecutivi la carica di presidente. Fu anche presidente della sezione americana del Congresso ebraico mondiale. Fu uno degli "americani" che, nel 1945, parteciparono a una riunione speciale convocata dal padre fondatore di Israele, David Ben-Gurion, che organizzò il sostegno ai gruppi terroristici ebraici in Palestina.

Nel 1990, Andrew St. George, capo corrispondente diplomatico del quotidiano *Spotlight* di Washington, ricevette una soffiata su un incontro di alto livello a New York tra alcuni dei principali finanziatori e leader del movimento sionista mondiale. L'incontro si è tenuto nell'appartamento newyorkese di Edgar Bronfman, presidente del Congresso ebraico mondiale.

L'incontro è stato dedicato alla pianificazione di un vigoroso attacco alla presunta "ascesa dell'antisemitismo in America". Alla riunione parteciparono, insieme a Bronfman, re del denaro ebraico come Michael Milken e Ivan Boesky, il finanziere di Wall Street (e in seguito ambasciatore degli Stati Uniti in Francia) Felix Rohatyn e Jacques Torczyner (allora presidente della ZOA).

La fonte della St. George ha raccontato che durante questo incontro, il già citato Torczyner ha detto: "È ora di porre fine a Willis Carto e alla Liberty Lobby [l'editore di *The Spotlight*]. Devono essere uccisi".

Torczyner dichiarò specificamente che Carto e i suoi associati della Liberty Lobby erano "non borghesi" - cioè non solo persone senza influenza - e che avrebbero dovuto essere "cacciati e abbattuti come quaglie".

È chiaro che la franchezza di Torczyner ha suscitato scalpore in alcuni di questi baroni del potere ebraico, che hanno dichiarato: "Non possiamo usare contro i nostri nemici il tipo di tattica che i nazisti hanno usato contro di noi" (o parole del genere).

Felix Rohatyn ha parlato con St. George dell'incontro. Come ex corrispondente internazionale di Time-Life, St. George ha conosciuto nel corso degli anni molti personaggi colorati e influenti, dal dittatore cubano Fidel Castro al gangster Frank Costello e molti altri, tra cui Rohatyn.

In ogni caso, St. George ha riferito la storia a Carto e a Mark Lane, l'audace e impenitente avvocato ebreo antisionista della Liberty Lobby, che ha poi scritto una lettera a Torczyner in cui diceva in sostanza: "Sappiamo quello che hai detto e prendiamo sul serio le tue minacce": "Sappiamo quello che hai detto e prendiamo sul serio le tue minacce. Lei è stato avvertito".

Inutile dire che la lettera di Lane ebbe l'effetto desiderato e, come risulta dagli atti, la Liberty Lobby continuò a condurre una guerra contro il sionismo fino a quando non fu costretta alla bancarotta e poi al fallimento nel 2001, dopo una lunga campagna di vessazioni legali durata otto anni e svoltasi nelle aule dei tribunali dalla California a Washington DC, fino alla Svizzera, una serie di circostanze che hanno dimostrato in modo definitivo che alla base della vicenda c'erano elementi sionisti.

Fortunatamente, dopo la distruzione della Liberty Lobby, Willis Carto e i suoi collaboratori - tra cui l'autore, Michael Collins Piper - si sono riuniti e hanno creato l'*American Free Press*, con sede a Washington.

Basti dire che Jacques Torczyner rappresenta gli elementi più vili, violenti e odiosi dell'impero Rothschild.

Anche questo elenco di tattici ebrei, che fungono da "gambe" per l'impero Rothschild e i Nuovi Farisei nella loro corsa al dominio del mondo, è tutt'altro che esaustivo. Questi criminali hanno numerosi agenti che lavorano per loro praticamente in ogni città d'America e hanno fatto molto per portare l'America - e il mondo - allo stato pericoloso in cui ci troviamo oggi. Sono i tattici in prima linea del Nuovo Ordine Mondiale.

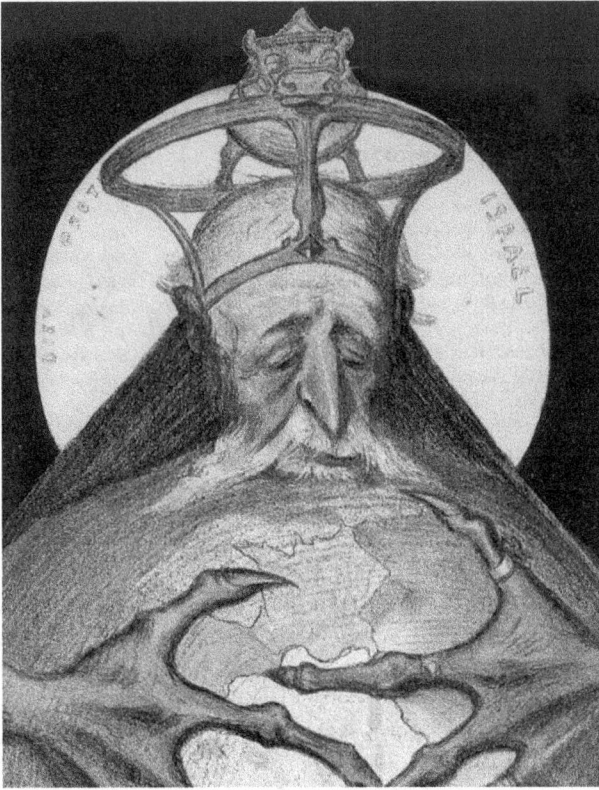

Questa vignetta francese del 1898, che raffigura il coronato Alphonse de Rothschild - il ramo francese della famiglia Rothschild - come un avido predatore che afferra il globo tra i suoi artigli, ritrae accuratamente il modo in cui la dinastia bancaria europea dei Rothschild ha esteso la sua egemonia imperiale. Oggi, in America, l'influenza dei Rothschild - pur essendo fondamentale - è in gran parte nascosta, con alcune famiglie e istituzioni finanziarie "rispettate" - non tutte ebraiche - che fungono da "facciata" per i Rothschild.

Gli americani (e altri) che osano sfidare l'impero Rothschild (e la causa sionista) sono soggetti a frodi, boicottaggi economici, molestie, persecuzioni e persino azioni penali. In realtà, la presenza ebraica nella vita sociale, economica e politica dell'America e del mondo è sempre più riconosciuta, e gli Stati Uniti sono generalmente considerati il vero luogo del potere ebraico. Se il popolo ebraico non si unisce alla comunità dell'umanità, rischia di trovarsi di fronte a gravi problemi.

CAPITOLO XIV

Il potere ebraico in America: i "più grandi" trionfi

Lo scrittore britannico Geoffrey Wheatcroft, nel suo libro del 1996, *The Controversy of Zion*, ha dichiarato che in termini di potere e influenza ebraica, "è in America che il trionfo è più grande di tutti". Egli osserva che, con poco più del 2,5% della popolazione americana, gli ebrei "godono di un successo sorprendentemente sproporzionato in ogni campo in cui è stato loro permesso di operare".

Come abbiamo notato in precedenza, il professore ebreo Norman Cantor, scrivendo in *The Sacred Chain*, è stato ancora più franco - anzi, profondo - nella sua valutazione: nulla nella storia ebraica ha eguagliato questo grado di raggiungimento del potere, della ricchezza e della preminenza da parte degli ebrei. Né nella Spagna musulmana, né nella Germania del primo Novecento, né tantomeno in Israele, perché non c'erano livelli comparabili di ricchezza e potere su scala globale da raggiungere in questo piccolo Paese.

Cantor concludeva: "I Morgan, i Rockefeller, gli Harriman, i Roosevelt, i Kennedy, i titani delle epoche passate, sono stati soppiantati dall'ebreo come autore di imprese irreprensibili...".

Allo stesso modo, l'autore ebreo Charles Silberman, in *A Certain People*, ha risposto alla domanda su chi domina l'élite americana: secondo uno studio sulle origini etniche e razziali delle persone elencate nell'edizione 1974-75 di *Who's Who in America*, gli ebrei avevano due volte e mezzo in più la probabilità di essere elencati rispetto ai membri della popolazione generale.

Inoltre, in rapporto alla popolazione, gli ebrei erano più del doppio delle persone di origine inglese, il gruppo che un tempo dominava l'élite americana.

Il cambiamento rispetto al mezzo secolo precedente è sorprendente: nel 1924-25, le persone di origine inglese avevano quasi due volte e mezzo in più la probabilità di comparire nella lista rispetto agli ebrei americani...

Nel 1971-1972, i sociologi Richard D. Alba e Gwen Moore hanno analizzato un gruppo molto più ristretto di dirigenti in circa otto aree di attività, riscontrando una concentrazione ancora maggiore.

Delle 545 persone studiate, l'11,3% era ebreo, quattro volte di più rispetto alla popolazione generale...

Il fenomeno non è limitato agli Stati Uniti. In Gran Bretagna, gli ebrei rappresentano circa l'1% della popolazione, ma dal 6 al 10% dell'élite britannica; in Australia, dove gli ebrei rappresentano lo 0,5% della popolazione, costituiscono il 5% dell'élite...

La rappresentanza ebraica tra gli imprenditori di successo è notevolmente più alta che tra i leader d'azienda: circa il 23% delle persone presenti nella lista dei 400 americani più ricchi stilata da *Forbes* nel 1984 era ebreo... La percentuale esatta varia un po' da un anno all'altro.

Nel 1982, primo anno di pubblicazione della *Forbes* 400, 105 membri del gruppo, pari al 26%, erano ebrei. Questa cifra è scesa a 98 (25%) nel 1983, quando il boom del mercato azionario ha catapultato un certo numero di nuovi arrivati nella lista, e a 93 (23%) nel 1984.

Lo scrittore ebreo Edward S. Shapiro, in *A Time for Healing: American Jewry Since World War II*, ha ulteriormente dimostrato l'elevato status degli ebrei all'interno dell'"élite americana".

Negli anni '80, in base al reddito e all'istruzione, gli ebrei erano ai vertici della società americana e avevano raggiunto posizioni di potere politico, economico e sociale.

A partire dagli anni '60, gli ebrei sono stati a capo di alcuni dei rami più importanti del governo federale, tra cui la Federal Reserve e i dipartimenti del Lavoro, del Commercio, dello Stato e del Tesoro...

Il sistema sociale era abbastanza aperto da permettere agli ebrei di diventare una parte importante dell'élite americana.

Secondo un'analisi dei dati dell'American Leadership Study condotta dai sociologi Richard D. Alba e Gwen Moore, gli ebrei costituivano più dell'11% dell'élite americana...

Washington D.C. è stato un caso particolare. L'espansione del governo federale nel dopoguerra ha portato a un aumento della popolazione ebraica dell'area metropolitana di Washington, passata da meno di ventimila persone nel 1945 a centosessantacinquemila quattro decenni dopo.

Lo stesso autore ebreo ha anche notato che circa un quarto degli americani più ricchi sono ebrei: Dall'inizio degli anni Ottanta, la rivista *Forbes* pubblica ogni anno una classifica dei quattrocento americani più ricchi. In base alla loro percentuale sulla popolazione generale, gli ebrei avrebbero dovuto essere circa dodici in questa lista. Invece, ce n'erano più di cento. Gli ebrei, che rappresentano meno del 3% della popolazione statunitense, costituiscono più di un quarto degli americani più ricchi. Sono sovrarappresentati di nove volte. Al contrario, i gruppi etnici molto più numerosi degli ebrei - italiani, ispanici, neri ed europei dell'Est - erano scarsamente rappresentati nella lista. Più alta è la classe di attività elencata da *Forbes*, più alta è la percentuale di ebrei. Oltre il 30% dei miliardari americani sono ebrei. Lo stesso fenomeno si riscontra in Canada, dove le tre maggiori famiglie di imprenditori sono tutte ebree: i Belzberg di Vancouver, i Bronfman di Montreal e i Reichmann di Toronto.

È persino possibile che *Forbes* abbia sottovalutato il numero di ebrei americani super-ricchi, poiché molti di loro si sono arricchiti nel settore immobiliare, il più difficile da valutare e il più facile da nascondere.

Un elenco ancora più impressionante è stato pubblicato nel numero del 22 luglio 1986 di *Financial World*. L'elenco comprende cento dirigenti di Wall Street - banchieri d'investimento, gestori di fondi, arbitraggisti, specialisti di buyout, speculatori, commercianti di materie prime e broker - che hanno guadagnato almeno 3 milioni di dollari nel 1985.

L'elenco inizia con Ivan Boesky, che si dice abbia vinto 100 milioni di dollari... I guadagni di Boesky sono stati superati dai 500 milioni di dollari guadagnati da Michael Milken l'anno successivo... Milken e Boesky erano ebrei, come la metà delle persone citate dal sito *finanziario World*. Tra i big ebrei di Wall Street figurano George Soros (93,5 milioni di dollari), Asher Edelman (25 milioni di dollari), Morton Davis (25 milioni di dollari) e Michael Steinhardt (20 milioni di dollari).

Il già citato scrittore ebreo Charles Silberman, in *A Certain People*, ha notato che gli ebrei sono "più ricchi" della "maggior parte degli altri" gruppi: ...Se lo stereotipo secondo cui gli ebrei sono uniformemente ricchi è sbagliato, essi sono comunque mediamente più ricchi dei membri della maggior parte degli altri gruppi etnici e religiosi. Nel 1984, ad esempio, meno di una famiglia ebraica americana su sei aveva un reddito inferiore a 20.000, rispetto a una su due di bianchi non ispanici.

All'altra estremità della piramide del reddito, il 41% delle famiglie ebraiche aveva un reddito di 50.000 dollari o più, quattro volte superiore a quello dei bianchi non ispanici.

Una delle ragioni di questa differenza è che gli ebrei sono più istruiti degli altri americani. Tre uomini ebrei su cinque hanno un titolo di studio superiore, quasi tre volte di più rispetto ai bianchi non ispanici; uno su tre ha una laurea o un diploma professionale, tre volte e mezzo in più rispetto alla popolazione nel suo complesso.

Le disparità sono più o meno le stesse tra donne ebree e non ebree: le prime hanno una probabilità doppia rispetto alle seconde di avere una laurea e quattro volte maggiore di avere un diploma post-laurea o professionale. Oggi, inoltre, la frequenza universitaria è quasi universale tra i giovani ebrei.

Un'indagine nazionale del 1980 sugli studenti delle scuole superiori ha rilevato che l'83% degli studenti ebrei progettava di andare all'università e la metà di loro prevedeva di proseguire con l'istruzione superiore o professionale; tra gli studenti bianchi non ebrei, la metà progettava di andare all'università e meno di un quinto prevedeva di proseguire con l'istruzione superiore o professionale.

La differenza è sia qualitativa che quantitativa. Non solo gli ebrei hanno una maggiore scolarizzazione, ma ricevono anche un'istruzione migliore...

Dagli anni Cinquanta o Sessanta, quando le istituzioni della Ivy League hanno adottato politiche di ammissione meritocratiche, gli ebrei costituiscono circa un terzo della popolazione studentesca universitaria e circa la stessa percentuale in legge e medicina.

Lo scrittore ebreo-americano Lenni Brenner, scrivendo in *Jews in America Today*, sottolinea anche che gli ebrei sono "il gruppo etnico più ricco".

Sebbene [gli ebrei] rappresentino il 2,54% della popolazione, ricevono circa il 5% del reddito nazionale. Gli ebrei rappresentano quasi il 7% della classe media e alta del Paese.

Nel 1972, quasi 900.000 famiglie ebraiche su due milioni appartenevano alla classe media e alta, mentre solo 13,5 milioni di famiglie americane su 53 milioni erano classificate in questa categoria. Secondo [Gerald Krefetz, in *Jews and Money*], il 43% di tutti gli ebrei guadagnava più di 16.000 dollari, rispetto al 25,5% degli americani.

Mentre le famiglie milionarie rappresentano poco meno del 5% della popolazione ebraica, gli ebrei costituivano tra il 23 e il 26% dei 400 americani più ricchi tra il 1982 e il 1985, e forse anche di più della popolazione milionaria dei contribuenti, stimata a 574.342 nel 1980.

Non c'è dubbio che, in media, l'ebraismo americano sia il gruppo etnico o religioso più ricco del Paese. Secondo l'*American Demographics* del giugno 1984, il reddito medio annuo delle famiglie ebraiche è di 23.300 dollari, rispetto ai 21.700 dollari degli episcopaliani. I presbiteriani ricevono in media 20.500 dollari, le persone senza affiliazione religiosa 17.600 dollari, i cattolici 17.400 dollari, i metodisti 17.000 dollari e i luterani 16. dollari. I fondamentalisti bianchi e i battisti del Sud guadagnano più di 14.000 dollari. Le statistiche mostrano che gli ebrei guadagnano più degli episcopaliani e dei presbiteriani, l'archetipo dei WASPS, dalla fine degli anni Sessanta. "Non più un'élite di paria", scrive Brenner, i moderni ricchi ebrei americani sono partner a pieno titolo delle loro controparti cristiane.

L'autore ebreo Steven Silbiger, nel suo libro *The Jewish Phenomenon (Il fenomeno ebraico)*, che è essenzialmente un libro che esalta il successo degli ebrei, ha osservato quanto segue: Un sondaggio condotto nel 1993 tra gli abbonati a *The Exponent*, il settimanale ebraico di Filadelfia, ha fornito un quadro chiaro della ricchezza e delle spese degli ebrei. Questo tipo di sondaggio è decisamente poco scientifico, ma i risultati mostrano che gli ebrei sono conservatori [fiscalmente], ma spendono per le cose che gli piacciono:

- Il 26,1% possedeva una seconda casa

- Il 34,7% ha viaggiato fuori dagli Stati Uniti negli ultimi dodici mesi

- Il 49,2% ha mangiato fuori casa dieci o più volte negli ultimi trenta giorni

- Il 21% appartiene a un centro benessere.

In *The Jewish Phenomenon*, Silbiger ha rivelato il fatto che gli ebrei possono essenzialmente "fare o distruggere" il successo editoriale di un libro, poiché, come ha sottolineato:

Gli ebrei sono la pietra miliare delle vendite di libri cartonati, "rappresentano tra il 50 e il 75% delle vendite di libri cartonati non istituzionali negli Stati Uniti". Anche il 25% rappresenterebbe una quota sorprendentemente sproporzionata delle vendite totali. I tascabili sono le edizioni più costose, prima dei tascabili più economici, che garantiscono agli editori i margini più elevati. Gli acquirenti ebreiamericani sono quindi estremamente importanti per l'industria editoriale.

Nello stesso libro, Silbiger citava dati specifici che mostravano come, mentre in media a livello nazionale il 19% degli intervistati aveva acquistato un libro cartonato nei 12 mesi precedenti, uno sconcertante 70% degli ebrei intervistati lo aveva fatto.

Per gli acquisti da 1 a 5 libri, la media nazionale era del 13%, rispetto al 39% degli acquirenti di libri ebraici. Quando si trattava di acquistare 10 o più libri, le cifre erano altrettanto sorprendenti. La media nazionale era del 3%, contro il 17% degli acquirenti di libri ebraici.

Così, alcuni potrebbero sostenere che questo dimostra solo l'alfabetizzazione degli ebrei, altri potrebbero sostenere che, al contrario, riflette solo il fatto che gli ebrei, nel complesso, hanno più reddito disponibile (per comprare libri) rispetto ai non ebrei.

Per sottolineare questo punto, è opportuno esaminare la tabella di Silbiger sulla quantità di titoli e investimenti detenuti, confrontando la media nazionale con quella degli investitori ebrei:

Valore delle azioni detenute	Media nazionale	Investitori ebrei
Possesso di azioni	27%	73%
50,000 $ à 99,999	2.1%	12%
100K o più	1.8%	38%
$100K-$499,999	NA	24%
$500K-$999,999	NA	7%
1 milione o più	NA	7%

Anche in molti altri settori gli ebrei sono molto più avanti rispetto all'americano medio. In *A Time for Healing: American Jewry Since World War II*, il già citato autore ebreo Edward S. Shapiro nota che gli ebrei regnano sovrani quando si tratta del "più alto livello di istruzione": nel dopoguerra, gli ebrei americani sono diventati i più istruiti di qualsiasi altro gruppo etnico o religioso americano. A metà degli anni '70, secondo lo studio *Ethnicity, Denomination, and Inequality* (1976) di padre Andrew M. Greeley, gli ebrei avevano una media di quattordici anni di istruzione. Si trattava di mezzo anno in più rispetto agli episcopaliani, il gruppo religioso americano con il più alto status sociale.

Mentre meno della metà di tutti gli americani prosegue gli studi superiori, più dell'80% degli ebrei lo fa e, come dimostrano le statistiche di Harvard, Princeton e Yale, gli ebrei hanno maggiori probabilità di frequentare istituzioni d'élite. Nel 1971, ad esempio, gli ebrei rappresentavano il 17% degli studenti delle università private.

Nel 1982, lo scrittore ebreo Gerald Krefetz, scrivendo in *Jews and Money*, ha notato la forte rappresentanza di ebrei nei campi della medicina e della legge: ... Negli Stati Uniti ci sono circa 30.000 medici ebrei, ovvero quasi il quattordici per cento di tutti i medici che esercitano privatamente. Dei cinquecentomila avvocati, si stima che più del venti per cento siano ebrei, quasi dieci volte la rappresentanza che ci si potrebbe aspettare.

Nel 1939 si stimava che più della metà degli avvocati che esercitavano a New York fossero ebrei. Oggi la percentuale è ancora più alta: forse tre avvocati su cinque sono ebrei.

L'ultimo sondaggio dell'Ordine degli Avvocati di New York ha rivelato che il 60% dei 25000 avvocati della città sono ebrei, il 18% cattolici e il 18% protestanti. La maggior parte degli avvocati ebrei - circa il 70% - proviene dall'Europa orientale... Lo scrittore ebreo Steven Silbiger, in *The Jewish Phenomenon*, arricchisce i dati sugli ebrei in medicina e legge: L'American Medical Association stima che negli Stati Uniti ci siano attualmente 684.000 medici. I medici ebrei sono circa 100.000, pari al 15%. Come per gli avvocati, questa cifra è sette volte superiore alla percentuale di ebrei nella popolazione generale. Nel 1988, il 9% delle domande di ammissione alla facoltà di medicina proveniva da ebrei.

Oggi, il 15% dei 740.000 avvocati degli Stati Uniti sono ebrei. La rappresentanza ebraica è sette volte superiore a quella della popolazione generale. Nei circoli legali d'élite, la concentrazione è ancora più sorprendente. Il 40% dei soci dei principali studi legali di New York e Washington sono ebrei. Gli ebrei occupano due dei nove seggi (22%) della Corte Suprema.

Lo scrittore ebreo Lenni Brenner, in *Jews in America Today*, ha esposto i fatti relativi alla predominanza degli ebrei nel mondo accademico americano: almeno il 20% dei professori delle principali università americane sono ebrei, tra cui più del 25% nelle prestigiose facoltà di medicina, il 38% nelle analoghe facoltà di legge e ancora di più ad Harvard, dove metà della facoltà di legge è ebrea. Oggi gli ebrei rappresentano il 20% dei medici e degli avvocati del Paese.

In *A Time for Healing: American Jewry Since World War II*, lo scrittore ebreo Edward S. *Shapiro* ha sviluppato questo punto: nel 1940, solo il 2% degli insegnanti americani era ebreo. Negli anni '70 la percentuale era salita al 10%. La presenza ebraica nel mondo accademico nel dopoguerra era notevole non solo per l'alta percentuale, ma anche per il suo profilo distintivo.

Gli accademici ebrei si riuniscono nei campi più impegnativi dal punto di vista intellettuale - campi che enfatizzano il ragionamento astratto e teorico - e nelle istituzioni più prestigiose.

Sono stati sovrarappresentati in antropologia, economia, storia, matematica, fisica e sociologia, e sottorappresentati in agricoltura, educazione, economia domestica, giornalismo, biblioteconomia, infermieristica ed educazione fisica.

L'ingegneria elettrica, il ramo più teorico dell'ingegneria, aveva una percentuale più alta di ebrei rispetto all'ingegneria meccanica, civile o chimica.

La medicina era una professione di alto livello e gli ebrei erano in parte rappresentati nella biochimica, nella batteriologia, nella fisiologia, nella psicologia e in altri campi accademici correlati alla medicina.

Nel 1975 Everett Carl Ladd Jr. e Seymour Martin Lipset scrissero che gli accademici ebrei avevano "superato di gran lunga i loro colleghi gentili".

A quel tempo, gli ebrei costituivano un quinto dei docenti delle università d'élite e un quarto dei docenti della Ivy League. Essi costituivano una percentuale ancora maggiore di professori dell'Ivy League di età inferiore ai trentacinque anni e di docenti delle scuole di medicina e di legge d'élite.

Nel 1968, il 38% dei professori delle scuole di legge americane d'élite erano ebrei.

Lo scrittore ebreo Charles Silberman ha aggiunto: "Qualunque sia la proporzione esatta (l'élite di una persona è la coterie di un'altra), non c'è dubbio che gli ebrei svolgano un ruolo importante nella vita intellettuale americana.

Nel 1975, ad esempio, gli ebrei rappresentavano il 10% di tutti i professori, ma il 20% di quelli che insegnavano nelle università d'élite; quasi la metà dei professori ebrei - rispetto al 24% dei professori episcopali e al 17% dei professori cattolici - insegnava nelle istituzioni di più alto livello.

I professori ebrei sono anche molto più propensi a pubblicare articoli in riviste accademiche rispetto ai loro colleghi non ebrei; ad esempio, gli ebrei rappresentano il 24% dell'élite accademica, ovvero coloro che hanno pubblicato venti o più articoli.

E il tanto citato Steven Silbiger ha affermato: "L'ondata di accademici ebrei è relativamente recente: L'ondata di accademici ebrei è relativamente recente.

Nel 1940, solo il 2% degli insegnanti americani erano ebrei. Nel 1970, questa cifra era quintuplicata, raggiungendo il 10%. Le quote restrittive della prima metà del secolo sono terminate e una nuova generazione di ebrei è stata formata in numero maggiore.

Negli anni '90, gli ebrei rappresentavano il 35% dei professori delle scuole d'élite e oggi un ebreo è stato presidente di quasi tutte le istituzioni d'élite, tra cui Harvard, Yale, Penn, Columbia, Princeton, MIT e l'Università di Chicago.

Tutto questo può essere visto come un tributo al duro lavoro degli ebrei. Ma, ancora una volta, abbiamo notato come gli ebrei, nei loro stessi scritti e riviste, abbiano apertamente affermato la superiorità intellettuale ebraica, basata - come dicono - sullo status degli ebrei come "popolo eletto da Dio", al di sopra di tutti gli altri.

Alcuni potrebbero sostenere (giustamente) che gran parte di questo "fenomeno" (come descritto da Steven Silbiger) può essere attribuito al fatto - come molti ebrei e non ebrei hanno notato - che "gli ebrei restano uniti e si aiutano a vicenda a fare carriera".

È una cosa buona o no? Il fatto che "gli ebrei restano uniti" ha portato a un ruolo sproporzionato degli ebrei nella conduzione degli affari americani e mondiali. Questo è esattamente il fenomeno che abbiamo visto nel corso della storia: risale all'epoca babilonese, quando il Talmud codificò la filosofia e lo stile di vita ebraici, definendo l'agenda per il dominio ebraico finale del pianeta, gettando le basi per l'utopia ebraica - il Nuovo Ordine Mondiale.

Oggi negli Stati Uniti assistiamo allo strapotere della dinastia Rothschild. Quella che un tempo era la nazione più potente del pianeta è sotto l'influenza di questa dinastia malvagia, che agisce come meccanismo attraverso il quale il Nuovo Ordine Mondiale passa dal sogno alla realtà.

Gli atti e i fatti parlano da soli.

La questione è se gli americani di oggi debbano adattarsi alle realtà che Wilhelm Marr esortava i suoi concittadini tedeschi del XIX secolo ad affrontare senza mezzi termini. Egli disse al suo popolo: "Vi supplico, vi scongiuro. Non rimproverate gli ebrei. Voi eleggete padroni stranieri nei vostri parlamenti. Li fate legislatori e giudici. Li fate dittatori del sistema finanziario dello Stato. Date loro la vostra stampa perché la frivolezza appariscente è più di vostro gusto che la serietà morale.

Cosa vi aspettate da tutto questo

La razza ebraica prospera grazie al talento. Siete stati battuti e ve lo siete meritato mille volte.

Non lamentatevi di come gli ebrei abbassino i prezzi negli affari o di come si accaparrino la sovrapproduzione di aziende truffaldine e la vendano a prezzi stracciati, facciano soldi e li investano in modo usurpato. Tutto questo non è in linea con il dogma dell'individualismo astratto che avete accettato con entusiasmo dall'ebraismo

Non è più possibile impedire la grande missione del semitismo. Il cesarismo ebraico è solo questione di tempo.

Ne sono certo.

Solo quando questo cesarismo avrà raggiunto il suo apogeo, forse potremo essere aiutati da questo "Dio sconosciuto" a cui si costruivano altari nella Roma imperiale.

Dobbiamo ammetterlo ancora una volta, quindi ammettiamolo: siamo gli sconfitti. Siamo i soggiogati.

Il volto fiero e audace di questo guerriero arabo riflette l'atteggiamento lungimirante di tante brave persone in tutto il pianeta che sono pronte a combattere contro le forze che stanno lavorando per un imperium ebraico globale. Oggi, in Palestina, cristiani e musulmani assediati sono in prima linea, ma negli anni a venire molti altri popoli si uniranno alla lotta per la sopravvivenza umana.

CONCLUSIONE

La Casa di Davide regnerà sovrana?

Questo libro è stato un viaggio lungo, difficile e doloroso, che comprende una panoramica dei fatti scomodi che indicano la realtà del Nuovo Ordine Mondiale.

Come abbiamo visto, molto di ciò che molti hanno a lungo creduto essere il Nuovo Ordine Mondiale è tutt'altro che la verità.

Abbiamo esaminato i fatti e i miti, e ora siamo arrivati al punto in cui dobbiamo pensare alla strada da seguire per coloro che si oppongono al Nuovo Ordine Mondiale.

Coloro che lavorano per far progredire il Nuovo Ordine Mondiale - i Nuovi Farisei - hanno sempre saputo da dove sono venuti e dove sono (e stanno) andando. L'agenda dei Nuovi Farisei non è mai variata.

Il loro obiettivo è ristabilire il trono di Davide e stabilire il dominio ebraico sul mondo - l'utopia ebraica.

La dinastia Rothschild ha dirottato la repubblica americana e gli Stati Uniti sono diventati la nuova Babilonia, con le forze del Nuovo Ordine Mondiale che spingono senza sosta il loro programma a un ritmo più veloce che mai. Credono che la vittoria finale sia alla loro portata, ma solo se saranno in grado di distruggere l'opposizione e continuare a dividere e conquistare coloro che osano sfidare la loro agenda.

In questo modo, il sangue e il tesoro del popolo americano vengono versati in conflitti globali progettati per realizzare il nuovo ordine mondiale. Le guerre condotte in nome dell'egemonia israeliana in Medio Oriente sono solo l'inizio. Molte altre guerre di conquista ci attendono. Le nazioni che sfidano il nuovo ordine mondiale saranno prese di mira.

E per non lasciare dubbi sul fatto che l'impero Rothschild e i nuovi farisei considerano ormai gli Stati Uniti come la forza preminente nella loro ricerca dell'imperium globale, è essenziale considerare questo punto: I propagandisti dell'agenda ebraica ora accusano apertamente i critici di Israele (e del favoritismo americano nei confronti di Israele) di essere non solo antisemiti e anti-Israele, ma anche anticristiani e antiamericani, che i sentimenti anti-israeliani sono in realtà il fondamento dell'antiamericanismo e che, a sua volta, l'antiamericanismo è inestricabilmente legato a sentimenti anti-israeliani, antisemiti e persino *anticristiani*. Queste straordinarie affermazioni sono alimentate ai più alti livelli dei media controllati dagli ebrei e sono inserite nel discorso del dibattito pubblico in America.

In un certo senso, c'è del vero nel tema dell'"antiamericanismo" come forma di opposizione a Israele. Molte persone in tutto il mondo, preoccupate per il nuovo imperialismo perseguito dagli Stati Uniti nel nome di Israele, riconoscono che questa politica non è "americanismo" ma, in realtà, il prodotto della dinastia Rothschild e della storica agenda ebraica.

Tuttavia, come al solito, i teorici dell'utopia ebraica sono sempre molto bravi a distorcere la realtà per adattarla alla loro particolare visione del mondo. In realtà, le persone di tutto il mondo non sono particolarmente "antiamericane" (nel senso che hanno un problema con il *popolo* americano).

Quindi, poiché le persone di tutto il mondo spesso capiscono meglio degli americani chi comanda davvero in America, provano una certa simpatia per quegli americani che si sono lasciati manipolare senza sosta da una potente minoranza. Quindi c'è ben poco "antiamericanismo" nel senso generale del termine.

In realtà, la maggior parte delle persone nel mondo non ha problemi con i principi di democrazia, libertà e indipendenza, per quanto vagamente possano essere definiti. L'idea che il resto del mondo (con l'eccezione di Israele) sia "antiamericano" è un mito pericoloso propagandato per mettere gli americani contro chiunque osi mettere in discussione il potere ebraico in America.

Il concetto di "antiamericanismo" è quindi un'invenzione ebraica. È stato sulla scia degli attacchi terroristici dell'11 settembre e in vista dell'invasione statunitense dell'Iraq nel 2003 che i media controllati dagli ebrei hanno iniziato a promuovere l'"antiamericanismo", al fine di alimentare le fiamme della cosiddetta "guerra al terrore", di cui la campagna di distruzione dell'Iraq sarebbe stata una componente essenziale.

I media iniziarono a informare gli americani che "tutto il mondo è contro di noi" - o, come i media generalmente dicevano, che "tutto il mondo è contro di noi, i bravi americani, e il nostro buon amico Israele": "Tutto il mondo è contro di noi, i bravi americani, e il nostro buon amico Israele". Il tema del dilagante "antiamericanismo" è stato inculcato agli americani con l'obiettivo di renderli "anti" tutti coloro che si rifiutavano di sostenere le guerre che la lobby ebraica chiedeva agli americani di intraprendere. In un certo senso, il sostegno alla guerra in Iraq (in particolare) è diventato il metro di misura per stabilire chi fosse in sintonia con l'agenda globale ebraica e chi no.

In ogni caso, come abbiamo visto, l'"antiamericanismo" è equiparato all'opposizione non solo a Israele e agli interessi ebraici, ma anche al cristianesimo stesso - un tema davvero straordinario.

Sebbene sia indubbiamente difficile per l'americano medio comprendere un conflitto storico e geopolitico di tale portata e con evidenti immense ramificazioni globali, è proprio questo che afferma uno dei più rinomati "intellettuali" dell'élite ebraica in un audace saggio pubblicato nel numero di gennaio 2005 della rivista *Commentary*, la rivista dell'American Jewish Committee.

Nel suo saggio "L'americanismo e i suoi nemici", il professore di Yale David Gelernter sostiene che lo stesso "americanismo" - almeno secondo la definizione di Gelernter e dei suoi colleghi - non è altro che un'evoluzione moderna del vecchio pensiero sionista, che risale allo stesso Antico Testamento. L'America, sostiene, è essenzialmente il nuovo Israele, un ausiliario virtuale dello Stato di Israele.

Il fatto che la proposta di Gelernter sia stata pubblicata su *Commentary* - *a lungo diretto* dall'"ex trotzkista" neo-conservatore Norman Podhoretz e ora gestito dal figlio John Podhoretz - significa molto. Conosciuto come uno dei principali media che hanno influenzato la politica estera degli Stati Uniti sotto l'amministrazione Bush, *Commentary* è certamente una delle voci principali - e più dure - dell'élite di potere ebraica, non solo in America, ma in tutto il mondo.

Inoltre, sebbene Gelernter sia un informatico, le sue opinioni sugli affari politici vengono regolarmente pubblicate con grande clamore su le pagine di tutte le riviste e i giornali *dell'*élite americana, dal *Washington Post* al *New York Times* e al *Weekly Standard*, il giornale "neo-conservatore" del barone dei media dell'impero Rothschild, Rupert Murdoch.

Capire ciò che Gelernter sta dicendo significa comprendere la mentalità di coloro che stanno promuovendo un nuovo ordine mondiale e riconoscere che l'America è ora vista come la forza che porterà a questo imperium ebraico.

Sostenendo che quello che lui chiama "sionismo americano" risale, in termini americani, all'epoca dei padri fondatori Puritani e Pellegrini, Gelernter osserva che "i Puritani si vedevano come il nuovo popolo eletto di Dio, che viveva nella nuova terra promessa di Dio - in breve, come il nuovo Israele di Dio".

Gelernter aggiunge che "molti pensatori hanno sottolineato che l'americanismo si ispira, si avvicina o si intreccia con il puritanesimo", e che "uno degli studiosi più impressionanti ad averlo detto di recente è Samuel Huntington, nel suo formidabile libro [del 2004] sull'identità americana, *Who Are We?*".[4] Gelernter dice a che il puritanesimo del tipo scelto da Huntington è il vero fondamento dell'America ed è stato la forza trainante del pensiero americano fin dai primi giorni della nostra storia. Tutto è ebraico, secondo Gelernter: Il puritanesimo non solo ha ispirato o influenzato l'americanismo, ma è diventato

---

[4] Vecchio frequentatore del Council on Foreign Relations (CFR), la filiale newyorkese dei Rothschild, Huntington è anche l'autore di *The Crisis of Democracy (La crisi della democrazia), pubblicato* nel 1975 dalla Commissione Trilaterale, un gruppo di potere del Nuovo Ordine Mondiale alleato del CFR, che suggerisce che c'è *troppa* democrazia in America e che dovrebbe essere abolita. Agli occhi dell'élite, la "democrazia" è un diritto concesso solo a coloro che la favoriscono. È stato Huntington a rendere popolare l'ormai famosa espressione "scontro di civiltà" in un articolo del 1993 sulla rivista del CFR *Foreign Affairs* e in un libro del 1996, *The Clash of Civilisations and the Remaking of World Order*. Tuttavia, l'espressione "scontro di civiltà" è stata usata per la prima volta nel 1956 in una pubblicazione accademica a piccola tiratura, *The Middle East Journal, da* un teorico ebreo e propagandista antiarabo e antimusulmano, Bernard Lewis, e successivamente nel suo libro del 1964, *The Middle East and the West*. Lewis ha ripreso il tema dello "scontro" per gli ambienti di alto livello in un articolo intitolato "The Roots of Muslim Rage" (Le radici della rabbia musulmana), apparso nel settembre 1990 sull'*Atlantic Monthly*, allora di proprietà del miliardario ebreo Mortimer Zuckerman, che per diversi anni è stato presidente della Conference of Presidents of Major American Jewish Organizations, l'alleanza ufficiale dei principali gruppi di potere ebraici americani. Nel 2004 Huntington, nel suo libro *Who Are We?* (citato da Gelernter) - ha pubblicamente proclamato le radici "anglo" dell'America e ha sostenuto la necessità di impedire ad alcuni gruppi - musulmani e ispanici cattolici - di entrare negli Stati Uniti, in nome della "lotta al terrorismo e all'antisemitismo", poiché gli ebrei hanno sempre creduto che i cattolici e i musulmani diffidino del potere ebraico e non siano facilmente controllabili.

americanismo.... Non si possono capire veramente i Pellegrini, o i Puritani in generale, senza conoscere la Bibbia ebraica e la storia ebraica classica; anche la conoscenza dell'ebraismo stesso è utile....

I primi adottatori dell'americanismo tendevano a definire anche il proprio *cristianesimo* [con un'enfasi su quello di Gelernter] in modo da renderlo simile all'ebraismo.

E probabilmente vale la pena sottolineare che Gelernter nota che il puritanesimo ha subito una transizione, al punto che molte congregazioni puritane sono diventate unitariane. Ironia della sorte, ci sono molti cristiani - compresi i sostenitori fondamentalisti di Israele - che non considerano nemmeno gli unitariani come cristiani (un'altra questione che altri discuteranno). (In ogni caso, Gelernter suggerisce che (almeno dal punto di vista sionista) la forma moderna di "puritanesimo" che sta alla base dell'"americanismo" è in realtà tutt'altro che cristiana. E questo, ovviamente, sorprenderebbe ancora una volta molti sostenitori cristiani di Israele che proclamano che l'America è una nazione cristiana che fa la sua parte per aiutare a realizzare le cosiddette promesse di Dio al popolo ebraico.

La valutazione di Gelernter della Bibbia, così come egli la legge, è che gli americani, in particolare, hanno "una missione divina per tutta l'umanità" e che si possono trarre tre conclusioni: "Ogni essere umano, ovunque, ha diritto alla libertà, all'uguaglianza e alla democrazia". È qui che Gelernter inizia a sviluppare il suo tema particolare, ovvero che il sionismo è parte integrante e inseparabile di quello che lui chiama "americanismo": riassumere il credo dell'americanismo come libertà, uguaglianza e democrazia per tutti è affermare solo metà del caso. L'altra metà riguarda una terra promessa, un popolo eletto e una missione universale divinamente ordinata . Questa parte dell'americanismo è la versione americana del sionismo biblico: in breve, il sionismo americano.

Affermando che l'"americanismo" (come lo definisce lui) è "sionismo americano" - che l'America è una "terra promessa" sionista che fa tutt'uno con lo Stato di Israele e con lo stesso sionismo tradizionale - Gelernter suggerisce che sia Israele che l'America sono Stati ebraici, dichiarando:

Il contributo dell'Israele classico (e del sionismo classico) all'americanismo è incalcolabile. Nessuno storico o pensatore moderno, per quanto ne so, ha reso giustizia a questo fatto straordinario... Se non lo cogliamo, non riusciremo mai a comprendere appieno l'americanismo - o l'antiamericanismo.

In breve, Gelernter affermava che l'"antiamericanismo" è l'opposizione alla teologia sionista, che, a suo avviso, ha svolto un ruolo considerevole come "malta" che ha "cementato le fondamenta della democrazia americana". Gelernter applicava tutto questo alla sua visione dell'orientamento internazionalista della politica estera americana che cominciava ad emergere nella sua accezione più grandiosa, in particolare sotto l'amministrazione di Woodrow Wilson (in quel periodo, va ricordato, l'impero Rothschild cementava il suo potere in America con l'istituzione del monopolio della Federal Reserve sull'economia e sul sistema politico americano).

Nel suo libro del 2007, pretenziosamente intitolato *Americanism: The Fourth Great Western Religion, che è in realtà* una ristampa del suo saggio su *Commentary, Gelernter* scrive che la partecipazione dell'America alla Prima Guerra Mondiale fu il suo tentativo di agire come nuovo popolo eletto, di imbarcarsi in una cavalleresca ricerca di perfezionamento del mondo, di diffondere libertà, uguaglianza e democrazia in tutta l'umanità....

Nessun presidente ha parlato il linguaggio della Bibbia, della missione divina e del sionismo americano più coerentemente di Woodrow Wilson.... [e] l'americanismo ispirò la sua straziante e storica decisione di impegnare l'America in guerra...

Col tempo, arrivò a credere che l'America, ora una grande potenza, dovesse lottare per portare l'americanismo nel mondo... Alcuni detrattori di Wilson sottolinearono la componente veterotestamentaria delle sue convinzioni come particolarmente odiosa.

Chi legge la valutazione di Gelernter dell'internazionalismo di Wilson e della sua versione di "americanismo" non può fare a meno di ricordare - come è giusto che sia - il grande progetto utopico ebraico descritto in precedenza in queste pagine. Così, secondo Gelernter, l'America è ora incaricata di stabilire un nuovo ordine mondiale.

Secondo Gelernter, i presidenti successivi, come Franklin D. Roosevelt e Harry S. Truman, fecero guerre in nome dell'americanismo. E Ronald Reagan affermò questo "americanismo" quando parlò di una "città splendente su una collina", citando il libro biblico di Matteo, nello stesso spirito del padre puritano John Winthrop.

È stato Reagan, sostiene Gelernter in *Commentary*, il cui "uso di queste parole ha collegato l'America moderna alla visione umana cristiana, alla visione puritana, alla visione (in ultima analisi) della Bibbia ebraica e del popolo ebraico, che ha creato questa nazione". Oggi, Gelernter sostiene che "il fatto che l'americanismo sia il successore del puritanesimo è fondamentale per [comprendere] l'antiamericanismo".

Secondo la visione giudeocentrica proposta da Gelernter, l'opposizione dell'Europa moderna ai progetti globali dei neoconservatori filo-israeliani non è altro che la manifestazione di un'opinione di lunga data: nel XVIII secolo, gli antiamericani erano conservatori, monarchici e antipuritani... Nel XIX secolo, le élite europee divennero sempre più ostili al cristianesimo, il che portò inevitabilmente all'ostilità verso l'America.

Ecco come Gelernter ha brillantemente proclamato... Nei tempi moderni, l'antiamericanismo è strettamente associato all'anticristianesimo *e all'*antisemitismo. [enfasi di Gelernter].

E mentre molti cristiani americani potrebbero essere deliziati dalla discussione di Gelernter sul cristianesimo come si applica alla sua versione dell'"americanismo", vale la pena sottolineare a questi cristiani che, nel suo libro *Americanism: The Fourth Great Western Religion*, Gelernter afferma senza mezzi termini che "si può credere nell'americanismo senza credere in Dio, purché si creda nell'uomo". Quindi la definizione di Gelernter di "cristianesimo" (che la maggior parte dei cristiani sostiene essere una fede in Dio) non è ciò di cui i cristiani potrebbero erroneamente pensare che Gelernter stia parlando quando discute di cristianesimo e "americanismo".

In breve, la versione di Gelernter dell'"americanismo" non è affatto il cristianesimo.

Si tratta piuttosto di un'espressione moderna del vecchio sogno talmudico babilonese di un'utopia ebraica: la dominazione mondiale di tutti i popoli da parte degli ebrei. Ma nel contesto attuale, gli ebrei useranno l'America e l'"americanismo" per portare avanti la loro agenda. La teoria di Gelernter è del tutto coerente con il suggerimento del filosofo ebreo Max Dimont (discusso nelle nostre pagine iniziali), secondo cui l'America è effettivamente il nuovo luogo del potere ebraico, che è in realtà la nuova Babilonia.

Nel suo libro, Gelernter afferma con franchezza che gli Stati Uniti (alla base di quello che chiama "sionismo americano") hanno ora il dovere imperiale (persino divino) di rifare il mondo, che l'"americanismo" è il

"Credo" di questo programma globale, che questa "quarta grande religione occidentale" è la forza trainante di - e deve stabilire - un nuovo regime su scala globale: in breve, il Nuovo Ordine Mondiale: Siamo il solo e unico ragazzo più grande [del mondo di oggi]. Se ci deve essere giustizia nel mondo, l'America deve crearla... Dobbiamo perseguire la giustizia, aiutare chi soffre e rovesciare i tiranni. Dobbiamo diffondere il Credo.

Tutto ciò riflette lo stato d'animo di coloro che oggi dettano la politica americana in nome di un grande progetto per portare avanti la loro agenda globale.

Ciò che rappresenta non è altro che il nuovo ordine mondiale contro cui i patrioti americani hanno messo in guardia per generazioni, un progetto che è un vero e proprio "antiamericanismo" nella sua definizione più elementare.

Il risultato finale, nel grande piano, è l'istituzione di un impero mondiale gestito dall'America, che ora è la nuova fondazione - la nuova Babilonia - dell'utopia ebraica: il Nuovo Ordine Mondiale.

Mentre la "vera" Gerusalemme, nella Palestina occupata, può servire come capitale spirituale del sionismo internazionale, l'America fornirà il denaro, le armi e i giovani uomini e donne che combatteranno e moriranno per rendere il mondo sicuro per la ricchezza e la supremazia ebraica, tutto in nome dell'"americanismo", che ora è la grande maschera ebraica.

Quindi, alla fine, la tesi che abbiamo esplorato - che l'impero Rothschild e i nuovi farisei hanno rivendicato l'America come loro nuova base di potere - non è un'orribile "teoria del complotto antiebraico" piena di odio.

Infatti, come abbiamo visto, secondo la visione ebraica del mondo, l'America è il fondamento stesso del sionismo globale del XXI secolo.

Questa conclusione è ineluttabile.

I fatti che portano a questa conclusione sono sotto i nostri occhi, fin troppo visibili.

Alla fine, l'unica vera domanda che rimane è cosa intendono fare gli americani - e altri nel mondo - al riguardo...

Nel 1940, l'agenzia di stampa tedesca World Service valutò accuratamente la situazione dell'Impero britannico e, a posteriori, i commenti tedeschi riflettevano profeticamente la situazione dell'America di oggi.

Sostituite la parola "inglese" con "americano" nei paragrafi seguenti e *considerate gli scioccanti parallelismi nella realtà americana moderna...*

Gli statisti della plutocrazia inglese sono quindi solo i deputati e gli amministratori della classe dirigente, composta da ebrei e da un'aristocrazia fortemente giudaizzata, che è in possesso delle enormi ricchezze dell'Impero britannico.

In realtà, non sono altro che gli amministratori delegati di un'enorme società di alta finanza, con un unico obiettivo in mente: aumentare la ricchezza della società nel modo più rapido e ampio possibile.

Di conseguenza, gli statisti inglesi sono essi stessi grandi capitalisti, con forti interessi in molte imprese industriali, oppure sono comprati dal capitalismo finanziario ebraico-inglese e devono obbedire ciecamente ai dettami della cricca plutocratica ebraico-inglese.

In questo stesso tragico periodo, l'iconoclasta americano Ezra Pound descrisse la guerra in corso in Europa come una "guerra contro la gioventù - contro una generazione" che, a suo dire, era il risultato naturale dell'"età dei principali protettori della guerra".

Pound denunciò energicamente l'idea che i giovani americani dovessero partire presto per la guerra per favorire l'agenda del capitalismo ebraico: non voglio che i miei compatrioti tra i 20 e i 40 anni vadano a farsi massacrare per sostenere i racket di Sassoon e di altri ebrei britannici a Singapore e Shanghai. Non è questa la mia idea di patriottismo americano... Gli uomini che svernarono a Valley Forge non soffrirono quei mesi di freddo intenso e di fame... nella speranza che... l'unione delle colonie potesse un giorno fomentare guerre tra altri Paesi per vendere loro munizioni.

I fanatici preferirebbero lanciarvi in una guerra decennale e uccidere cinque o dieci milioni di giovani piuttosto che lasciare che la discussione sulla riforma monetaria fiorisca sulle prime pagine dei giornali americani.

Pound disse ai suoi compagni americani che dovevano capire il nemico: "Non morire come una bestia". Se dovete essere affondati nel mezzo dell'Atlantico o del Pacifico o bruciati nel deserto, almeno sappiate perché vi viene fatto. Morire senza sapere perché è morire come una bestia...

Se vuoi morire come un essere umano, devi almeno sapere perché ti viene fatto.

Nel 1899, il Partito Social Riformista Tedesco adottò delle risoluzioni che riflettevano il potere dell'impero Rothschild e proponevano che "la questione ebraica diventasse una questione mondiale da risolvere in comune con le altre nazioni [...]. La 'vera' conferenza di pace sarà quella in cui i popoli del mondo affronteranno la posizione degli ebrei". Fino ad allora, secondo i riformatori, spetterebbe a ciascuna nazione affrontare da sola il potere del denaro.

Adolf Stoecker, la grande voce del nazionalismo tedesco, propone una soluzione al problema. La soluzione è nelle mani del popolo ebraico: Israele deve rinunciare al desiderio di essere il padrone... Deve rinunciare alla presunzione che l'ebraismo sarà la religione del futuro perché appartiene completamente al passato. E che i cristiani sciocchi non rafforzeranno più la nazione nella sua oscurità. Una volta riconosciuto questo, Israele rinuncerà alla sua cosiddetta missione...

In breve, tutto dipende dagli ebrei. Rinunceranno alla loro pretesa di essere il popolo eletto da Dio e si uniranno finalmente alla comunità umana

Abbandoneranno la ricerca dell'utopia ebraica o gli ebrei rischieranno l'inevitabile battaglia - e la devastante sconfitta - *che* l'"Altro" infliggerà loro? La scelta è loro.

UNA LETTERA DELL'AUTORE...

Caro lettore :

Quando da giovane mi sono reso conto della natura del processo politico americano, ho pensato erroneamente che si trattasse di una questione di "democratici contro repubblicani", per poi evolvere nell'idea che si trattasse in realtà di "liberali contro conservatori".

Mi resi conto che queste vecchie etichette non significavano affatto: il potere del denaro era ciò che realmente dettava la vita politica in America e nel mondo intero.

Tuttavia, mi ci sono voluti molti anni per capire che la vera battaglia è tra il Bene e il Male e mi sono reso conto che coloro che controllano il potere del denaro sul nostro pianeta oggi - coloro che stanno spingendo per un Nuovo Ordine Mondiale (una piantagione globale sotto il loro controllo) - rappresentano questo Male.

Questo volume, LA NUOVA BABILONIA, è il mio modesto sforzo, basato sul lavoro di molti altri, di riunire le prove che lo dimostrano.

Non so dirvi quanto apprezzi le parole gentili e l'incoraggiamento che continuo a ricevere dai miei lettori.

Auguri e che Dio vi benedica

MICHAEL COLLINS PIPER

E' MICHAEL COLLINS PIPER.

Non c'è dubbio che Michael Collins Piper sia oggi uno dei principali bersagli della lobby di Israele...

Definito il "Voltaire americano", Michael Collins Piper è davvero l'autore che la lobby israeliana ama odiare.

Ripetutamente attaccato dai propagandisti israeliani, Piper non si arrende, anche se la sua vita è stata minacciata da Irv Rubin, il violento leader della Jewish Defence League, un movimento terroristico.

Un giorno, dopo aver scoperto che il suo telefono era stato messo sotto controllo, Piper disse: "Non è stato il Vaticano a mettere sotto controllo il mio telefono".

Nello stile del suo combattivo e colorito trisnonno, il famoso costruttore di ponti "colonnello" John Piper - padre surrogato e primo socio d'affari del gigante industriale Andrew Carnegie - lo schietto autore accoglie ogni opportunità di confrontarsi con i suoi numerosi detrattori, anche se questi si rifiutano generalmente di discutere con lui.

Come il suo antenato, Piper è un costruttore di ponti a modo suo: negli ultimi anni ha tenuto conferenze in tutto il mondo, in luoghi diversi come Abu Dhabi (Emirati Arabi Uniti), Mosca (Russia), Kuala Lumpur (Malesia), Tokyo (Giappone), Teheran (Iran) e in tutto il Canada. I sostenitori polizieschi della guerra e dell'imperialismo sono stati disturbati dall'energico impegno di Piper nel creare legami di comprensione tra persone di ogni credo e colore.

Amante dei cani, dei gatti e di tutti gli animali, progressista americano all'antica nella tradizione LaFollette-Wheeler, Piper rifiuta le etichette "liberale" e "conservatore" in quanto arcaiche, artificiose e divisive, parole d'ordine manipolate dai media e concepite per sopprimere il dissenso popolare e la libera indagine. In un'occasione, a Piper fu offerto un lucroso incarico in un'operazione segreta di intelligence in Africa, ma lo rifiutò, preferendo la sua indipendenza - una posizione in linea con il suo retaggio etnico: un altro trisavolo di Piper era un nativo americano purosangue.

Traendo gran parte dei suoi scritti dalla sua biblioteca di circa 10.000 volumi, tra cui molte opere rare, Piper collabora regolarmente con l'*American Free Press*, il settimanale nazionale con sede a Washington, e con la rivista storica *The Barnes Review*. Un critico dei media ha definito Piper uno dei 25 migliori scrittori su Internet. Nel 2006, Piper ha iniziato a condurre un commento radiofonico su Internet, che ora si può trovare su michaelcollinspiper.podbean.com.

Nel corso della sua carriera, Piper ha raccontato diverse storie importanti. Nel 1987, è stato *il primo* a rivelare l'incastratura da parte del Dipartimento di Giustizia del tesoriere dello Stato della Pennsylvania Budd Dwyer, che ha portato allo shioccante suicidio pubblico di Dwyer. Piper è stato anche *il primo* a rivelare che Roy Bullock, con sede a San Francisco, era un agente della Anti-Defamation League (ADL), un intermediario del Mossad israeliano coinvolto nello spionaggio illegale dei cittadini statunitensi. Questo *sette anni* prima che *il New York Times* confermasse il legame di Bullock con l'ADL. *L'ADL non perdonerà mai Piper per il ruolo essenziale che ha svolto in prima linea nello smascherare Bullock.*

Piper *è stato l'unico* giornalista a osare affermare che l'attentato di Oklahoma City era un'operazione a bandiera falsa del Mossad per coinvolgere Saddam Hussein - un progetto deragliato dagli investigatori statunitensi che hanno respinto le macchinazioni di Israele, optando invece per un altro insabbiamento da "pazzo solitario". Il lavoro pionieristico di Piper sul ruolo di Israele nell'11 settembre è stato ripreso dai ricercatori della verità e condannato dai difensori di Israele per la sua accuratezza.

Altri titoli

OMNIA VERITAS
MK ULTRA
Abuso rituale e controllo mentale
Strumenti di dominazione
della religione senza nome
Per la prima volta, un libro tenta
di esplorare la complessa
questione dell'abuso rituale
traumatico e del conseguente
controllo mentale....
Come è possibile programmare mentalmente un essere umano?
MK ULTRA

OMNIA VERITAS
Omnia Veritas Ltd presenta:
LE OPERE COMPLETE DI HERVÉ RYSSEN
IL FANATISMO EBRAICO
Le SPERANZE PLANETARIE
PSICOANALISI del GIUDAISMO
La Mafia Ebraica
I MILIARDI DI ISRAELE
Storia dell' ANTISEMITISMO

OMNIA VERITAS®
www.omnia-veritas.com